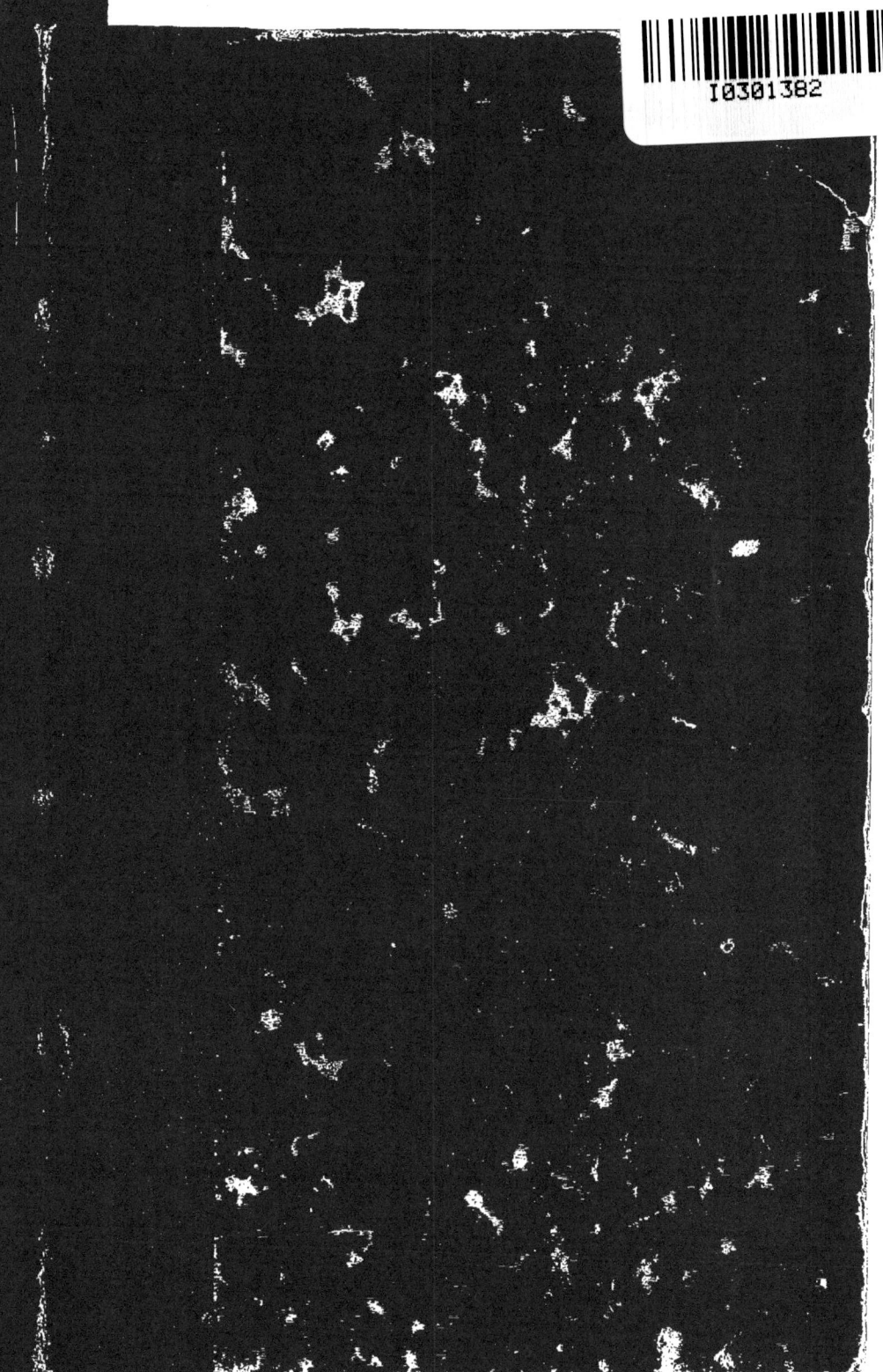

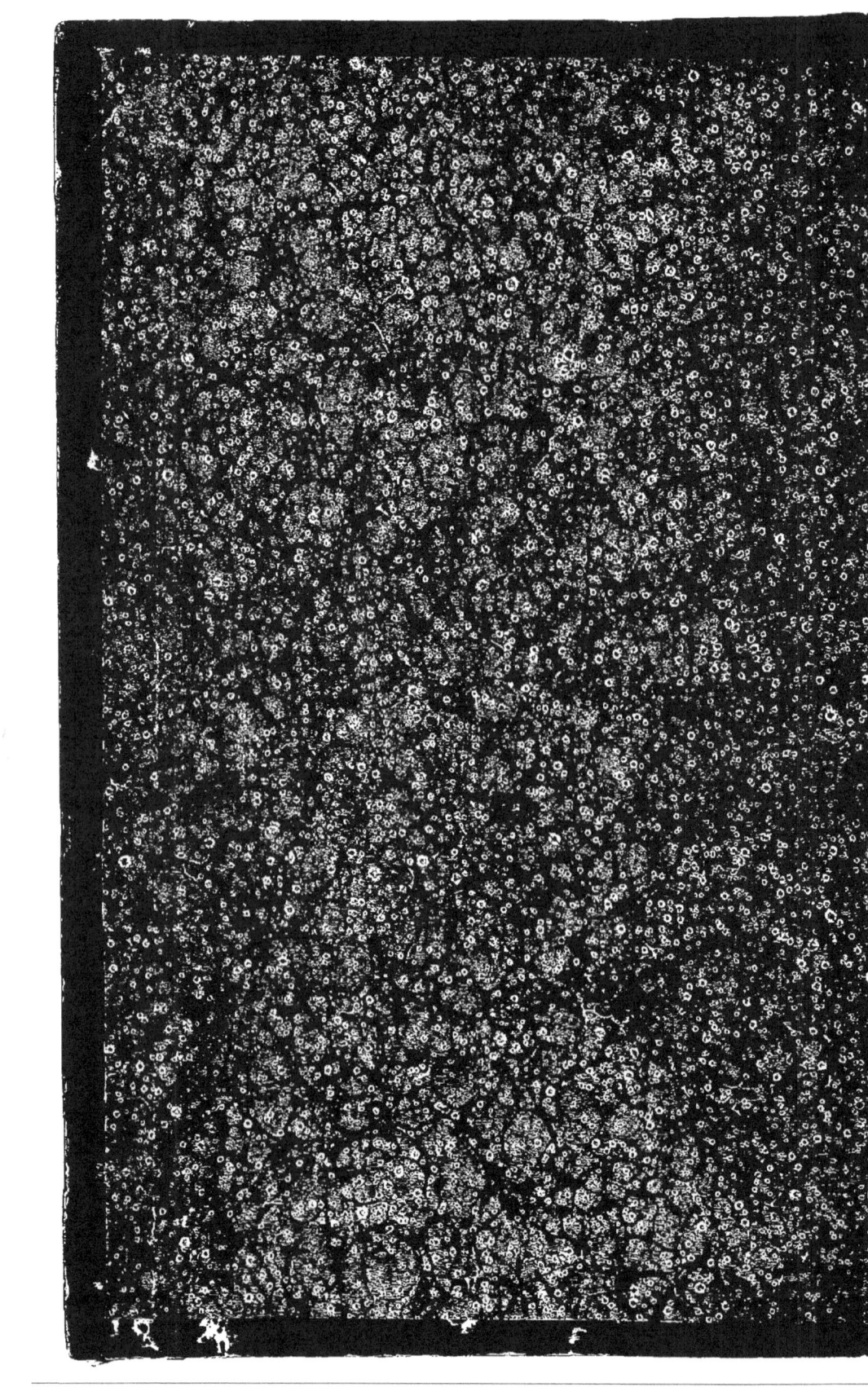

NOUVEAU TRAITÉ
DE BLASON

OU LA SCIENCE DES ARMOIRIES

MISE A LA PORTÉE DES GENS DU MONDE ET DES ARTISTES

D'après le P. Ménétrier, d'Hozier, Segoing, Scohier, Palliot
H. de Bara, Favin, La Chesnaye-des-Bois, le P. Anceluie, les Manuscrits de Florence,
du Vatican, le Wappenbuch, Lopez de Haro, etc., etc.

Par M. Victor BOUTON

Petit-Fils d'Émigré, Peintre héraldique

Ouvrage orné de 1000 Blasons historiques gravés sur bois et intercalés dans le texte
accompagnés de 6000 noms de Familles ou de Personnages nobles
qui ont porté ces Blasons.

Les Traités que l'on a publiés depuis 50 années sur le Blason, ne renferment ni des notions claires, ni des définitions exactes. Pour l'ordinaire, ce sont des volumes faits à coups de ciseaux inintelligents : s'il n'y a rien à inventer dans la langue du Blason, encore faut-il la connaître et la parler pour l'expliquer à ceux qui cherchent à la comprendre.

D'un autre côté, les anciens Traités ne sont plus intelligibles parce qu'ils semblent incomplets, et ils le sont en effet, parce que les lecteurs d'aujourd'hui n'ont plus le sens de quelques mots, et ne savent plus la valeur de quelques idées.

En publiant un nouveau Traité de Blason, j'ai voulu répondre à un besoin véritable. Pour le fonds, c'est un ensemble coordonné selon les Maîtres ; pour la forme, c'est l'explication rajeunie de leurs préceptes. Si j'ai voulu mieux faire qu'eux, c'est qu'à leurs qualités essentielles, j'en ai ajouté d'autres qui sont pour notre temps et pour la satisfaction de mes lecteurs : Il n'y a pas un mot qui n'ait son explication gravée au-dessous ; il n'y a pas une explication qui n'ait son exemple. C'est donc à la fois un Traité pour les Gens du monde et un Répertoire pour les Artistes.

Appelé très souvent à peindre des Blasons en tête de Livres précieux, de Livres d'Heures, de Livres de Mariage, de Souvenirs de Famille ; travaillant avec conscience et ayant mérité l'approbation des Bibliophiles les plus célèbres ; je ne viens pas, comme les Généalogistes et les faussaires à la poursuite des successions, je ne viens, dis-je, faire appel à aucun de ces intérêts privés qui déshonorent la Noblesse ; mon recueil aura la pureté digne des anciens Hérauts, des anciens Juges d'Armes. N'étant lié, par ma position person nelle et le malheur des temps, à aucun parti ; aimant ma patrie par dessus tout et révérant ses illustrations, j'ai fait à l'usage de tous, le choix le plus utile, le plus varié et le plus sérieux qu'on ait jamais fait.

Artiste et paléographe, j'ai formé moi-même ce recueil d'armoiries, et je n'ai confié à personne le soin de les retracer sur le bois, de les dessiner ; on n'a pas à craindre de me voir consacrer des erreurs pour enjoliver des dessins ; je ne fais pas de faux Blasons pour produire du joli. La netteté, l'exactitude sont les premières qualités de la Science Héraldique. L'Art ne doit que seconder la Science ; les Artistes l'ont trop souvent oublié.

Les types que j'ai recueillis et dont j'offre un spécimen, n'ont jamais fait l'objet d'aucune publication. Des études et des voyages pendant quinze ans, m'ont permis de composer cette collection à laquelle j'ai cru devoir garder le caractère du 15ᵉ siècle, c'est-à-dire de la fin du Moyen-Age, et du commencement de la Renaissance, de Philippe-le-Bon à Charles-Quint, types que j'ai retrouvés dans les manuscrits ou dans les cathédrales des Pays-Bas, d'Allemagne, d'Autriche, d'Italie et d'Espagne. J'ai fait un travail de collection que les Bibliophiles eux-mêmes ont toujours en vain cherché.

Les Savants, les Gens du monde et les Artistes, que je prie de vouloir bien considérer mon travail, remarqueront, j'aime à le croire, que j'ai apporté dans l'exécution des diverses pièces dont se composent les Armoiries, une fidélité scrupuleuse, qualité essentielle de la Science et de l'Art du Blason ; car le mérite que je me plais à signaler dans l'ensemble et les parties de cette œuvre, est une précision dans l'explication comme dans l'exemple. J'ai écrit l'ouvrage, j'en ai dessiné les Blasons, j'en ai combiné l'impression ; j'en suis l'auteur, le peintre et l'éditeur à la fois. Ces conditions sont les garanties d'un livre sérieusement fait.

A cause de cette triple tâche que je me suis imposée, j'ai cru devoir soumettre au public le plan et le spécimen de mon travail. J'ai d'avance besoin de l'appui du public intelligent.

Le nouveau *Traité de Blason* sera publié en un volume in-8° grand format jésus, d'environ 30 feuilles d'impression, c'est-à-dire de près de 500 pages, renfermant au moins mille Blasons historiques de tous les temps et de tous les pays. On s'abonne sans rien payer d'avance, chez l'auteur, *rue de l'École-de-Médecine*, n° 25.

Les souscripteurs qui paieront d'avance, en envoyant un mandat de 25 fr. par la poste à M. V. Bouton, recevront l'ouvrage sur papier collé vélin superfin (1). A la mise en vente de l'ouvrage, le prix en sera augmenté. J'assure MM. les libraires que cette clause sera rigoureusement tenue.

(1) Un franc en sus par la poste pour toute la France.

Le Duc de BRETAGNE, porte d'hermines purement.

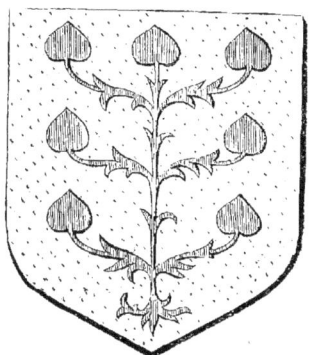

CRÉQUI, porte d'or a un créquier de gueules et crie : « Créqui ! Créqui le grand Baron, nul ne s'y frotte. »

DE LIGNÉVILLE, Comte d'Autricourt, dont M. le Comte de Lignéville, mort en Crimée, 1855, porte LOZANGE D'OR ET DE SABLE.

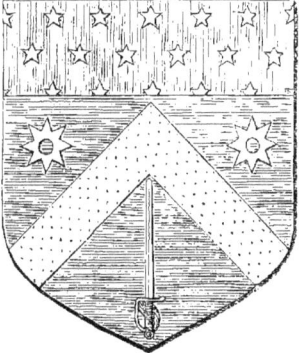

RENÉ DE ROVIGO, d'azur a un chevron d'or accompagné de deux molettes d'argent en chef, et en pointe d'un sabre de cavalerie de même au chef cousu des ducs de l'Empire, de gueules, semé d'étoiles d'argent sans nombre.

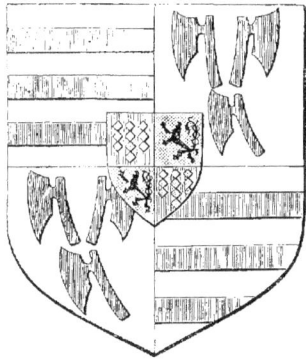

CHARLES DE CROY, premier Prince de Chimay, écartelé de Croy et de Renty, sur le tout aussi écartelé de Craon et de Flandres.

PIERRE DE LUXEMBOURG, Comte de Saint-Pol, d'argent au lion de gueules à la double queue fourchue et passée en sautoir couronné et armé d'or lampassé d'azur; sa devise: VOSTRE VEULT. 1423.

(Droits de reproduction réservés.)

VICTOR BOUTON

Peintre héraldique et Paléographe

25, RUE DE L'ÉCOLE-DE-MÉDECINE, A PARIS.

LIVRE DE MARIAGE.

Manuscrit sur vélin, rehaussé d'Or bruni en relief, et d'Enluminures gothiques empruntées à l'un des plus beaux Manuscrits de la Bibliothèque de la rue Richelieu. Cent quarante pages in-18, auxquelles on peut ajouter des Armoiries, des Inscriptions, des Souvenirs de famille. — Le style des Arabesques est du 15ᵉ siècle.

LIVRE DE MARIAGE.

Manuscrit sur vélin, rehaussé d'or bruni en relief et d'enluminures empruntées aux Manuscrits. Quatre-vingt pages in-18, auxquelles on peut ajouter des Armoiries, des Inscriptions, des Souvenirs de famille. — Le style des Arabesques est de la fin du 14ᵉ siècle.

Ces deux Livres d'Heures peuvent entrer avec une belle reliure dans des corbeilles de mariage. c'est plus riche, plus distingué, moins banal qu'un bijou.

PRIÈRES SÉPARÉES, SUR VÉLIN, REHAUSSÉES D'OR BRUNI ET D'ENLUMINURES.

PRIÈRES A LA SAINTE VIERGE
Dans toutes les Langues.

PRIÈRE DE SAINT-BERNARD,
Souvenez-vous, ô très-pieuse Vierge Marie.

PRIÈRE DE MONSEIGNEUR DE QUÉLEN,
Pour le roi Louis XVIII.

PRIÈRE DE MADAME ÉLISABETH
Au Temple.

PRIÈRE DE SAINT-LOUIS DE GONZAGUE.

PRIÈRES AUX SS. PATRONS.

PRIÈRE POUR LES NEUVAINES A SAINTE ANNE.

PRIÈRES EN HÉBREU TIRÉES DE LA BIBLE.

PRIÈRES EN ESPAGNOL, EN ITALIEN ET EN PORTUGAIS,

PRIÈRES RUSSES, SLAVES ET GRECQUES.

Ces Prières du format des Livres d'Heures sont le plus joli cadeau religieux qu'on puisse faire à une jeune personne.

INSCRIPTIONS POUR RELIQUAIRES,
style gothique, or bruni en relief sur bois,
Fond rouge ou noir du plus gracieux effet.
A la manière des Manuscrits italiens sur vélin écarlate.

CHIFFRES POUR LIVRES D'HEURES,
Style gothique, or bruni en relief sur vélin ou sur bois, pour bénitiers,
pour couvertures de livres, ou autres ornements.

GÉNÉALOGIES,
TABLEAUX DE FAMILLE, ARMORIAUX DE SALON,
Restauration de Manuscrits.

FAC-SIMILE DE TITRES,
COPIES DE PIÈCES TIRÉES DES BIBLIOTHÈQUES PUBLIQUES
Papiers de Famille.

A VENDRE : **MANUSCRIT FAC-SIMILE** du 16ᵉ siècle, sur papier de Hollande, contenant un Chapitre de la Toison d'Or tenu à Saint-Bertin en Flandres, par Philippe-le-Bon, duc de Bourgogne et fondateur de l'Ordre. — Ce Manuscrit de 14 pages renferme 32 Blasons, avec les Cris d'armes et les Devises de ces hauts et puissants Chevaliers.

LEÇONS D'APPLICATION D'OR BRUNI EN RELIEF
Et d'Écriture Gothique,

POUR AIDER LES PERSONNES QUI OCCUPENT LEURS LOISIRS A FAIRE UN MANUSCRIT.

IMP. DÉNARD ET Cⁱᵉ, 2, RUE DAMIETTE.

NOUVEAU TRAITÉ

DE BLASON

PARIS — IMPRIMERIE DE J. CLAYE
RUE SAINT-BENOIT, 7

NOUVEAU
TRAITÉ DE BLASON

OU

SCIENCE DES ARMOIRIES

MISE A LA PORTÉE DES GENS DU MONDE ET DES ARTISTES

D'APRÈS

LE P. MÉNÉTRIER, D'HOZIER, SEGOING, PALLIOT, ETC.

PAR VICTOR BOUTON

Peintre héraldique et paléographe

—

460 BLASONS, 800 NOMS DE FAMILLES

PARIS
GARNIER FRÈRES, LIBRAIRES
6, RUE DES SAINTS-PÈRES, ET PALAIS-ROYAL, 215

—

1863

AVANT-PROPOS

Mon but, dans cet ouvrage, est de faire connaître, avec le plus de clarté et autant d'exemples que possible, les règles particulières des Couleurs, Métaux, Fourrures et Pièces qui entrent dans la construction des Armoiries, et de prescrire l'ordre et les termes usités en l'art et la science héraldiques, en rapportant à chaque règle et à chaque terme les armes d'une des maisons notables de la chrétienté.

Cet ouvrage, dégagé de toute prétention et de tout fouillis, est plus qu'une compilation, c'est le résumé approfondi des divers auteurs dans lesquels j'ai appris à force de patience, seul et par le lent effort de ma persévérance, la belle langue du blason. Quelques amateurs distingués et des gentilshommes de la plus haute noblesse m'ont encouragé dans cette entreprise : je défère à leur vœu, et je prie le lecteur de croire que, si je puis être utile, je n'aurai d'autre mérite que d'avoir su exposer en peu de mots des règles et des lois éparses dans Palliot, dans Ménétrier, dans Segoing. Je n'ai mis ici rien de mon propre fonds, et l'ensemble de cet ouvrage leur appartient autant qu'à moi.

La Noblesse, comme toute espèce d'aristocratie, est une supériorité naturelle et sociale qui a pour origine les actions de l'homme. Les grandes actions de gloire ou de vertu sont la véritable source et la seule cause de la noblesse.

Les aristocrates, dans les temps anciens, ont eu des signes de distinction pour se faire reconnaître. Alexandre le Grand, pour rehausser le nom et la vaillance de ses capitaines, leur donna des enseignes, des bannières, des écussons, des tuniques, ce qui prouve, par analogie, l'ancienneté des armoiries. Mais, sans nous occuper de cet antique usage, bornons-nous à dire ici que, depuis la chute de l'Empire romain, les signes de distinction, emblèmes, contenus dans un écu ayant la forme de bouclier, se sont appelés des armoiries. Ce mot vient de ce qu'il n'y eut d'abord que l'aristocratie militaire qui se distinguât par des signes qu'elle portait sur la cotte d'armes, ce qui leur fit donner le nom d'*armoiries*, et sur les écus ou boucliers, d'où ils furent dits *écussons*. D'autres prétendent qu'*armoirie* vient du latin *armus*, qui signifie ce que contiennent les épaules et les bras.

Pour nous, l'*armoirie* est l'assemblage de tout ce qui compose l'écu armorial. C'est là sa signification actuelle. Quant au mot *blason*, l'opinion la plus commune est qu'il vient de *blasen*, sonner du cor, parce que, dans les anciens tournois, ceux qui se présentaient à la lice sonnaient du cor pour avertir de leur arrivée; les hérauts sonnaient ensuite de leurs trompes, après quoi ils *blasonnaient* les armes des chevaliers qui voulaient combattre, et les décrivaient à haute voix en y ajoutant quelques louanges sur leurs exploits et sur leurs faits d'armes : ce qui est cause que le mot *blasonner* a signifié quelquefois louer.

Blasonner, c'est parler la langue du *blason*, dénommer une armoirie, déchiffrer un écu, expliquer les armoiries, exprimer ce que contient un écusson.

Enfin, pour que ces définitions soient bien comprises, achevons de dire qu'on appelle *armoiries* la figure entière de l'écu qui se présente à nos yeux, et que le *blason* est l'expression de ce qu'elle contient. Par exemple, trois fleurs de lys d'or sur azur sont les armes de la France, et leur blason est de dire :

« France, porte : d'azur à trois fleurs de lys d'or, deux et une. »

Un aigle aux ailes abaissées d'or, tenant un foudre aussi d'or, est l'armoirie de l'Empire français ; son blason est de dire :

« Empire français, porte : d'azur à un aigle d'or tenant un foudre de même. »

On doit croire que les chefs des maisons nobles ont eu des raisons particulières de prendre telle ou telle pièce, figure, animal, etc., pour mettre dans l'écu de leurs armes. Cette raison n'est connue que de ceux qui ont leurs lettres patentes d'anoblissement. On ignore la cause et le fondement de la plus grande partie des armes des familles illustres.

et il y en a peu dont on puisse se rendre une raison aujourd'hui.

Il serait à désirer qu'on connût l'origine des autres armes comme on connaît celles de Barcelone et d'Aragon, celles de Lorraine et celles de Montmorency ; on verrait assez que l'origine de la plupart des armoiries se rapporte à quelque fait guerrier.

Savez-vous l'origine du blason d'Autriche : *un fond rouge (de gueules) avec une fasce d'argent?* Léopold II, duc d'Autriche, lors de la troisième croisade où se trouvaient Frédéric Barberousse et Richard Cœur-de-Lion, livrait un combat aux Sarrasins. Au fort de la mêlée, ayant perdu sa bannière et poussant d'une voix éclatante son cri de guerre : *Autriche, serviteur de Jésus-Christ !* criblé de blessures, sa cotte d'armes, de blanche, était devenue rouge, à l'exception de l'espace caché par le ceinturon, où pendait son glaive de duc d'Autriche, ce qui produisait une sorte de fasce. Alors, mus par un sentiment général d'admiration, officiers et soldats s'écrièrent : « Au brave Léopold ! *écu de gueules chargé d'une fasce d'argent !* » Telle est l'origine héroïque des armes de la maison d'Autriche.

AVANT-PROPOS.

Des exemples pareils parlent aux yeux. En 1340, dans les plaines de Crécy, une véritable bataille de Moscou pour la monarchie française, on voyait dans nos rangs, comme simples chevaliers, Jean, roi de Bohême, et son fils, Charles IV, empereur d'Allemagne. Le vieux roi, qui était aveugle, dit la chronique, se trouvait à l'arrière-garde. On lui rendit compte des événements. « Où est *Monseigneur* Charles, mon fils ? » dit-il. On lui répond qu'il se bat vaillamment, et qu'il a déjà reçu trois blessures. Jean, transporté de joie et de courage, se fait mener à l'avant-garde, afin de pouvoir *férir un coup d'épée*. Alors les chevaliers, pour ne pas le perdre dans la mêlée, lièrent son cheval aux freins de leurs chevaux et mirent le roi tout devant, et tous marchèrent ensemble contre les ennemis. « Le roi de Bohème et ceulx de sa compagnie se boutèrent si avant sur les Anglais que tous y demeurèrent, et furent le lendemain trouvés sur la place autour de leur seigneur, et tous leurs chevaux liés ensemble. » Pourtant ce roi-là appelait son fils *Monseigneur*, et ses chevaliers avaient pennons, panaches et oriflammes où étaient peintes leurs armoiries, pour qu'on les reconnût dans la bataille et qu'on ne se trompât pas de coups.

AVANT-PROPOS.

Nous voudrions pouvoir grossir ici notre travail de toutes les origines nobiliaires. Nous espérons, pour un autre ouvrage, faire un appel aux possesseurs de titres. Ce sera pour tous le sujet d'un légitime orgueil et une réponse pleine de fierté à toutes les attaques dont les niveleurs insultent la noblesse. Quel Breton n'est fier de la devise de sa province ? Quel Lorrain porterait le marteau sur le blason de ses ducs ?

Le blason était un drapeau. L'oriflamme de Jeanne d'Arc était le drapeau de la France. Les femmes, les enfants, les laboureurs, les paysans de toute sorte le suivaient comme un symbole d'affranchissement. Ce drapeau parlait aux yeux de ceux qui ne savaient ni lire ni écrire, et qui, en mourant à l'ombre de ses plis, nous ont légué une France unitaire et forte.

Il fallait bien une langue à ceux qui n'en avaient pas, et cette langue était une peinture vivante. Elle se révèle en tous sens.

Le fameux Jean de Ligny, qui vendit Jeanne d'Arc, avait pour devise un chameau succombant sous le faix, avec cette légende : *A l'impossible nul n'est tenu*. Quelle peinture plus vraie de son histoire que cette devise même ! Cet infâme Jean de Ligny, allié des Anglais, acheta Jeanne d'Arc prisonnière et la vendit à ses bourreaux. Sa devise peint sa lâcheté. On dirait qu'il avait senti la faiblesse de son cœur, et son caractère s'était révélé par le choix d'une parole qui dénote son abaissement naturel. Laissez sa devise à Jean de Ligny.

Ne soyons jamais insolents ni ingrats envers la noblesse. Regardez au fond, vous verrez que c'est la fleur d'une aristocratie de mérite, de travail, de talent, de courage, qui, depuis quatorze siècles, a monté tous les jours du fond des races populaires à la surface de la société. Il y en a qui croient, en abattant un blason, détruire le symbole d'un vieux système. Mais les institutions féodales étant détruites, il y a autant de raison à briser le blason qu'à insulter les morts qui le portaient. Améliorons les institutions, mais enorgueillissons-nous de nos pères, ils nous valaient. Le symbole éteint des vieilles races a perdu sa force, son action ; il ne lui reste que son prestige. Or, la mémoire des choses passées ne se brise point d'un trait de plume ou d'un coup de marteau. Souvenons-nous que les destinées de notre patrie furent longtemps entre les mains de cette noblesse pleine de dévouement, de grandeur et de patriotisme. Le blason était sa langue parlée, sa langue écrite, les signes de notre puissance et de notre honneur. Ce sont ces porteurs de blasons qui, laissant derrière eux la vie joyeuse du manoir, abandonnant leurs châtelaines, volaient à Constantinople ou à Jérusalem reporter la civilisation à son berceau. Ce sont ces porteurs d'épée, ces barons, ces vidames, ces marquis, ces vicomtes, ces seigneurs de toutes sortes qui se firent hacher à Crécy, à Poitiers, à Azincourt, pour l'indépendance de la patrie, pour arracher la moitié de la France à la domination anglaise, et qui succombèrent avec tant d'audace et tant d'héroïsme, que le vainqueur, ne pouvant compter le nombre des morts, fit mesurer leurs bagues au boisseau.

Devant le courage de nos ancêtres, découvrons-nous toujours. La France n'est pas notre patrie d'hier, mais une vieille terre de bravoure et de chevalerie. Honorons le symbole du passé, le blason des familles. La société moderne ne descend pas des Gracques, ne remonte pas au bœuf Apis ou au partage des terres. Il n'y a dans nos institutions ni castes ni priviléges. Tous les services, tous les mérites, toutes les professions peuvent prétendre aux distinctions et aux emplois. Les supériorités naturelles forment l'aristocratie moderne, et elles s'élèvent de la chaumière aussi bien que des lambris dorés ; on les rencontre sous le sarrau du paysan comme sous l'habit des grands de l'État ; elles naissent toutes de la nature ou de la société.

Du reste, l'inclination naturelle du peuple, dans les républiques comme dans les monarchies absolues, en Suisse comme en Russie, le porte, quoi qu'on fasse, vers les hommes qui brillent par l'éclat des talents, le commandement, le nom, la richesse, la vertu éminente. Or, le grade, le nom, la richesse, la vertu, c'est de la distinction, de l'aristocratie plus ou moins : c'est la véritable origine de toute noblesse. Il y a dans toutes les sociétés, antiques et modernes, il y a de rares courages qui ont besoin qu'on les flatte et qu'on les récompense ; il y a de grandes âmes qui aiment la distinction et les honneurs. Le peuple est naturellement reconnaissant du bien qu'on lui fait. Il est enthousiaste du beau et du bon. Ce sont de nobles sentiments de son âme. Il s'élève, par les naïfs transports de son admiration, par son âme, au niveau de l'âme des grands hommes.

C'est ainsi que, les institutions se modifiant, les

aristocraties ne meurent pas. Les blasons de nos ancêtres sont les titres d'une impérissable aristocratie. Fleurs de lys, coqs, abeilles, semés sur nos étendards, vous représentez l'unité de la France comme, avant vous, d'autres signes, d'autres emblèmes représentaient nos provinces, nos cités. Devises, écus, pennons, le symbole de la France moderne est assez large pour envelopper votre gloire dans la sienne, pour abriter le souvenir de votre illustration, pour vous porter avec lui dans l'avenir.

NOUVEAU TRAITÉ
DE BLASON

LIVRE PREMIER

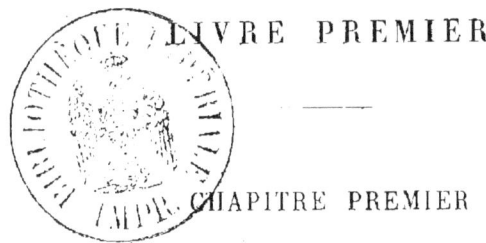

CHAPITRE PREMIER

DES MÉTAUX, COULEURS ET FOURRURES
DES ARMOIRIES

Pour parvenir à la connaissance du Blason des Armoiries, c'est-à-dire pour savoir blasonner, dénommer, construire des armoiries, il faut remarquer qu'il y a deux principaux fondements de cette science.

Le premier de ces fondements est de connaître les Métaux, Couleurs et Fourrures qui entrent ou peuvent entrer dans la construction des armoiries.

Le second est de connaître les Partitions de Divisions de l'Écu. L'écu est le lieu où l'on pose les armoiries.

* *

L'écu a différentes formes. C'est une affaire de goût; chaque peuple a le sien; chaque siècle change cette forme; chaque artiste peut la diversifier. Nous nous servons, pour les armoiries de ce Traité, d'une forme qui fut généralement adoptée au temps de la Renaissance. Nous l'avons trouvée dans les plus beaux manuscrits héraldiques.

I

DES MÉTAUX, COULEURS ET FOURRURES

Toutes les **armoiries sont diversifiées et se diversifient par deux métaux, cinq couleurs et deux fourrures.**

On désigne généralement ces métaux, couleurs et fourrures sous le nom d'*Émaux*; autrement dit : Il y a sept Émaux dans le Blason, dont deux métaux, cinq couleurs et deux fourrures.

Les deux métaux sont *or* et *argent*.

1

OR.

2

ARGENT.

Dans la plupart des manuscrits consacrés au Blason, l'or est remplacé par la couleur jaune; il n'y a guère que les manuscrits à miniatures où l'or ne soit pas désigné par du jaune.

De même, dans la plupart des manuscrits, l'argent est montré par la couleur blanche; il arrive aussi que l'on ne voit ni couleur argent ni couleur blanche, mais le papier nu. C'est ainsi qu'on le trouve dans les volumes imprimés et que nous le montrerons dans la suite de cet ouvrage.

Dans les manuscrits récents ou modernes, l'argent est représenté par la couleur argent que les marchands vendent en coquilles; mais cette couleur a l'inconvénient, aussi bien que l'ancienne, de noircir facilement et de devenir méconnaissable au bout d'un temps plus ou moins long : c'est que vous avez beau demander de l'or ou de l'argent véritables, en coquilles, on ne vous vend que du bronze pour de l'or, et de l'étain pour de l'argent. La fabrication est mauvaise, et il s'ensuit que l'argent noircit et devient méconnaissable.

Pour remédier à cet inconvénient, quelques fabricants de nos jours ont voulu remplacer la couleur argent par un nouveau produit, l'aluminium, qu'ils débitent en coquilles, et qui, au dire des savants, ne peut se ternir, se noircir, changer d'aspect comme la couleur de plomb, d'étain ou d'argent. La préparation est la même, l'effet est identique, la nuance est d'un gris un peu terne qui, dit-on, a l'avantage de ne pas s'altérer. L'idée est neuve, et l'expérience ne nous a encore rien confirmé personnellement.

* *

Outre les métaux, les couleurs usitées en armoiries sont :

Gueules............	qui est	Rouge.
Azur..............	—	Bleu.
Sinople............	—	Vert.
Sable.............	—	Noir.
Pourpre, mêlé de gueules et d'azur............	—	Pourpre, mêlé de rouge et de bleu.

Voici, pour plus d'intelligence, comment ces couleurs sont peintes.

6 NOUVEAU TRAITÉ DE BLASON.

3

GUEULES.

4

AZUR.

NOUVEAU TRAITÉ DE BLASON.

5

SINOPLE.

6

SABLE.

POURPRE.

Il y a une autre couleur pourpre qui n'est pas le violet, mais qui tire sur le rouge. Les avis sont partagés sur la teinte véritable qu'il faut lui donner. C'est une affaire de goût et d'appréciation, selon la personne, le temps et le lieu.

Favin, l'un de nos vieux blasonneurs, n'admet pas le pourpre; quelques armoristes prétendent que c'est l'argent devenu de cette couleur, par la longueur du temps et l'action de l'air, et que pour cette raison on l'a introduit en armoiries tantôt comme métal, tantôt comme couleur. Cela est un peu vrai, puisque nous faisons remarquer plus haut que la couleur argent changeait de teinte à l'air et à la lumière, et que, pour cette raison, les marchands et batteurs d'or voulaient substituer l'aluminium à l'argent pour la peinture des armoiries.

L'histoire de la pourpre est, du reste, bonne à connaître, et l'on pourra apprécier la différence des teintes que l'on rencontre dans les ornements de cette couleur.

C'est au hasard seul, suivant l'antiquité, qu'on doit la découverte de la pourpre.

Le chien d'un berger brisa, au bord de la mer, un coquillage; le sang qui en sortit lui teignit la gueule d'une couleur qui attira l'admiration et qu'on parvint à appliquer sur les étoffes.

On s'accorde généralement à faire honneur à l'Hercule tyrien de l'art de teindre les étoffes en pourpre : il en présenta les premiers essais au roi de Phénicie, qui, jaloux, dit-on, de cette nouvelle couleur, en défendit l'usage à tous ses sujets, la réservant pour les rois et pour l'héritier présomptif de la couronne.

Chez les Romains, le droit de porter la pourpre n'appartint qu'aux triomphateurs, et plus tard aux empereurs. C'est pour cela que l'expression *prendre la pourpre* devint synonyme de *se faire proclamer empereur*. Dans les temps modernes, la robe de pourpre a été réservée aux plus hauts dignitaires de l'Église, d'où l'expression *pourpre romaine*, pour dire la dignité de cardinal.

Si l'on ne se sert plus du coquillage qui fournissait

la pourpre, c'est qu'on a trouvé le moyen de faire, avec la cochenille, une couleur plus belle et à moins de frais. Il y a quelques semaines, M. Persoz, un des professeurs les plus distingués du Conservatoire des arts et métiers, a fait une leçon sur la coloration des étoffes de pourpre, dont nous donnerons un résumé à nos lecteurs.

Des deux espèces de pourpre, la première, la violette, était chez les Grecs désignée par un mot qui signifie *couleur de mer*, et qui indique la pourpre de Tarente; la seconde, celle de Tyr, la plus estimée, était d'un rouge foncé, couleur de sang. — Pline dit que tous les efforts des Tyriens et des Phéniciens tendaient à ce que leur couleur de pourpre approchât de celle de l'améthyste orientale.

En dehors de ces cinq couleurs reconnues dans les armoiries de toutes les nations, il y a des pays, et particulièrement en Angleterre, où l'on ajoute, à ces cinq couleurs universellement reconnues : 1° la *sanguine*, qui se fait avec de la laque pure; 2° l'*orangée*, qui se fait avec de la mine de plomb; 3° la *tannée*, qui se fait avec les gueules et le sable. Mais elles ne sont pas admises en France, et on ne les reconnait pas généralement.

II

DE LA MANIÈRE DE CONNAITRE LES MÉTAUX ET LES COULEURS PAR LES HACHURES C'EST-A-DIRE PAR LA GRAVURE ET LE RELIEF

C'est un jésuite, le père Sylvestre Pierre-Sainte, — en latin *Petra-Sancta*, — auteur d'un livre intitulé *Tesseræ gentilitiæ*, c'est-à-dire *Richesses nobiliaires* ou *Trésor de la noblesse*, qui fit usage le premier de la manière de faire connaître les métaux et les couleurs par l'inspection du trait de la gravure ou hachures, que l'on voit de différentes sortes comme suit. Sous chaque écu nous nommerons les maisons nobles qui portent ces métaux et couleurs.

L'Or, dont nous avons indiqué la couleur en haut de la page 3, est représenté, dans tous les Traités de blason et dans tous les ouvrages qui ont rapport aux armoiries, par un *pointillé*, dont voici la figure chez tous les peuples, dans quelque langue qu'on parle de noblesse :

8

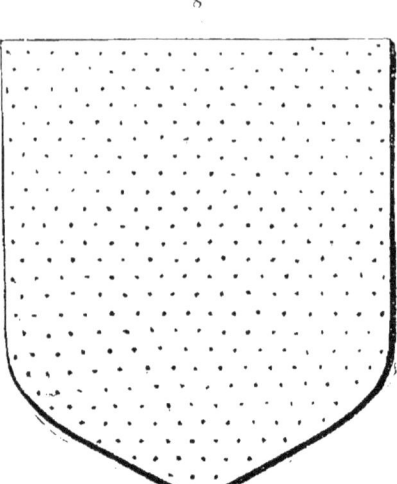

Ces armes sont *pleines*, c'est-à-dire que tout l'écu, le fond de l'écu tout entier est d'une seule couleur. Diverses familles ont porté ces armes :

Bordeaux-Puy-Paulin, en 1752, alliance du duc d'Épernon, portait d'or, purement.

Majorca, en Italie, porte de même.

— Ces expressions, porter *purement*, *pleinement*, avoir des armes *pleines*, signifient la même chose, c'est-à-dire que le fond, le champ de l'écu, est d'une seule et même nuance.

D'autres maisons nobles portent un champ d'or, chargé de quelques autres pièces. Nous verrons aussi bon nombre de familles qui portent des pièces d'or sur un champ émaillé de couleur.

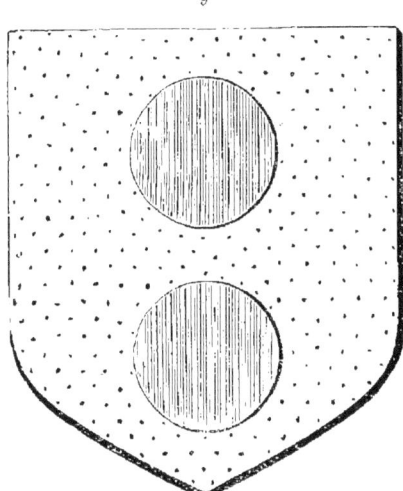

Montesquiou, porte : d'or à deux tourteaux de gueules l'un sur l'autre en pal.

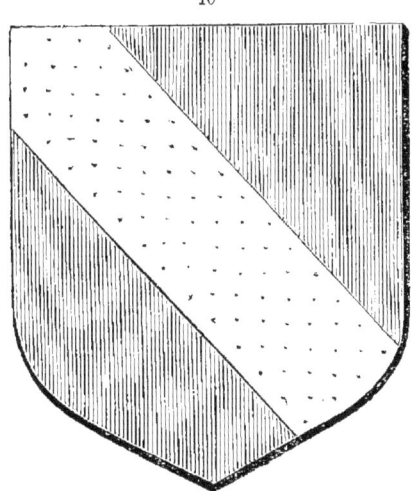

De Noailles, porte : de gueules à la bande d'or.

Nous verrons d'autres exemples, au fur et à mesure que nous avancerons dans notre travail.

* *

L'*Argent* se laisse, comme nous l'avons dit, tout blanc sans hachure :

Czerwiana, en Pologne, porte : d'argent.

Nous ne connaissons que cette famille qui porte d'argent plein dans ses armes. Mais nous verrons dans la suite des écarts d'argent plein sans être chargés d'aucune pièce ou meuble d'armoiries.

D'autres maisons portent un champ d'argent chargé d'une pièce quelconque, comme :

Gamaches, ancien, portait : d'argent au chef d'azur.

Il y a des maisons qui, sur un champ ou écu de couleur, portent quelque pièce ou figure d'argent.

DE SARCUS, en Picardie : de gueules à la croix d'argent.

Les princes de la maison de SAVOIE portent de même.

DESTOURMEL porte de même.

RHODES ou MALTE, porte de même.

ASPREMONT, en Lorraine, porte aussi : de gueules à la croix d'argent.

* *

Le Gueules est représenté par une hachure de haut en bas, à plomb. Ainsi :

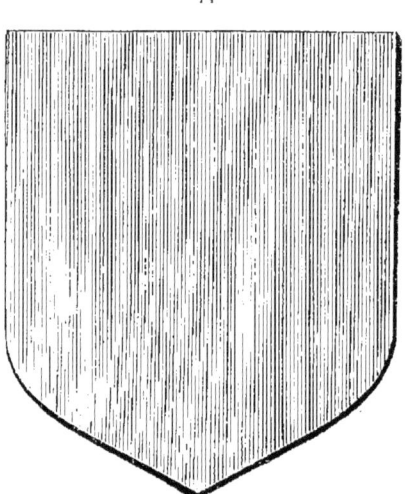

RUBEI, en Toscane, porte : de gueules purement.

Les anciens comtes DE NARBONNE portaient de même. — Le marquis de Narbonne-Lara a conservé ces armes pleines. — Le duc de Narbonne-Pelet porte aussi : de gueules plein, à un écu en abîme d'argent, au chef de sable qui est de Melgueil.

Il y a de nombreuses maisons qui portent : de gueules, chargé de quelque pièce de métal, comme :

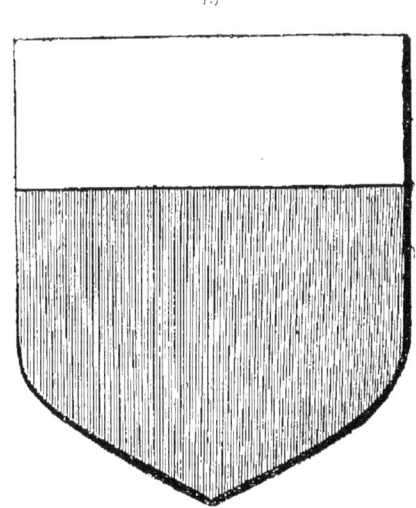

Lisle Fresne, porte : de gueules au chef d'argent.
Gauville, en Gâtinois, porte de même.
Peralte, en Espagne, porte de même.
Medula, en Bourgogne, porte de même.

De même on trouve beaucoup de blasons où des pièces de gueules sont posées sur un champ d'un autre émail. Ainsi :

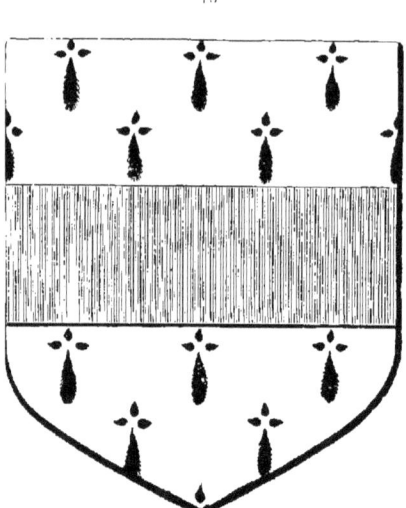

16

Launay, à Gênes, porte : d'hermines à la fasce de gueules.

Thibouville, porte de même.

Baffert, en Anjou, porte de même.

Chandio, en Bourgogne, porte de même.

* *

L'Azur est haché de droite à gauche, d'un flanc à l'autre. Nous ne connaissons pas de maisons qui portent ces armes purement.

Mais on verra par la suite beaucoup d'armoiries dont le champ, est d'azur. Ainsi :

Berminicourt, porte : d'azur au chef d'argent.

chargé d'un lambel de gueules de trois pendants.

Nous trouvons des blasons qui contiennent quelque pièce d'azur, comme :

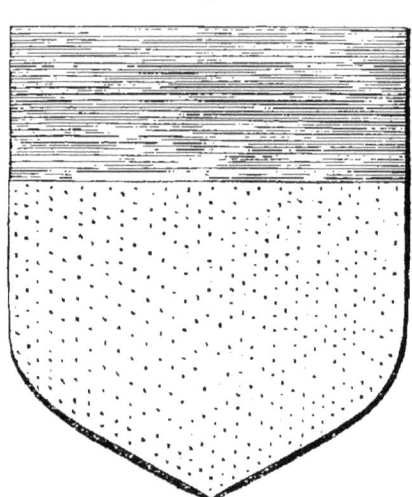

CHATEAUGIRON, selon Palliot : d'or au chef d'azur.

* *

Sinople, est haché de l'angle droit à l'angle gauche de la pointe. — Il faut remarquer que cette droite et cette gauche ne sont pas celles du lecteur, mais celles qu'il faut supposer au chevalier porteur de l'écu.

Le roi Méliadus, chevalier de Table-Ronde, portait : de sinople purement.

Plusieurs chevaliers de la Table-Ronde portaient, comme le roi Méliadus, un champ de sinople chargé de quelque pièce de métal.

La couleur verte, dans quelques nuances, fascine et attire les yeux d'une singulière façon. C'est ce qui a fait dire que le *vert* ou sinople, était une couleur dont la vue portait à la volupté. C'est la couleur de Vénus.

Bon nombre de familles blasonnent aussi de sinople :

21

Robersat, porte : de sinople au lion d'argent.

Il y a des maisons qui portent des pièces de sinople sur un champ de métal.

22

Simphale ou Saint-Phal : d'or à la croix ancrée de sinople.

Saint-Phal, porte, selon d'autres blasonneurs : d'argent à la croix ancrée de sinople. — Mais ces différences sont souvent prises par les membres d'une même famille pour distinguer les branches l'une de l'autre. Nous en verrons l'explication plus loin.

* *

Le Pourpre est le contraire du sinople, c'est-à-dire que le trait part de l'angle gauche du chef pour aller à l'angle droit de la pointe :

23

Nous ne connaissons pas de familles qui portent, pour armes, de pourpre purement.

*

Parmi les maisons qui portent sur un champ de pourpre quelque pièce de métal, nous citerons :

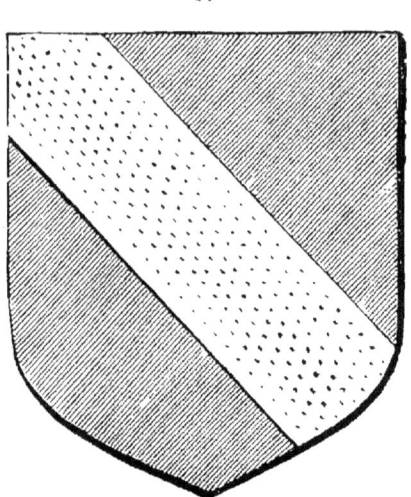

21

Héripont, au Pays-Bas, porte : de pourpre à la bande d'or.

Le pourpre sert le plus souvent pour les raisins, pour les mûres et pour quelques autres fruits qui se blasonnent aussi par des traits diagonaux de gauche à droite.

Des maisons portent cependant, sur un champ de métal, des pièces de pourpre.

25

Lacy ou Lacie, en Angleterre, porte : d'or au lion de pourpre.

Nous venons de dire, — et nous ne devons pas craindre de nous répéter dans un pareil travail, — que quelques armoristes n'admettent pas le pourpre, et prétendent qu'il n'a été admis dans les règles du blason que par erreur, parce que l'argent, dans les peintures d'armoiries, a changé de ton et de couleur par suite de l'action de l'air, et a fait croire à du pourpre. D'autres armoristes, faisant le pourpre composé de l'azur et du gueules, le prennent pour un émail mitoyen entre la couleur et le métal, de sorte qu'en ce cas on peut le mettre sur l'une ou sur l'autre sans fausseté, c'est-à-dire comme métal sur couleur ou couleur sur métal, comme il est expliqué aux remarques qui terminent ce chapitre.

* *

Le Sable est figuré par de doubles hachures, de bas en haut, de gauche à droite, c'est-à-dire haché et contre-haché, verticalement et horizontalement.

Les anciens comtes de GOURNAY, portaient : de sable purement.

DESGABETS-DOMBASLE, en Lorraine, portait de même.

Il y a de nombreuses maisons qui portent des pièces de métal sur champ de sable. Ainsi :

Vilain de Gand, porte : de sable au chef d'argent.

Enfin, d'autres familles portent des pièces de sable sur un champ d'or ou d'argent, comme :

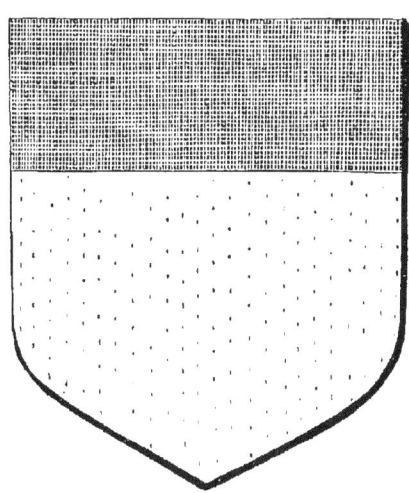

Sassembruck, au Pays-Bas, porte : d'or au chef de sable.

Il faut avoir bien soin de reconnaître ces hachures, parce qu'elles servent généralement dans toutes les langues à la gravure des armoiries.

III

DES FOURRURES

Il y a deux sortes d'émail, qui n'est ni proprement métal, ni proprement couleur. Ces deux sortes d'émail, qui se disent *Fourrures*, et par les anciens hérauts d'armes *Pennes*, sont l'Hermines et le Vair.

L'hermine est, au naturel, une petite belette blanche, de la forme d'une mustelle; l'hermine, dit Palliot, est la dépouille d'un rat du terroir de Pont, en Asie, de pelage blanc. De cette dépouille on a fait une fourrure, et pour la faire paraître plus blanche qu'elle n'est, par l'éclat du contraire, les pelletiers et fourreurs la mouchettent de petits morceaux d'agneaux de Lombardie, renommés par leur noir luisant.

L'hermine, dans le blason, se figure par une moucheture de sable, c'est-à-dire noire, sur un fond blanc, qui est son émail particulier, comme on la voit aux armes si connues de Bretagne. On dit que Jean V, dit le Vaillant, institua ou renouvela, vers 1365, un ordre de chevalerie dit de l'Hermine, à cause des colliers d'or chargés d'hermine que portaient les chevaliers; depuis ce temps la Bretagne porta d'hermines au lieu de trois gerbes que les anciens ducs portaient. En blasonnant ces armes, on dit simplement :

Le duc DE BRETAGNE, porte : d'hermines et crie Saint-Malo.

DEVORRÉ, porte de même.

COAGNE, porte de même.

SAINT-MARTIN, porte de même.

QUINSON, porte de même.

Des puinés de Bretagne ont aussi porté d'hermines,

brisé de différentes façons, comme nous le verrons ci-après.

La liste des maisons nobles qui portent l'hermines de plusieurs façons serait trop longue ; contentons-nous de donner pour exemple de celles qui portent, sur un champ d'hermines, quelque pièce de couleur.

Sainte-Aldegonde, porte : d'hermines à une croix de gueules. — Quelques-uns de cette maison portent cinq roses d'or sur la croix de gueules.

*

D'autres portent un écu de couleur sur lequel se trouvent des pièces d'hermines. Ainsi :

De Coetlogon, porte : de gueules à trois écussons d'hermines.

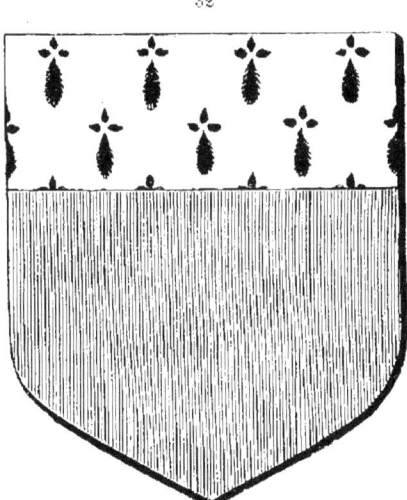

Leservy, porte : de gueules au chef d'hermines.

Les armoristes ne s'accordent pas sur l'émail de l'hermine : doit-il être d'argent ou simplement de couleur blanche? Nous avons remarqué que l'argent n'était employé pour le fond de l'écu d'hermines que par les peintres modernes ou des imprimeurs-lithographes ne connaissant rien à l'art héraldique. La règle ancienne était de laisser blanc le fond de l'écu, parce que c'est une fourrure au naturel et non en métal.

Nous disons que l'hermine est ordinairement de sable sur un fond blanc. Quand on voit au contraire le champ noir et les mouchetures blanches, on ne dit plus d'*hermines*, quoique le champ soit semé de ces mouchetures, mais *contre-hermines*. Ainsi :

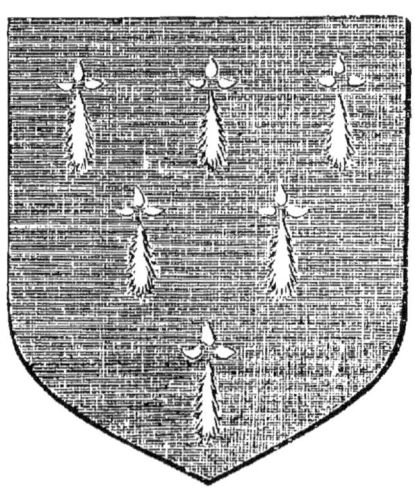

Roux, en Languedoc, porte : de sable à six

mouchetures de contre-hermines d'argent, 3, 2, 1.

De même, quand les mouchetures ordinaires ne sont pas semées comme dans l'écu de Bretagne, c'est-à-dire quand les mouchetures ne sont pas en nombre indéterminé, on spécifie le nom et la position de ces hermines. Ainsi :

DRUAYS, seigneur de Franclieu et de Danancheu, porte : d'argent à une moucheture d'hermine.

CORMELIER, dont un évêque de Rennes, porte : d'argent au massacre de cerf d'azur surmonté d'une moucheture d'hermine ; — *alius :* d'azur au massacre de cerf d'or surmonté d'une moucheture d'hermine d'argent.

Il faut remarquer que si l'écu n'est pas rempli d'hermines, s'il y en a une ou plusieurs d'un nombre déterminé et d'une position particulière, le fond de l'écu n'est plus de couleur blanche, mais de couleur argent, comme dans le blason précédent et les trois qui suivent.

ARMINOT, en Bourgogne, dont les seigneurs de Santenage, Beauregard, Montrichard, Fée le Chatel et Prefontaine, porte : d'argent à trois mouchetures d'hermines. On peut ajouter que les hermines sont de sable, et posées 2 et 1.

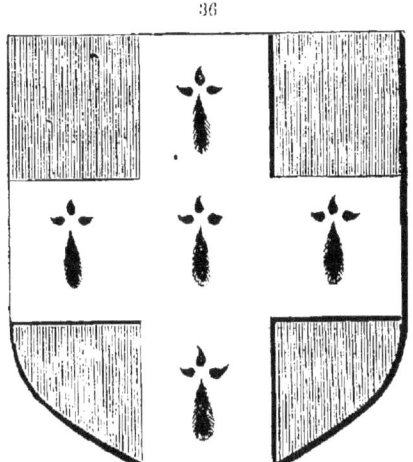

La Palu ou Pallu, marquis de Bouligneux, anciens seigneurs de Varambon, portent : de gueules à la croix d'hermines de cinq mouchetures.

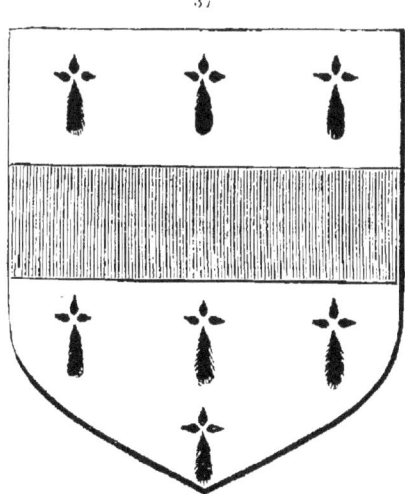

SOTOMAYOR-GRIBEL, en Espagne, porte : d'argent à la fasce de gueules et sept mouchetures d'hermines de sable. Nous avons emprunté ce blason à l'ouvrage espagnol si estimé de Argote de Molina.

Enfin, il est quelques cas où les mouchetures ne sont pas considérées comme des contre-hermines, mais comme des pièces ordinaires d'armoiries, dont nous parlerons plus loin. Ainsi :

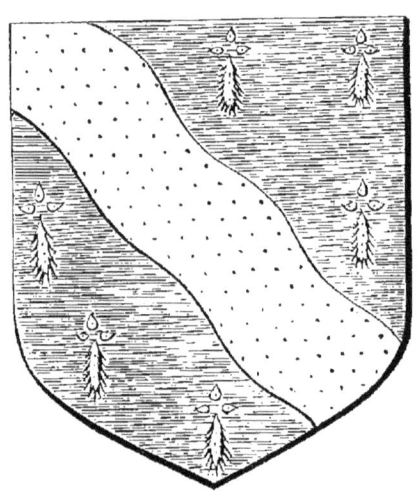

LA GARDE, en Dauphiné, porte : d'azur à la bande vivrée d'or, accompagnée de six mouchetures aussi d'or, posées en orle.

Nos lecteurs auront l'explication des termes qui

accompagnent ces armoiries au fur et à mesure que nous avancerons dans notre exposé : qu'il leur suffise ici de remarquer que dans l'écu ci-dessus les mouchetures sont d'or : c'est une exception que nous avons voulu indiquer pour mieux leur faire connaître la règle.

* *

Le *Vair* est une autre fourrure qui est, pour d'ordinaire, de blanc et d'azur et dont voici la figure :

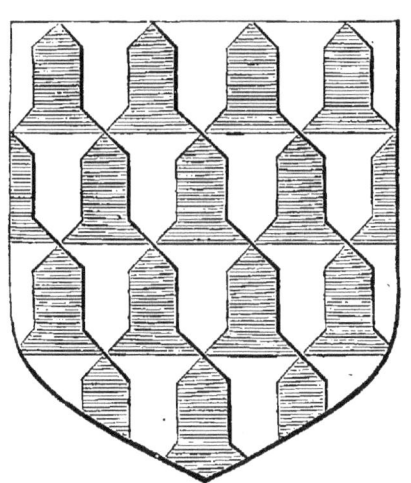

Loheac, en Bretagne, porte : de vair.
Varras ou Varroux, en Bresse, porte de même.
Warenchon, en Savoie, porte de même.
De Vera, en Espagne, porte de même.

TRAINEL, porte de même.

SOLDANIÉRI, à Florence, porte aussi de vair.

Il y a des maisons qui portent un champ de vair sur lequel se trouvent quelques pièces de couleur. Ainsi :

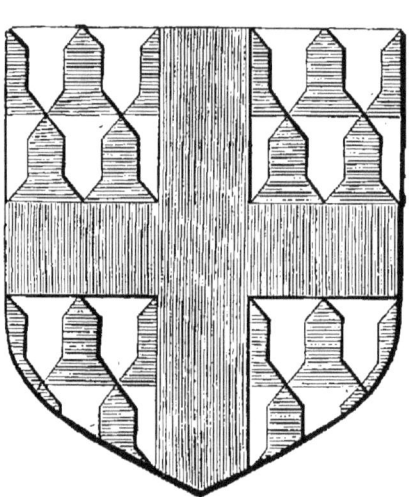

40

CRISEGNIES, en Flandres, porte : de vair à la croix de gueules.

On rencontrera plus loin d'autres écus où le vair est chargé de pièces diverses.

D'autres maisons portent un champ de couleur chargé de quelque pièce de vair. Ainsi :

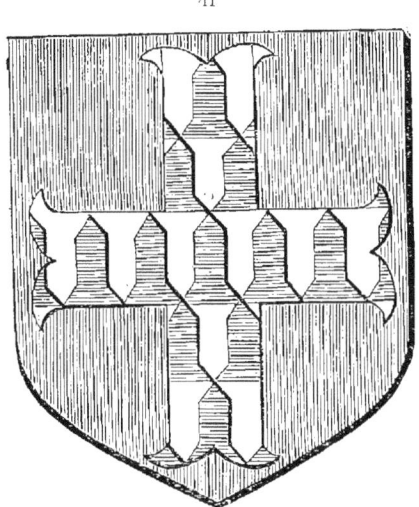

41

De Fortibus, en Angleterre, porte : de gueules à croix ancrée de vair.

*

On ne connaît pas l'origine de cette sorte de blason ; la plupart des auteurs veulent qu'elle vienne d'une peau ou fourrure d'animal, ou de peaux d'animaux, de diverses couleurs, cousues ensemble. D'autres disent que ce sont des vases ou pots de verre, à cause de la conformité qui se voit en leur figure avec celle des pots ; et même ils pensent que ce mot vair en est venu, et les appellent en blasonnant des pots vairés.

L'opinion des premiers nous semble plausible, en ce que cette pièce de blason a toujours été mise au rang des fourrures qui n'ont aucun rapport avec les vases ni le verre.

Palliot, qui est un de nos meilleurs héraldistes, veut que les émaux du vair soient d'*argent* et d'azur, contrairement aux autres blasonneurs qui veulent qu'il soit blanc. — Palliot, à propos de l'hermine, dit aussi que le fond de l'écu est d'argent au lieu de blanc. Nous sommes, en cela, en contradiction avec lui.

*

Si l'on nous permet de rapporter une anecdote à ce sujet, nous dirons, selon quelques armoristes, que ceux qui les premiers ont porté *de vair* sont les seigneurs de Coucy, en mémoire d'une bataille par eux gagnée sur les Turcs vers le XI° siècle, où, après avoir rallié leurs troupes, éparses sous des guidons façonnés sur le champ de bataille avec des lambeaux d'écarlate fourrés d'une pelleterie nommée Vair, qui était la fourrure ancienne des chevaliers de ce nom, — ils formèrent leur blason de gueules et de vair.

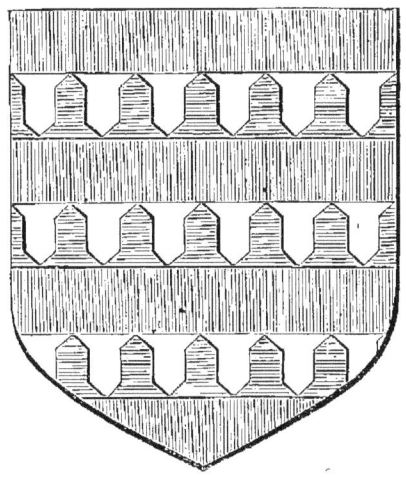

42

Coucy, porte : de gueules à trois fasces de vair; un de leurs cris de guerre était : Place à la bannière !

Les sires DE COUCY, selon d'autres armoristes, portaient : fascé de vair et de gueules de six pièces. Leur devise était : « Je ne suis roy, ne duc, ne comte, ne prince aussy, je suis le sire de Coucy. »

*

Lorsque le vair est peint d'un autre émail que d'azur et de blanc, on ne dit plus que tel écu est *de vair*, mais bien *vairé* de telle ou telle couleur ou métal.

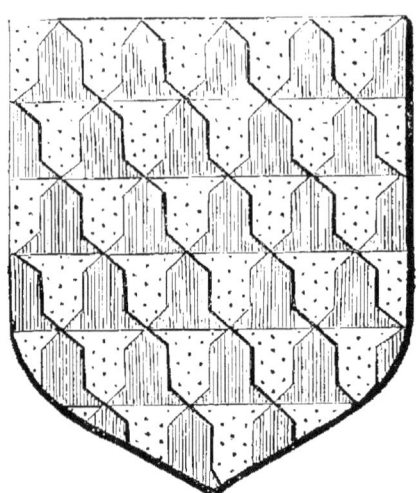

De Beaufremont, porte : vairé d'or et de gueules.

De Kergorlay, en Bretagne, porte de même.

De Cassinel, porte de même.

De Maubeuge, seigneur de Flégny, en 1697, portait aussi vairé d'or et de gueules.

Le Grand, seigneur d'Aluze, dont un président en la chambre des comptes de Bourgogne, portait aussi de même.

Ce n'est pas la seule remarque à faire sur la composition de cette figure. On trouve aussi des écussons où le vair est autrement disposé ; ainsi, quand la couleur, qui est ordinairement opposée au métal et le métal à la couleur, se trouve placée de sorte que la couleur est opposée à la couleur et le métal au métal, on dit : de vair contre vair. Par exemple :

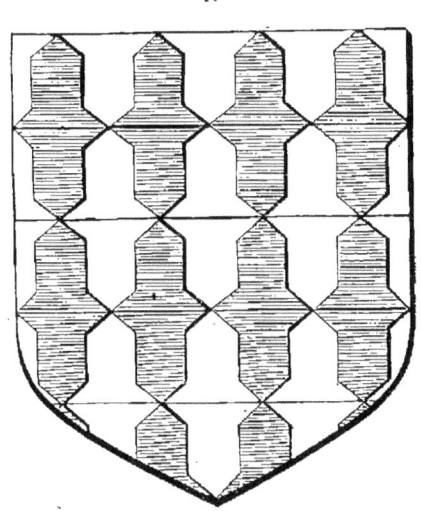

Du Plessis-Angers, porte : de vair contre vair.

Il faut remarquer que, dans les écus de vair contre vair, l'émail est blanc et azur, sans qu'il soit besoin de le dire.

De même qu'il y a le vairé ordinaire, il y a des blasons vairés contre vairés.

Mais quand ces blasons sont vairés contre vairés il faut spécifier de tel et tel autre émail. Ainsi :

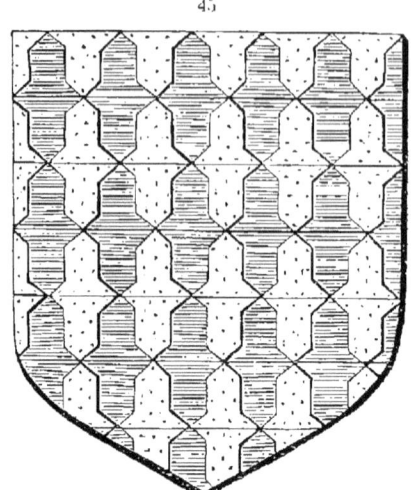

Le comte de Guines, porte : vairé contre vairé d'or et d'azur, de sept traits.

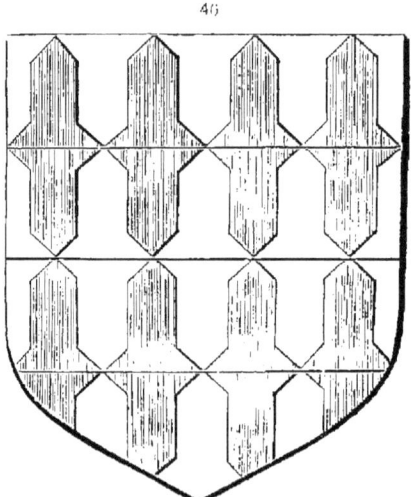

Scepeaux : vairé contre vairé d'argent et de gueules.

Le mot *trait* ou *tire* se dit des rangées de vair. Les règles du blason ne donnent à l'écu de vair que quatre rangs ou traits.

Quand il n'a que trois rangs, on l'appelle *beffroi*, comme nous verrons tout à l'heure; et, quand il a six rangées, on le nomme *menu vair*, comme nous venons de le voir au blason de Guines, ci-dessus. Voici, du reste, d'autres exemples.

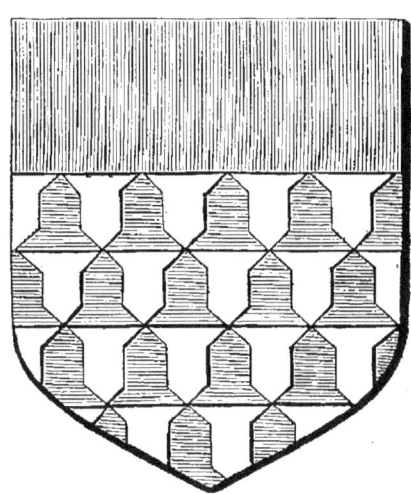

TAVEKIRCHEN, en Souabe, porte : de vair au chef de gueules. — C'est un vair régulier de quatre rangées, auquel on a ajouté un chef de gueules.

Quand il se trouve plus ou moins de ces quatre rangs, on exprime le nombre de traits.

Lorsqu'une fasce ou un chef sont vairés, il faut aussi spécifier le nombre des rangées, qui sont ordinairement de deux ou de trois. Ainsi :

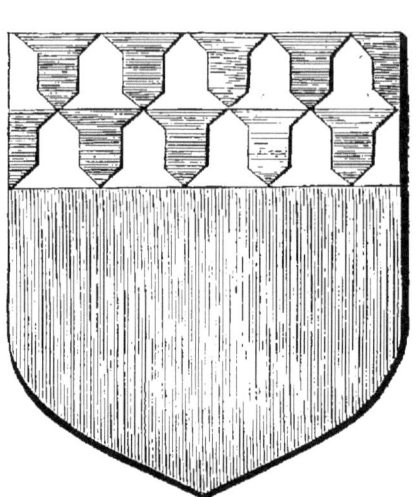

MONTGASCON, porte : de gueules au chef de vair de deux tires.

Il y a une famille qui porte un chef de vair de trois traits, c'est GRANCHIER ; son blason est : d'azur au chevron d'or accompagné de trois gerbes de blé de même, au chef vairé d'argent et de gueules de deux tires.

*

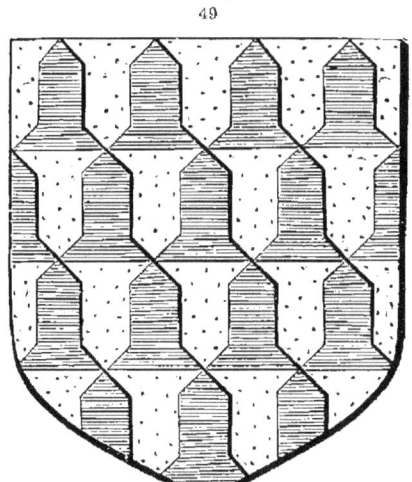

Bonnières : vairé d'or et d'azur de quatre traits.

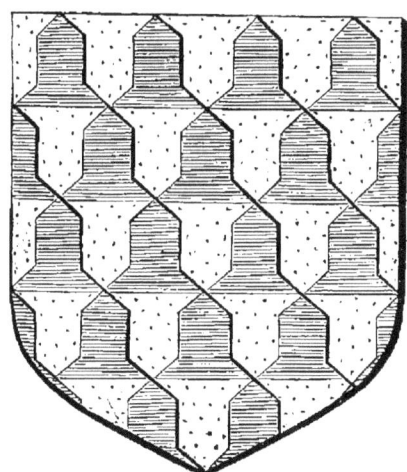

Rochfort, en Angleterre : vairé d'or et d'azur de cinq traits.

48 NOUVEAU TRAITÉ DE BLASON.

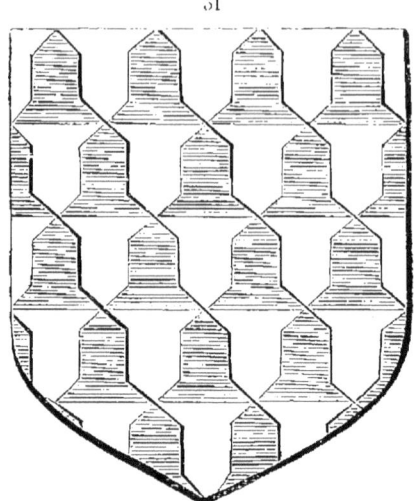

Varroux, en Bresse, porte : de vair de cinq traits.

Lauwer, en Belgique, porte : de vair de cinq traits au chevron de gueules.

*

Lorsqu'il n'y a que trois traits ou tires, on dit *beffroi de vair*, et c'est ce qui est assez rare.

Un vieil armoriste, Jean Callot, héraut d'armes des ducs de Lorraine, dit que ces vairs sont ce qu'on appelait anciennement des *cloches* ou *beffrois de trois sonneries*; c'est de là qu'est venu le nom de Beauffremont, anciennement Beffroimont.

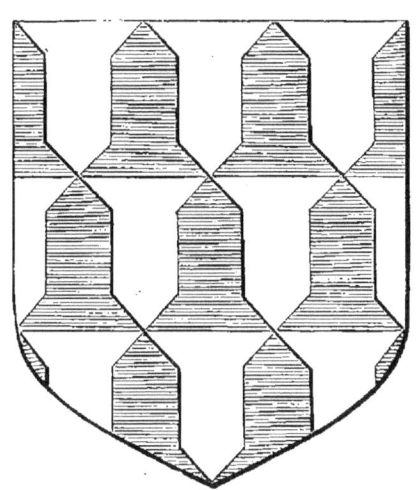

Morgen ou Morgène, en Angleterre, porte : beffroi de vair.

Ces mots : « Beffroi de vair, » s'entendent des trois rangées de vair blanc et bleu. Mais si le vair est d'un autre émail, il faut le spécifier. Il y a des beffrois d'argent et de sable que l'on trouvera dans les vieux auteurs.

Voici un autre exemple :

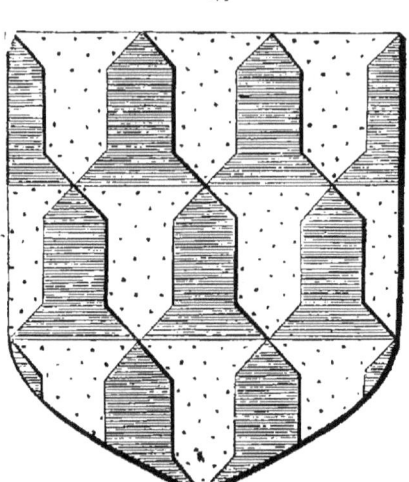

54

Aubeterre, en France, porte : beffroi d'or et d'azur.

*

Il y a d'autres différences que l'usage apprendra; cependant il est une figure du vair que nous devons faire connaître. Lorsque, — contrairement à tous les exemples ci-dessus, où les pièces du vair et du vairé sont disposées de manière que la pointe d'une pièce est opposée à la pointe d'une autre et la base à la base,

— il se rencontre que la pointe de chaque pièce est opposée à la base au-dessus d'elle, on dit, en ce cas, *vair appointé*.

Eginhard, porte : de sinople à une croix de vair appointé.

Les pièces de métal et de couleur qui composent le vair se mettent quelquefois en bande, c'est-à-dire, la pointe regardant l'un des angles de l'écu, mais fort rarement. Je n'en connais que deux exemples : l'un se trouve dans le *Tesseræ Gentilitiæ*, de Pierre-Sainte, pour les armoiries d'Amiens, *Ambiani*; voici l'autre :

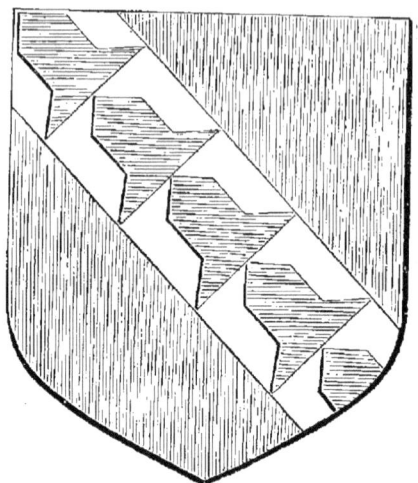

56

Trousseau, en France, porte : de gueules à une bande de vair appointé.

IV

SIGNIFICATION DES MÉTAUX ET COULEURS

Chaque chose avait autrefois une signification dans les armoiries ; on connaissait la vie d'un homme, la grandeur d'une famille, l'antiquité d'une race, à l'inspection de son écu. Le métal ou la couleur avaient aussi un sens que le peuple connaissait aussi bien que la noblesse. Cela parlait aux yeux de ceux mêmes qui ne savaient pas lire. L'homme noble portait en lui le droit de se faire tuer pour la France, pour Dieu, Notre-Dame et les Saints, et le blason était le drapeau.

Aussi chaque pièce de l'armoirie était raisonnée; on ne badigeonnait pas un blason comme aujourd'hui; des ignorants n'étaient pas chargés de composer un écu.

Qu'on nous permette donc de rappeler la signification des émaux; cela fera le contentement des lecteurs.

Or, signifie largesse, contraire d'avarice; dénote en blason puissance, autorité, prééminence.

Argent, signifie pureté de vie et continence, contraire de luxure; dénote en blason innocence, chasteté et bonne vie.

Gueules, signifie bénignité, contraire de l'envie; dénote en blason magnanimité, hardiesse, illustration de sang.

Azur, signifie tempérance, contraire de gloutonnerie; dénote en blason fidélité du cœur.

Pourpre, composé de générosité et de tempérance, signifie patience, contraire de la colère; en blason dénote abondance et souche d'honneur et de bien.

Sinople, signifie gaieté et allégresse d'esprit au service de Dieu, que nous nommons diligence, contraire de paresse; en blason dénote courtoisie et liesse, amour à servir.

Sable, signifie abnégation de soi-même, mépris de

toute mondanéité, humilité, contraire d'orgueil; en blason signifie simplesse, constance et mépris du monde.

Quant aux vertus théologales :

Or,	signifie	Foi.
Argent,	—	Espérance.
Gueules,	—	Charité.

Quant aux vertus cardinales :

Azur,	signifie	tempérance.
Pourpre,	—	justice.
Sinople,	—	force.
Sable,	—	prudence.

Quant aux planètes :

Or,	signifie	le Soleil.
Argent,	—	la Lune.
Gueules,	—	Mars.
Azur,	—	Mercure.
Pourpre,	—	Jupiter.
Sinople,	—	Vénus.
Sable,	—	Saturne.

Quant aux jours de la semaine :

Or,	signifie	Dimanche.
Argent,	—	Lundi.
Gueules,	—	Mardi.
Azur,	—	Mercredi.
Pourpre,	—	Jeudi.
Sinople,	—	Vendredi.
Sable,	—	Samedi.

Quant aux éléments :

Argent,	signifie	l'Eau.
Gueules,	—	le Feu.
Azur,	—	l'Air.
Sable,	—	la Terre.

Quant aux pierres précieuses :

Or,	signifie	la Topaze.
Argent,	—	la Perle.
Gueules,	—	le Rubis.
Azur,	—	le Saphir.
Pourpre,	—	l'Amétiste.
Sinople,	—	l'Émeraude.
Sable,	—	le Diamant.

V

REMARQUES SUR LES MÉTAUX ET LES COULEURS

Il faut observer dans la construction des armoiries de poser toujours métal sur couleur, ou couleur sur métal; c'est une règle essentielle du blason; il n'en doit jamais être autrement. Mais si l'on trouvait le contraire dans quelques armoiries, on les nommerait *fausses*, ou du moins *à enquerre*, *à enquérir*, comme sont celles de :

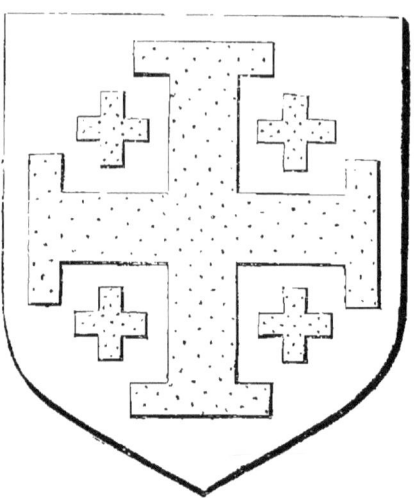

Godefroy de Bouillon, qui portait d'argent à la croix potencée d'or, cantonnée de quatre croisettes de même, et que la maison de Savoie a longtemps conservées comme descendant des rois de Jérusalem. Ce mot d'*armes à enquérir*, ou *à enquerre*, vient de ce qu'en voyant de telles armes faites contre l'ordre et l'usage du blason, on est obligé de *s'enquérir* de la raison de ces armes extraordinaires, et par ce moyen on apprend le merveilleux exploit de Godefroid lorsqu'il conquit la Terre sainte et se fit couronner roi de Jérusalem. Et comme cet acte de vaillance était prodigieux, aussi trouva-t-il à propos de prendre des armes qui fussent pareillement contre l'usage, afin de donner lieu d'en demander la raison et de rendre par ce moyen son action mémorable à la postérité.

On voit aussi quelquefois des *chefs* ou *fasces*, — pièces dont nous allons parler, — qui sont de couleur quand le champ est pareillement de couleur ; en ce cas on dit que ces chefs ou fasces sont *cousus* ou *cousues*. Le chef cousu se voit dans les armoiries de beaucoup de villes de France, et nous en parlerons ci-après, au livre II, chapitre Chef.

Enfin nous devons faire remarquer que le pourpre se prend tantôt comme métal et tantôt comme couleur. Il est censé couleur lorsqu'il est sur métal, et métal lorsqu'il est sur couleur. On le voit ainsi différemment sans qu'il y ait une faute.

Voilà en somme ce qu'il est nécessaire de bien connaître et de bien faire observer sur les couleurs et les métaux des armoiries. Nous venons de traiter le principe le plus important de cette science.

Le Blason, dit un vieil auteur, a des règles générales auxquelles il faut souvent se reporter pour bien étudier cette science. Les règles particulières à chaque pièce se trouveront dans le corps de cet ouvrage, au fur et à mesure que nous parlerons de ces pièces.

CHAPITRE II

DE LA FIGURE ET DE LA DIVISION DE L'ÉCU

I

L'écu est l'endroit où l'on place, où l'on pose les pièces et meubles des armoiries ; on fait un écu de la grandeur qu'on veut : sa figure est ordinairement carrée, et au lieu du pan d'en bas, elle doit finir en pointe demi-ronde. L'écu qui nous semble le mieux répondre aux exigences de l'art et qui fut le plus communément en usage dans les beaux manuscrits et dans les livres d'heures, est celui que nous avons adopté pour les figures du présent ouvrage.

Mais sa forme actuelle, c'est-à-dire usitée depuis près d'un demi-siècle, est la suivante. Elle n'a, à notre avis, aucun caractère, elle ne rappelle aucun style, elle ne nous plaît pas. Elle est préférée par les graveurs parce que, plus carrée aux deux angles d'en bas, elle leur permet d'asseoir avec moins de difficulté quelques pièces d'armoiries qu'ils ne sauraient pas poser en les amoindrissant selon les règles du blason.

58

Les femmes portaient autrefois les armes de leurs maris, partyes de celles de leur père et autres alliances dans un écu en losange. Mais à présent, c'est-à-dire depuis un siècle et demi ou deux siècles, les femmes prennent l'écu carré, comme l'ont fait aussi les abbesses et les prieures de couvent. L'écu en losange n'est plus en usage que pour les armes des filles. En voici la figure :

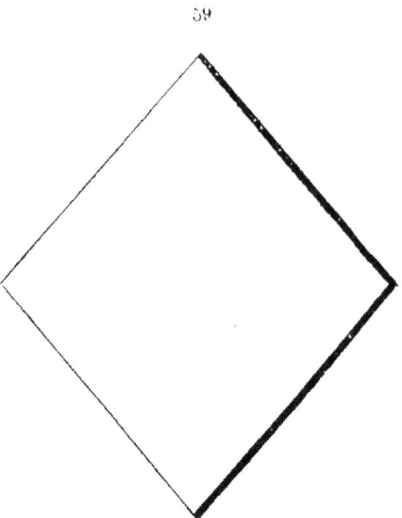

59

L'écu a eu et a encore d'autres formes selon les pays. La Renaissance nous en a donné beaucoup qui sont charmants; l'Allemagne surtout fourmille d'écus sur les tombes de ses nobles dont la forme, figurée et détaillée de diverses sortes, est toute de fantaisie. Albert Durer et d'autres artistes éminents du xvi° siècle nous ont laissé des modèles admirables où le sentiment, la grâce et la force le disputent à l'art et à la science.

L'écu est quelquefois mis *en bannière*, c'est-à-dire qu'il est carré en bas, ou sans pointe, comme on le verra plus loin aux armes de Gontaut de Biron.

II

Tous les écus, de quelque figure qu'ils soient, sont *plains* ou *divisés*.

Les écus sont *plains*, quand on ne voit en eux aucun trait ou ligne qui change ou diversifie le champ ou fond ; ou, pour mieux dire, les écus sont dits *plains*, quand ils sont d'un seul et même émail.

Il y a des maisons qui portent ainsi des armes de plain champ, c'est-à-dire qui portent les métaux et couleurs purement. Voyez les maisons que nous avons citées aux figures précédentes : Bordeaux, — Aragon, — Czerwiana, — Rubei, — Narbonne, — Albret, — de Gournay, etc.

Cette expression *armes plaines* a des synonymes. Ainsi, on blasonne différemment, en se servant des mots *plainement* ou *purement*. On peut dire :

Bordeaux, porte : *d'or purement*
Bordeaux, porte : *d'or plain*.
Bordeaux, porte : *d'or plainement*.

III

Les écus *divisés* sont ceux où l'on voit un ou plusieurs traits ou lignes qui changent ou diversifient le champ ou fond de l'écu.

Il y a quatre principales divisions qu'on appelle simples, parce que toutes les autres en sont composées. Ces quatre divisions sont :

Party, — coupé, — tranché, — taillé.

L'écu est dit *party*, lorsqu'un trait le fend depuis le chef jusqu'à la pointe, c'est-à-dire du haut en bas par le milieu.

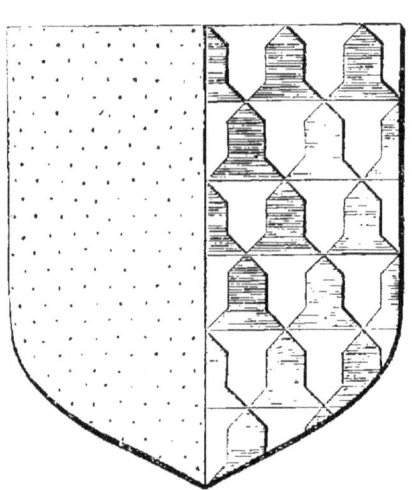

Fortiguerre, porte : d'or party de vair.

On peut s'exprimer d'une autre manière et dire : Party d'or et de vair.

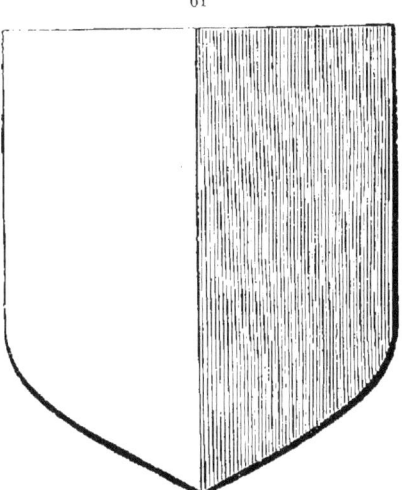

Ébrard Saint-Sulpice, porte : d'argent party de gueules.

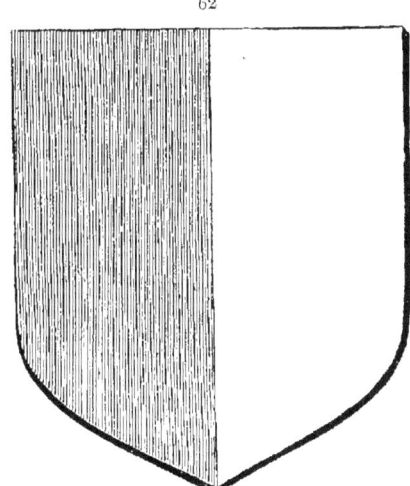

Boni, à Florence, porte : de gueules party d'argent.

Aurbach, en Suève, porte de même.

Eschweg, en Hesse, porte de même.

Planitz, en Misnie, porte de même.

Rantzow, en Brunswick, porte de même.

Le maréchal de Ramsau, portait aussi : de gueules party d'argent.

On peut aussi blasonner en disant : party de gueules et d'argent.

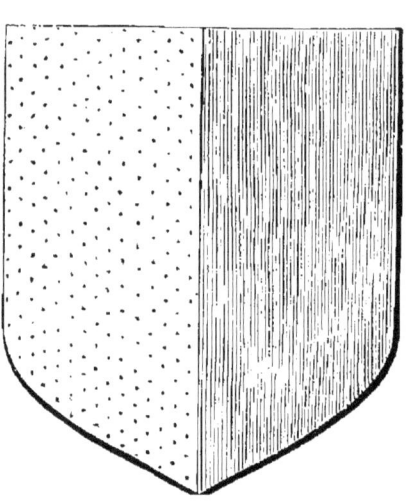

Cornari, à Venise, porte : d'or party de gueules.

Plettenberg, sur le Rhin, porte de même.

Pressi, à Florence, porte de même.

Wartemberg, dans l'Empire, porte de même.

On peut aussi blasonner : party d'or et de gueules.

Ces armoiries sont tirées de Pierre-Sainte. Nous empruntons la suivante à La Colombière.

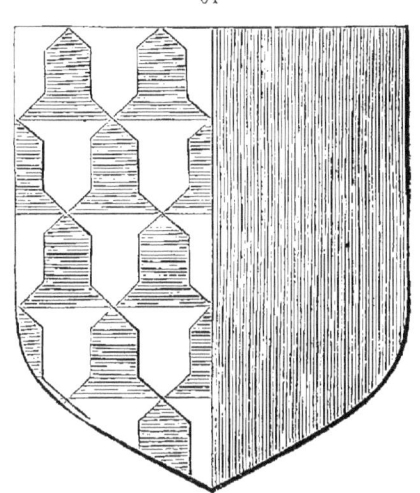
64

Rochefort-Vaudragon, en Auvergne, porte : de vair party de gueules.

On trouve aussi des écus : d'or party de sable ; — de sable party d'or ; — d'or party d'azur ; — d'argent party d'azur ; — de sable party d'argent ; etc.

Enfin il y a des écus partys, qui sont chargés de pièces aussi partyes, et dites *partyes de l'un en l'autre*, comme nous verrons plus loin.

L'écu est dit *coupé* lorsqu'un trait le fend par le milieu, d'un flanc à l'autre, horizontalement.

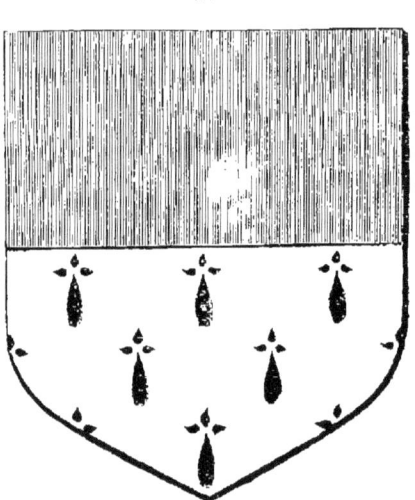

65.

BETFIELD, en Angleterre, porte : de gueules coupé d'hermines.

On peut dire aussi : coupé de gueules sur hermines. — D'autres encore s'expriment différemment et disent : coupé d'hermines sous gueules. Ces manières de blasonner sont assez bonnes et usitées.

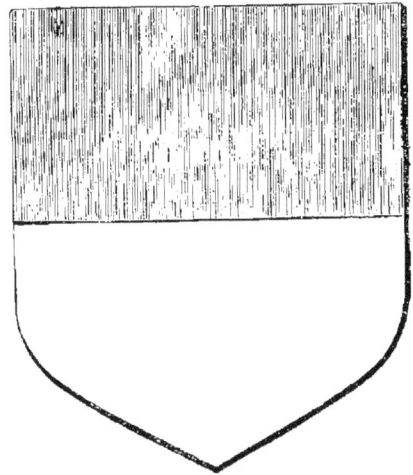

Donati, à Florence, porte : de gueules coupé d'argent.
Franchi, à Gênes, porte de même.
Hekter, en Suède, porte de même.
Lanfranchi, à Pise, porte de même.
Lerbach, en Hesse, porte de même.
Poppel, en Bohême, porte de même.

* *

L'écu est dit *tranché* lorsqu'il est divisé par une ligne qui part de l'angle droit du chef jusqu'à l'angle gauche de la pointe.

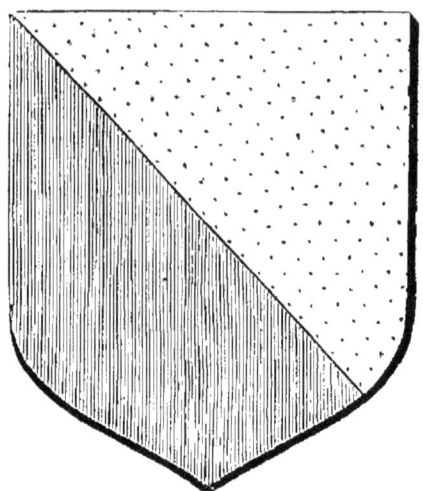

67

Nani, à Venise, porte : tranché d'or et de gueules.

On exprime ce blason de plusieurs manières. On dit : Nani, porte : d'or tranché de gueules ; ou bien : tranché de gueules sous or ; ou bien encore : tranché d'or sur gueules.

* *

L'écu est dit *taillé* quand il est divisé par une ligne qui part de l'angle gauche du chef jusqu'à l'angle droit de la pointe. Le taillé est le contraire du tranché.

Zurich, en Suisse, porte : taillé d'or et d'azur.

Quelques-uns blasonnent autrement en nommant l'émail de dessous le premier, et ainsi, au lieu de dire, d'or taillé d'azur, ils disent taillé d'azur sous or. Cette manière de blasonner est bonne et usitée.

Ces quatre divisions simples composent toutes les autres que vous allez voir ci-après dans leur ordre.

IV

L'écu, party d'un trait ou ligne, et coupé d'un autre, est dit *écartelé*, qui rend l'écu divisé en quatre parties que l'on appelle *quartiers*; le premier et le dernier de ces quartiers sont de métal ; le deuxième et le troisième sont de couleur, ou au contraire, et cela s'applique à ceux qui portent l'écartelé sans que les écarts soient chargés d'aucune pièce ou meuble ; car quelquefois les écarts servent à mettre autant d'alliances diverses d'une maison. C'est de là qu'est venue l'expression *avoir les quartiers de noblesse :* les seize quartiers expriment les alliances à la quatrième génération d'aïeux.

L'écartelé est porté purement par plusieurs maisons. Ainsi :

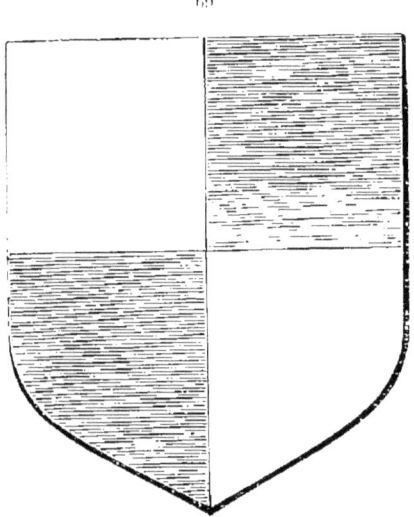

Le marquis d'Humières, du nom de Crevant, portait : d'argent écartelé d'azur.

Arel, en Bretagne, porte de même; sa devise est : *L'honneur y gyst*.

Courcelles, porte de même.

Sainte-Colombe, porte de même.

Bussy-Brion, porte de même.

La Verchère, selon Palliot, porte de même.

Boineburg gen von Hoinstein, en Hesse, porte aussi d'argent écartelé d'azur.

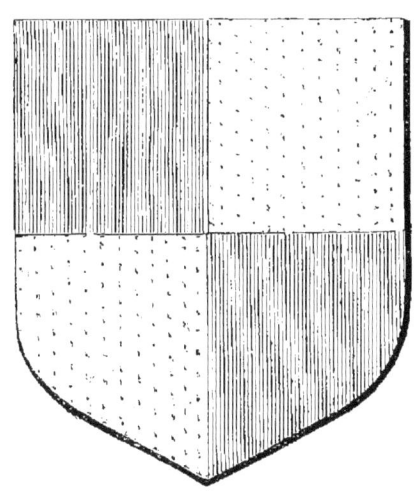

D'Aine, en Lorraine, porte : de gueules écartelé d'or.

Hager, en Autriche, porte de même.

Aralos, en Espagne, porte de même.

Le pape Jean IV, portait de même.

Il faut bien remarquer la disposition des écarts, et

ne pas confondre l'écartelé de gueules et d'or avec l'écartelé d'or et de gueules, dont voici la figure :

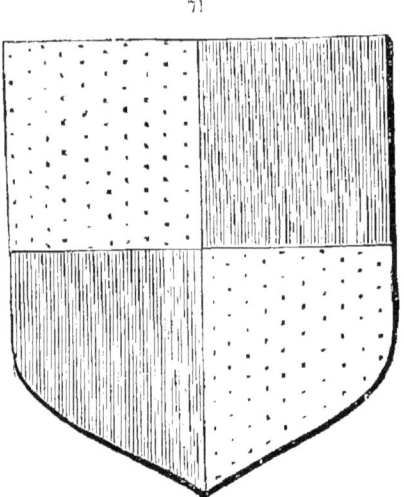

Le Bouthillier de Senlis, porte : d'or écartelé de gueules.

Castel-Perron, de même.

Le Bailly-Kersemon, de même.

De Chaugy-Musigny, en Bourgogne, porte de même.

Noyelle, porte de même.

Thesan, porte de même.

Policeni, à Venise, porte de même.

Du Saix, en Bresse, porte de même.

Estrac, porte de même.

Varèze, porte de même.

72

Schotten, en Franconie, porte : de gueules écartelé d'argent.

Le comte de Castel, en Allemagne, porte aussi, selon Palliot : de gueules écartelé d'argent.

On trouve aussi des armoiries écartelées des autres émaux, comme :

Combourdol, porte : écartelé d'argent et de sable.

Malor, porte : vairé d'or et d'azur écartelé de gueules.

L'écartelé ordinaire a une exception pour la maison de Gontaut-Biron. L'écu de ses armes a la forme carrée, sans pointe au bas, et on l'appelle *en bannière*. Ainsi :

74 NOUVEAU TRAITÉ DE BLASON.

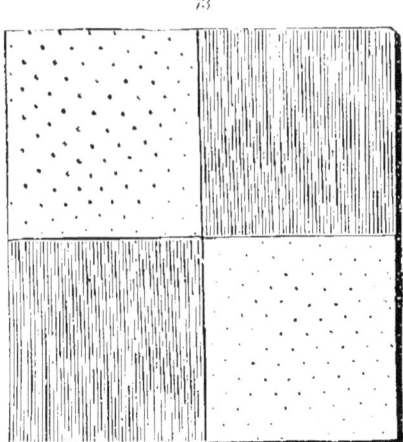

Gontaut-Biron, porte : écartelé d'or et de gueules, l'écu en bannière.

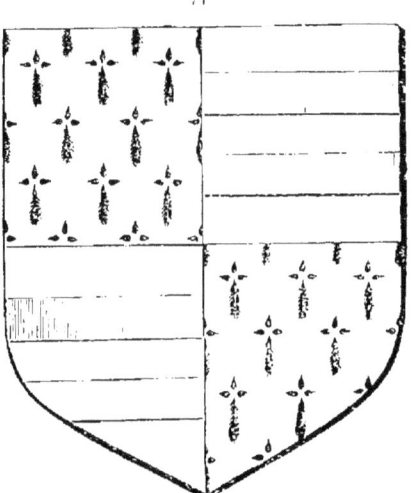

Derval, porte : d'hermines écartelé d'argent à deux fasces de gueules.

L'écu écartelé, avons-nous dit tout à l'heure, sert le plus ordinairement pour mettre les différentes alliances d'une maison. Ainsi, quand deux maisons nobles s'allient, le fils né de leur union porte aux premier et dernier quartiers les armes du père, et aux deuxième et troisième quartiers les armes de la mère.

* *

Il y a une autre manière d'écarteler. Ainsi, quand l'écu est tranché et taillé, c'est-à-dire divisé en quatre quartiers ou parties égales, mais disposées comme ci-dessous, on dit *écartelé en sautoir*, pour le distinguer de l'écartelé ordinaire, dont nous venons de donner les exemples.

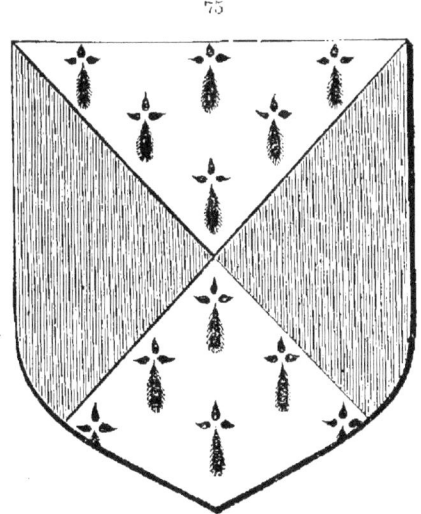

Restwold, en Angleterre, porte : d'hermines écartelé de gueules en sautoir.

Cet écartelé en sautoir, qui se fait par le tranché et le taillé, comme une croix de Saint-André, s'appelle aussi, dit Palliot, *flanqué* ou *flanché*. Ainsi, on peut dire que Restwold porte : d'hermines flanché de gueules.

Il faut remarquer que l'émail, qui se nomme le premier, est celui du chef et de la pointe.

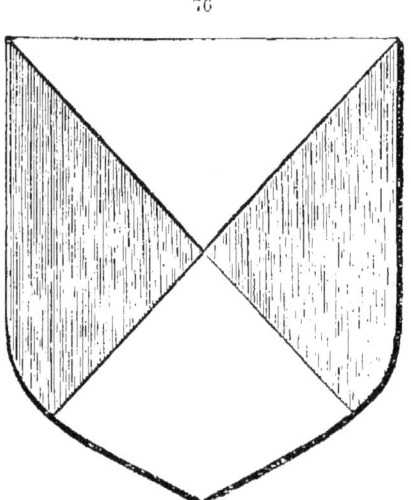

De Bertrand, porte : écartelé en sautoir d'argent et de gueules.

* *

L'écartelé ordinaire et l'écartelé en sautoir ont des

formes diverses irrégulières, que l'on rencontre surtout dans des armoiries étrangères. Nous en citerons un exemple pour exercer l'esprit de nos lecteurs.

Ainsi l'écu, au lieu d'être écartelé en lignes directes, — ou droites des quatre côtés, et divisant l'écu en quatre parties, — l'est par des lignes comme celles-ci :

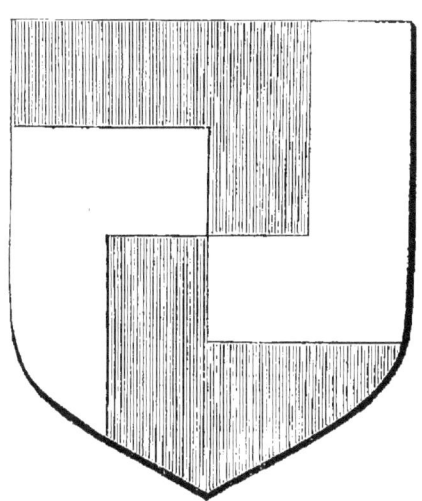

VAN TALE, au duché de Brunswick, porte : écartelé en cœur de gueules et d'argent, et crampouné à l'entour de l'écu. — Ce blason, divisé en quatre parties égales, est un des plus rares et des plus curieux, selon Pierre-Sainte.

Il y a d'autres divisions, courbes ou bizarres, dont les modèles formeraient un volume.

V

Lorsque l'écu est divisé par les quatre lignes du party, coupé, tranché et taillé, on dit qu'il est *gironné* de huit pièces, et chacune de ces pièces s'appelle *giron*. Jérôme de Bara et J. Scohier, deux maîtres de la science du blason, donnent pour exemple la figure suivante :

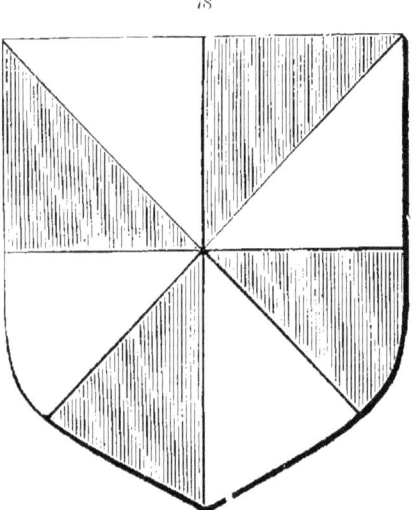

Bocart de Cugnac, porte : gironné d'argent et de gueules.

Tous les vieux blasonneurs que nous citons s'accordent à dire, avec Palliot, que le vrai gironné est de 8 pièces. Ce qui n'empêche pas que l'on rencontre des écus gironnés de 6, de 10, de 12 et jusqu'à 16 pièces. Si la première pièce qui sort du côté dextre du chef est de métal et celle qui suit de couleur, et ainsi de suite, en faisant le tour de l'écu, on spécifie alors le nombre de girons. Ainsi :

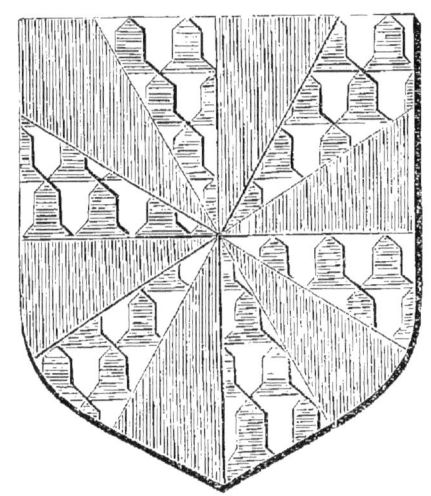

Herpedunes, en Languedoc, porte : gironné de gueules et de vair de 12 pièces.

Comme le vrai gironné est de 8 pièces, on a dit que les armes de Maugiron font équivoque à son nom, parce qu'elles sont *mal gironnées*, ou plutôt sont armes parlantes. Ce gironné n'a que 6 pièces :

Maugiron, en Dauphiné, porte : gironné d'argent et de sable de 6 pièces.

Cette figure n'est pas commune. Nous ne l'avons trouvée, outre Maugiron, que pour les armes de Montangon, sieur de Crespy et de Rouvroy, qui portait en 1668 : mal gironné d'or et d'azur.

Le vrai gironné de 6 pièces est celui-ci :

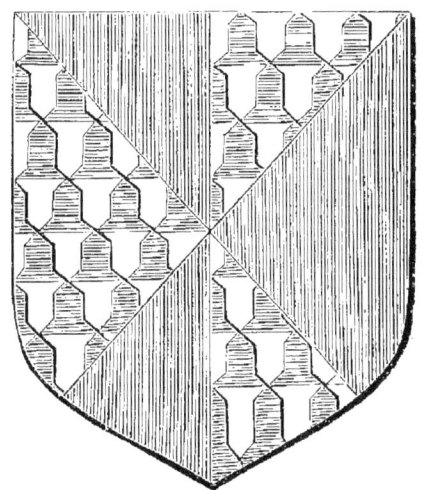

De Belleville, porte : gironné de gueules et de vair de 6 pièces.

Il y a des girons de toutes sortes d'émaux : de vair et de gueules, — d'hermines et de gueules, — d'or et d'azur. Il y a aussi des girons chargés de figures diverses, que l'usage apprendra.

Ce mot gironné veut dire composé de girons, qui sont des pièces qu'on voit rarement seules. En voici cependant un exemple :

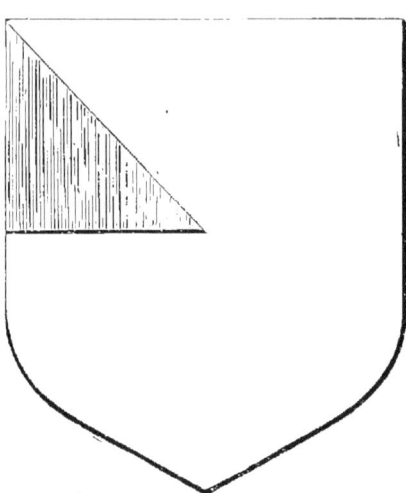

Du Cluseau, en Limousin, porte : d'argent au giron de gueules mouvant du canton droit. — Il est nécessaire d'ajouter ces mots : « mouvant du canton droit, » c'est-à-dire que ce giron semble sortir de l'angle ou canton droit et y tient.

Le gironné, tel que nous le représentons, a partout la même figure. La Colombière a gironné différemment. Il a prétendu que le gironné de 8 pièces, dont nous avons donné le dessin, à Cugnac, devait se dire simplement party, coupé, tranché, taillé d'argent et de gueules ; et que le gironné était la figure ci-dessous :

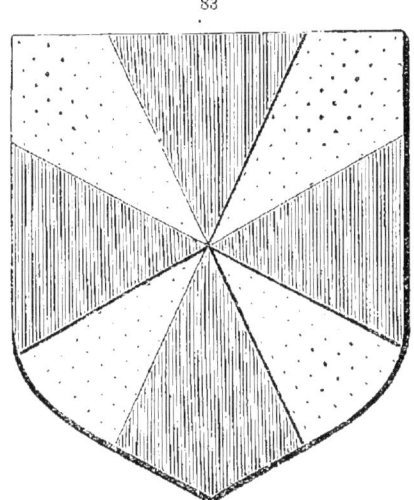

Béranger, en Dauphiné, seigneur de Morges et de Beaufin, porte : gironné d'or et de gueules.

Parmi les pièces et taillures bizarres que l'on rencontre dans les écus allemands, il y en a qui se rapportent au giron, c'est-à-dire que ce mot de giron sert à blasonner des armoiries presque impossibles à déchiffrer.

VI

AUTRES DIVISIONS DE L'ÉCU

Les lignes et traits qui forment les divisions de l'écu, comme nous venons de les indiquer et de les exposer,

— party, coupé, tranché, taillé, — sont réguliers, sauf les exceptions. Il y a d'autres partitions, d'autres divisions de l'écu, qu'il est nécessaire de connaître, quoiqu'on les rencontre rarement.

Ainsi, lorsque l'écu est party inégalement, c'est-à-dire lorsque la ligne qui part du sommet va vers le bas de l'écu sans passer par le milieu, et que la plus petite partie de l'écu ainsi divisé est à droite, on dit que l'écu est *adextré* de…

Le Père Compain, dans ses recueils manuscrits, donne pour armes à la Transylvanie : d'azur à 3 dents d'éléphant rangées en fasce, d'argent, mouvantes de l'adextré de gueules.

En voici la figure :

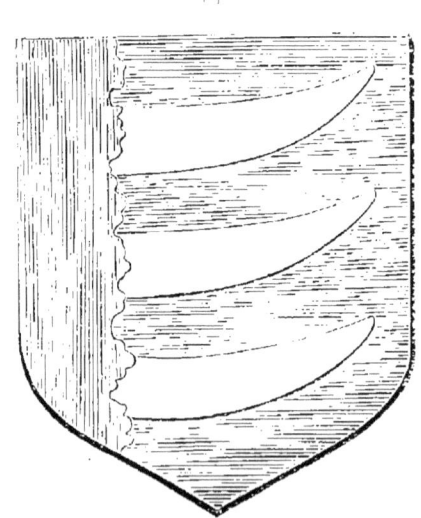

Ce blason ne nous paraît qu'une variété de forme ou plutôt de peinture, c'est-à-dire une autre manière de blasonner les armes de BATORY, prince de Transylvanie, qui est de gueules à 3 dents d'éléphant, mouvantes d'une mâchoire adextrée d'or, dont la figure se trouve dans l'armorial de la Toison-d'Or.

Le mot adextré s'emploie dans un autre sens que nous développerons au livre II.

*

Si la plus petite partie de l'écu divisé est à gauche, on dit que l'écu est *senestré* ou *sinistré* de.

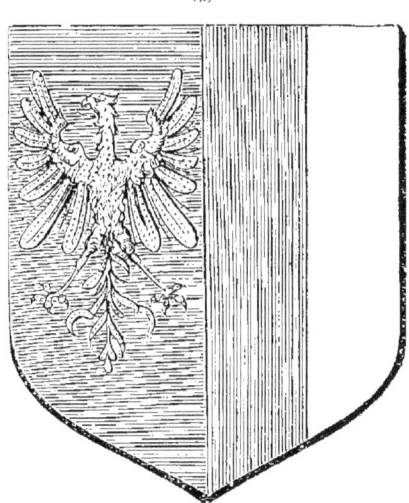

RATIBOR, en Allemagne, porte : d'azur à un aigle d'or; party de gueules sinistré d'argent.

* *

L'écu est dit *chapé* ou *mantelé* ou *rêtu*, quand il s'ouvre en chape ou en mantelet depuis le milieu du chef jusque vers le bas des flancs et forme une espèce de chevron ; ainsi :

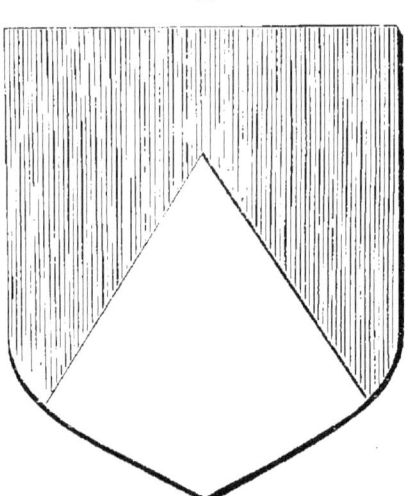

Gmsi, à Venise, porte : d'argent mantelé de gueules.

La partie qui forme la pointe se dit alors une *pile* ou *chape*.

Palliot fait une différence entre le chapé et le mantelé, en ce sens que, dans le chapé, la pointe monte jusqu'au haut de l'écu, et que dans le mantelé la pointe finit vers le tiers de l'écu, de manière que la chape couvre davantage.

Un écu est dit *chaussé* ou *enchaussé* quand un trait, partant de la pointe de l'écu, va jusque sur les angles d'en haut; ainsi :

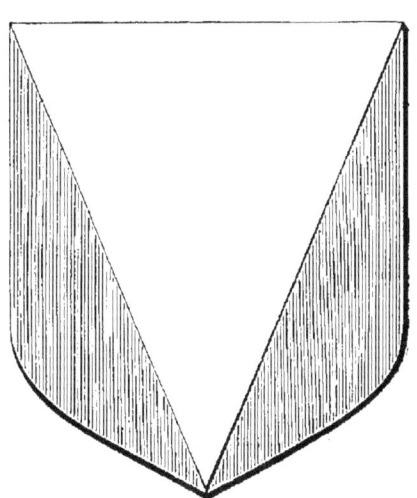

Popon, en Bourgogne, porte : de gueules chaussé d'argent.

Pierre-Sainte et d'autres armoristes appellent cette figure une pile ou chape renversée. Il y a des blasons dont les lignes qui forment la pile ou la chape sont courbes. On rencontre des armoiries où le chapé et le chaussé sont combinés, divisés, avec ou sans courbes, et forment des blasons irréguliers que les armoristes placent aux divisions de l'écu ou rangent avec les pièces et meubles de la seconde partie, comme nous le verrons ci-après.

Outre la signification de *vêtu*, synonyme de *chapé* ci-dessus, ce mot se dit aussi des espaces que laisse un grand losange qui touche les quatre flancs de l'écu, auquel les quatre cantons qui restent aux quatre flancs donnent la qualité de *vêtu*, parce que cette figure est composée du chapé par le haut et du chaussé par le bas.

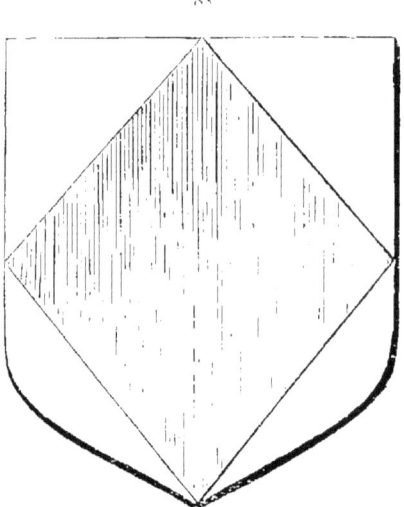

Schwerin, en la Marche, porte : de gueules vêtu d'argent.

La *pointe* est plus petite, plus évasée, plus effilée que

le trait du chapé ou de la pile. Il y a des pointes renversées et d'autres mises en fasces, c'est-à-dire qui sont mouvantes des flancs de l'écu. Mais il nous est impossible, dans un traité élémentaire, de suivre les armoristes sur ce terrain infini. Toutes ces divisions se trouvent rarement ; les curieux pourront se satisfaire en lisant le Père Pierre-Sainte, qui a traité le blason en latin sous le titre de *Tesserae gentilitiae*, et en dernier lieu de La Colombière, dans sa *Science héroïque*. Ce dernier a reproduit un si grand nombre de divisions qu'il eût bien fait de nous marquer les noms des familles qui portent ces sortes d'armoiries qu'on nomme proprement *rebattements*.

Parmi ces rebattements il y a une division dont l'usage a été renouvelé sous Napoléon Ier, c'est la *champagne*. Quand l'écu est divisé inégalement en bas, on dit de cette partie : *en pointe de l'écu* ; c'est ce que l'on appelle aussi la champagne. Elle est restée au nombre des pièces honorables et doit occuper à peu près un tiers de l'écu.

Le *gousset* est une espèce de rabattement ou blason irrégulier ; c'est un terme d'architecture dont le gousset est une pièce ; c'était aussi une pièce de l'armure sous l'aisselle, et ce mot est resté pour nos chemises et habits d'aujourd'hui.

Le *payrle* est aussi considéré comme une espèce de rabattement, mais pour le mieux comprendre nous renvoyons le lecteur au chapitre VI du livre III.

VII

ORDRE ET MANIÈRE DE BLASONNER LES DIVISIONS POUR LES ALLIANCES

Outre les divisions ou partitions ci-devant exposées, il y en a d'une autre sorte qu'a introduites la multiplicité des alliances que l'on met dans les armoiries. Cette manière de blasonner admet des divisions, c'est-à-dire autant de parties ou de quartiers que l'on veut y comprendre d'alliances.

La première de ces divisions, nous venons de le dire, est *l'écartelé*, dont le premier et le dernier quartier sont souvent semblables, ainsi que le second et le troisième ; en ce cas, le premier et le dernier se blasonnent conjointement, et les deux autres ensuite, comme ceci :

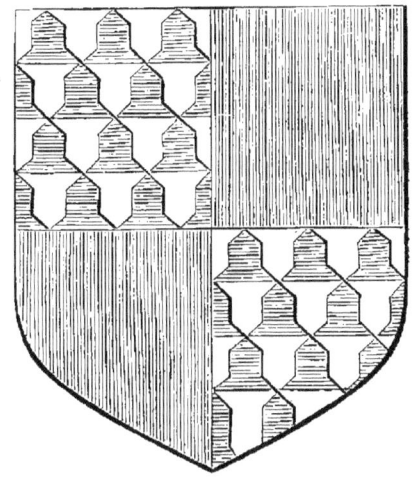

De Varras, porte : écartelé de vair et de gueules.

Il y a une autre manière de blasonner, c'est-à-dire de dénommer l'écu écartelé. On peut dire que Varras porte : aux 1 et 4 de vair et de gueules de quatre traits, aux 2 et 3 de gueules pleinement.

Et ainsi de tous les écartelés où le premier et le dernier, le 2 et le 3 sont semblables.

Lorsque les quatre quartiers contiennent autant d'alliances différentes, on les blasonne aussi séparément, selon l'ordre des lettres marquées en cette figure :

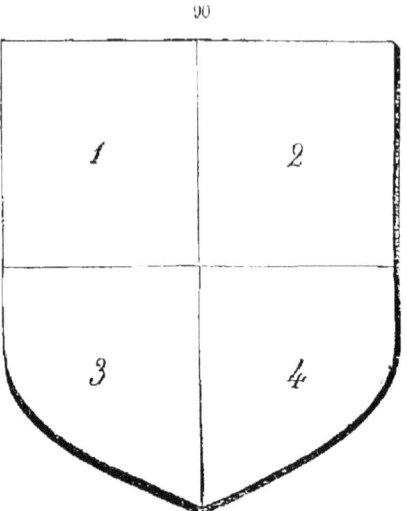

90

De telle sorte, qu'au moyen de ces écarts, d'un écu nous en faisons quatre; alors les armes principales de la maison sont aux 1 et 4; aux 2 et 3 celles de l'alliance qui est d'ordinaire celle de la mère. Souvent aussi les 4 écarts sont tous différents : au 1 les armes de la maison, au 2 celles de la mère, au 3 celles de l'aïeule, au 4 celles du bisaïeul. D'autres fois, on met celles de l'aïeule paternelle au 3, celles de l'aïeule maternelle au 4, et toujours celles de la famille au 1er quartier; — si ce n'est que les armes d'un souverain ou d'un prince ayant été concédées pour quelque action généreuse, sont en ce cas, par honneur, mises au premier rang de l'écu écartelé.

* *

Quand l'écu, *party d'un trait et coupé de deux*, se compose de six pièces ou quartiers, comme celui-ci,

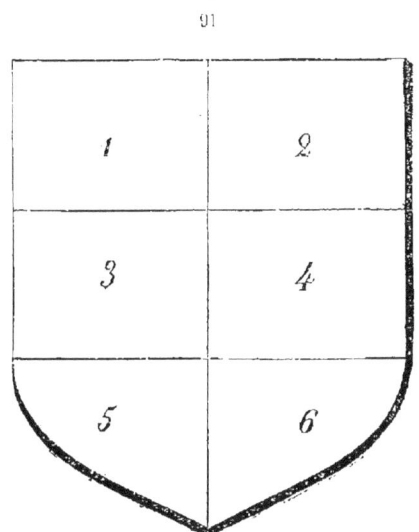

on dit : *party et coupé de six pièces, deux en chef, deux en face et deux en pointe*, puis on ajoute : *au premier du chef, de tel ou tel...* qui est le 1; *party de...* qui est le 2; *au premier de la face, de tel ou tel...* qui est le 3; *party de...* qui est le 4; *au premier de la pointe, de tel ou tel...* qui est le 5; *party de...* qui est le 6.

Ou bien, on blasonne de cette sorte : *au premier du chef...* 1, *soutenu de...* 3, *contre-soutenu de...* 5; puis on reprend de l'autre côté : *au second du chef*... 2, *soutenu de*... 4, *contre-soutenu de*... 6.

Ces deux manières de blasonner peuvent servir pour les écus ci-dessous; elles sont usitées toutes deux dans le blason.

*

Party de deux traits et coupé d'un, qui fait aussi l'écu de six pièces ou quartiers, on dit : *party et coupé de six pièces, trois en chef et trois en pointe*, puis on ajoute : *au 1 du chef... soutenu de... 4; au 2 du chef... soutenu de... 5; au 3 du chef... soutenu de... 6.*

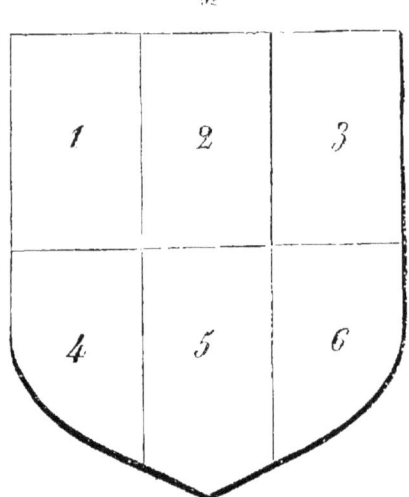

Il y a une autre sorte de blasonner cette division;

on dit : *au premier du chef de...* 1 ; *party de...* 2 ; *contre-party de...* 3 ; puis on reprend : *au premier de la pointe de...* 4 ; *party de...* 5 ; *contre-party de...* 6.

Il y a une troisième manière d'exprimer ce blason : elle consiste à remplacer le mot *contre-party* par celui de *tiercé*.

*

On voit des écus partys et coupés de plusieurs autres façons qui se blasonnent d'une manière analogue. Ainsi party de trois traits et coupé d'un forme huit pièces et se dit :

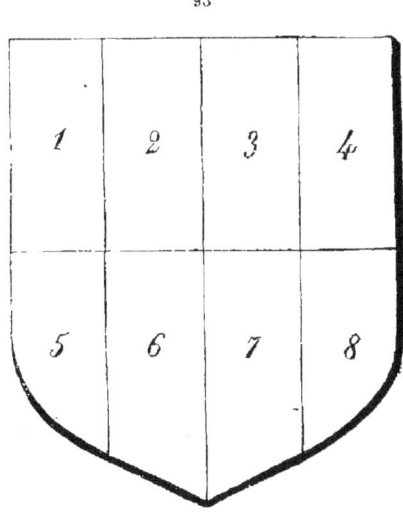

93

Party et coupé de 8 pièces, 4 en chef et 4 en pointe : au 1 de tel métal ou couleur, soutenu de... 5 ; au 2 de tel émail, soutenu de... 6 ; au 3 de tel émail, soutenu de... 7 ; au 4 de tel émail, soutenu de... 8.

*

Le party de deux traits et coupé de deux, donne 9 pièces, comme ceci,

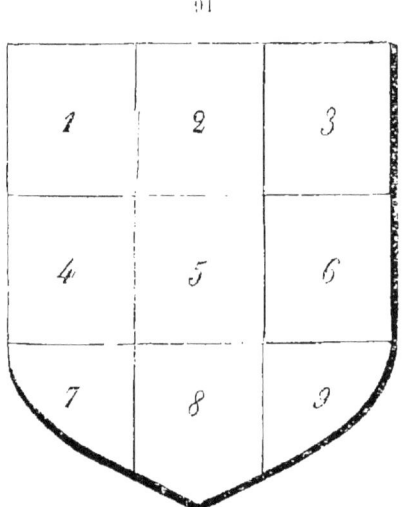

et se dit : *party et coupé de 9, 3 en chef, 3 en face, 3 en pointe ;* puis on ajoute : au 1 de tel émail, *party de tel émail...* qui est 2 ; *contre-party de tel autre émail...* qui est 3 ; au premier de la face...

qui est le 4; *party de tel émail...* le 5; *contre-party de tel autre...* qui est le 6; *au premier de la pointe...* qui est le 7; *party de tel émail...* qui est 8; *contre-party de tel autre...* qui est le 9.

*

Party de quatre traits et coupé d'un donne dix pièces.

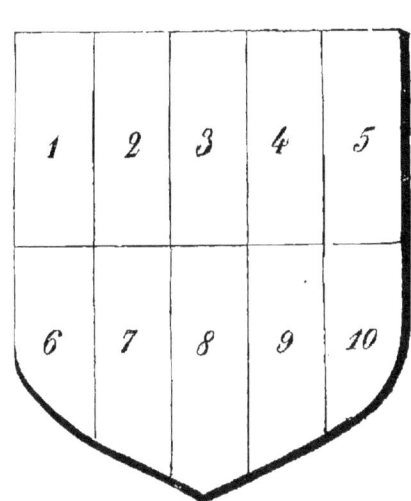

95

On dit : *party et coupé de 10, 5 en chef et 5 en pointe;* puis l'on blasonne chaque pièce comme dessus.

6

Party de trois traits et coupé de deux, donne douze pièces :

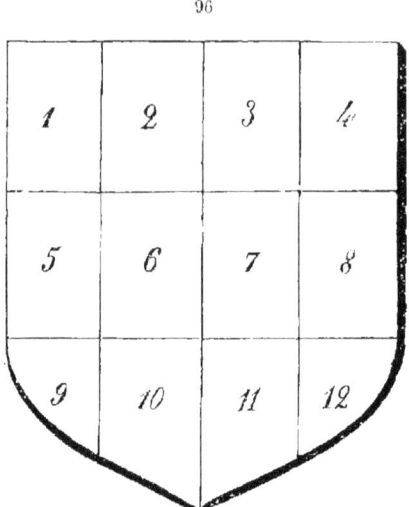

On dit : *party et coupé de 12, 4 en chef, 4 en face et 4 en pointe*, et l'on blasonne comme précédemment.

L'usage a introduit d'autres divisions qui se rapportent à celles que nous exposons et qui sont régulières. Ainsi une partition qui se trouve rarement dans les armoiries et qui sert à blasonner des provinces annexées, plutôt que des alliances, est celle qui se dit *enté en pointe*. Cette pièce monte du bas de l'écu en haut; sa forme est celle de la pointe arrondie. Il y a cette différence entre la pointe et l'enté en pointe, que la pointe est une pièce honorable, au lieu que l'enté en pointe est une armoirie tout entière.

Ainsi, quand les rois d'Espagne eurent conquis le royaume de Grenade, il ajoutèrent aux armes de Castille et Léon un écu enté en pointe pour Grenade; voici ces armoiries dont nous empruntons chaque figure au grand étendard d'Espagne :

Espagne, porte : écartelé aux 1 et 4 de gueules à un château ayant trois tours d'or, qui est de Castille; aux 2 et 3 d'argent au lion de pourpre couronné d'or, qui est de Léon; enté en pointe d'argent à la grenade de gueules, feuillée de sinople, qui est de Grenade; sur le tout d'azur à trois fleurs de lis d'or, qui est de France.

Quelques archiducs d'Autriche ont porté des écus où

les armoiries de Grenade ou de Carinthie et Hapsburg sont entées en pointe.

*

Il ne faut pas confondre l'enté en pointe dont il s'agit ici avec une autre sorte d'Enté dont nous parlerons ci-après, et qui est une espèce de nuagé en ondes. C'est le même mot, mais qui n'a pas le moindre rapport avec les divisions générales de l'écu.

*

La forme la plus parfaite pour les partitions de l'écu est celle qui comprend les seize quartiers de la noblesse et qui se compose de l'écartelé répété quatre fois, c'est-à-dire que, l'écu étant écartelé, chaque écart est écartelé à son tour. En voici la figure.

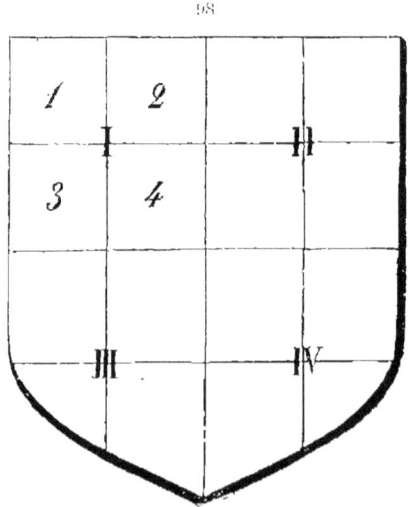

En blasonnant on procède ainsi : écartelé : au premier quartier I, contre-cartelé aux 1 et 4 de tel métal ou couleur, aux 2 et 3 de tel autre ; au second grand quartier II, contre-cartelé au 1, au 2, au 3, au 4, de telle couleur ou de tel métal ; et ainsi de suite pour les autres quartiers marqués III, IV.

Dans les drapeaux, étendards et pennons généalogiques, on peut blasonner les quartiers de suite, depuis le premier jusqu'au seizième.

Cette division en permet encore une autre ; chaque quartier, dit *contre-cartelé*, peut être écartelé à son tour, et alors il est dit surécartelé.

Il y a d'autres divisions qui tiennent de l'écartelé ordinaire et des autres divisions de l'écu. Ainsi,

99

6.

le duc de Bourgogne portait : écartelé aux 1 et 4 de Bourgogne moderne; au 2 de Bourgogne ancienne, party de Brabant; au 3 de Bourgogne ancienne, party de Lembourg; sur le tout de Flandre.

Autre exemple :

Quinoni ou Quignones, en Espagne, porte : coupé de quatre traits et party de deux, gueules et vair.

DU FRANC-QUARTIER ET DU FRANC-CANTON

Lorsque, dans des armoiries, on voit un quartier seul, isolé, d'un autre émail que le reste du champ, on le nomme *franc-quartier*.

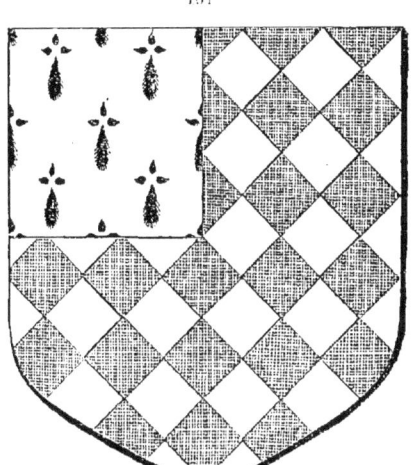

Guillaume de Lamoignon, en 1677, portait : losangé de sable et d'argent, au franc-quartier d'hermines.

Palliot appelle le franc-quartier le canton d'honneur. C'est le premier quartier de l'écu, du côté droit du chef, un peu moindre d'un quartier d'écartelage. Il sert de brisure dans un écu rempli ou chargé d'alliances.

Lorsque ce quartier est plus petit que le quart de l'écu, on le nomme *franc-canton*. C'est à peu près l'espace qui resterait à l'angle, s'il y avait une croix. A l'article des croix nous verrons ce que c'est que le canton des croix.

104   NOUVEAU TRAITÉ DE BLASON.

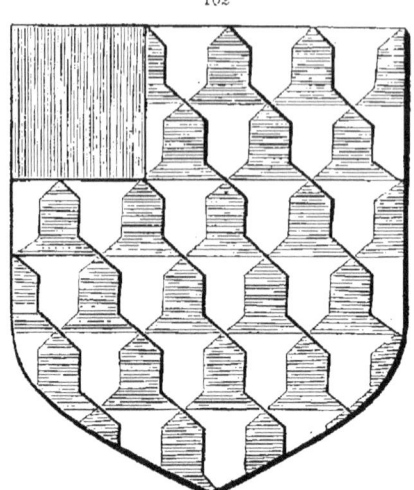

Bernamont, en Belgique, porte : de vair au franc-canton de gueules.

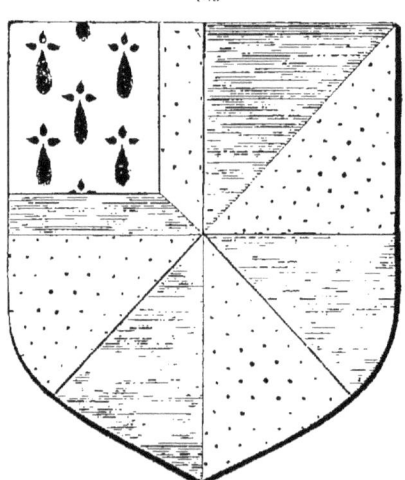

Okton, en Angleterre, porte : gironné d'or et

d'azur de huit pièces à un franc-canton d'hermines.

Le canton, dit Palliot, n'a pas de proportion arrêtée ; on le place à l'angle droit ou à l'angle gauche ; il sert de brisure et a souvent été pris pour marque de bâtardise.

DE L'ÉCU SUR LE TOUT

Après avoir blasonné les alliances que contiennent les pièces des écus, *selon l'ordre cy-devant prescrit,* s'il se trouve un écusson, sur la croisée, c'est-à-dire sur la croix formée par les divisions de l'écu, au milieu des quartiers de l'écartelé, ou au milieu des quartiers du contre-cartelé, ou au milieu des quartiers formés par les traits du party et coupé, cet écusson est dit *sur le tout*; et si cet écusson *sur le tout* est encore écartelé, et que sur le milieu de ses écarts on trouve encore un écusson plus petit, on appelle ce dernier *sur le tout du tout.*

Voici des exemples de l'écu sur le tout :

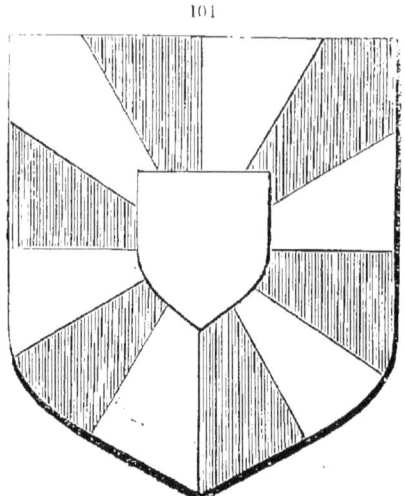

D'Essey, en Lorraine, portait : gironné d'argent et de gueules de 12 pièces; sur le tout d'argent.

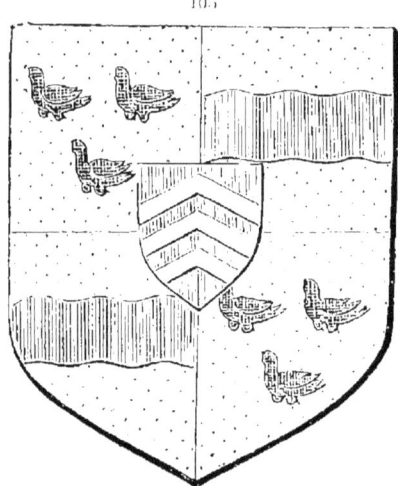

Claude de Rebé, archevêque et primat de Narbonne,

portait : écartelé aux 1 et 4 d'or à 3 merlettes de sable, qui est de Rebé; aux 2 et 3 d'or à la fasce ondée de gueules, qui est de La Liègue; sur le tout de gueules à 3 chevrons d'argent, qui est de Faverges.

Nous verrons dans la suite, aux armes de Châlon-Orange, un autre exemple d'écu sur le tout.

Nous pouvons encore citer :

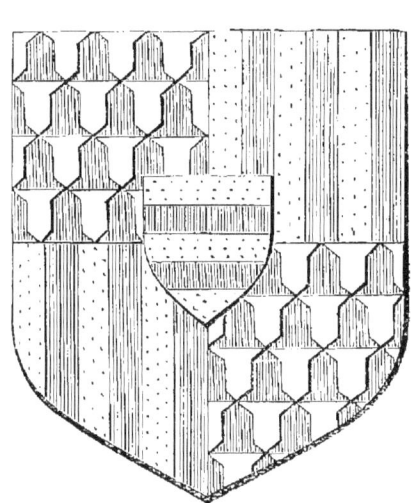

Yves de Scepeaux, portait : écartelé aux 1 et 4 vairé d'argent et de gueules; aux 2 et 3 paillé d'or et de gueules, qui est d'Amboise; sur le tout d'or à 2 fasces de gueules.

Palliot, que nous citons comme un maître, s'exprime ainsi : « *Sur le tout*, c'est-à-dire *surchargé*, est un écusson qui se met en cœur ou en abyme, sur les quartiers dont un écu peut être divisé. »

Sur les écus dits *sur le tout*, se posent les armes principales de la maison, si bien que, pour connaître de qui sont les armes en voyant un écu composé de plusieurs quartiers différents, il faut s'arrêter seulement à l'écusson *sur le tout* ou celui *sur le tout du tout*. Ainsi, les armes d'Espagne que nous venons de figurer ont *sur le tout* de France : ce qui indique que c'est la maison de France, c'est-à-dire un membre de la maison de Bourbon, qui règne en Espagne.

DE L'ÉCU EN ABIME

Lorsqu'on voit un écu plain, c'est-à-dire dont le champ n'est ni party, ni coupé, ni tranché, ni taillé, et qu'au milieu de ce champ plain on voit un écu plus petit, on appelle cet écu *en abime* ou *en cœur*. La différence de celui-ci avec *sur le tout* est que la désignation du premier n'appartient qu'aux armes écartelées.

Le père Menestrier dit qu'*abysme* est le milieu ou centre de l'écu, quand on suppose que l'écu est rempli de trois, quatre ou plusieurs figures, qui étant élevées en relief, font de ce milieu une espèce d'abyme, et qu'autant de fois que l'on commence à blasonner par d'autres figures que par celles du milieu, celle qui est au milieu est dite *être en abysme*.

Voici un exemple d'écu en abyme sur un champ plein :

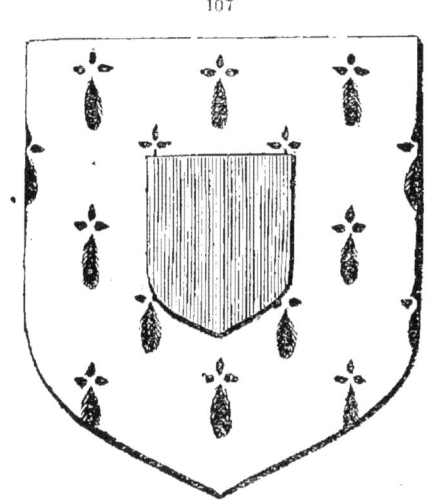

L'Espineus, en Arthois, porte : d'hermines à l'écusson de gueules.

Non-seulement les écus, mais toute pièce d'armoirie qu'on voit au milieu d'un écu plein se blasonne ainsi : *posé en abime*.

Voici un exemple d'écu en abyme selon le Père Menestrier :

Jacques DE BRIMEU, portait : de Brimeu tout plein qui est d'argent à 3 aigles de gueules, becqués et membrés d'azur, l'écu brisé *en cœur* d'un lionceau naissant de gueules; ou bien : l'écu brisé d'un lionceau naissant de gueules, *posé en abîme*.

LIVRE DEUXIÈME

OÙ IL EST TRAITÉ
DES GRANDES PIÈCES HONORABLES ORDINAIRES
ET DES AUTRES MOINDRES PIÈCES

CHAPITRE PREMIER

DES PIÈCES HONORABLES ORDINAIRES

Après les partitions et les taillures dont nous avons parlé, nous allons exposer les pièces, dites *honorables*, en raison de ce qu'elles occupent les plus honorables places de l'écu.

Ces pièces sont aussi appelées *ordinaires*, parce qu'elles sont fréquentes et fort usitées en armoiries, et surtout dans celles des plus anciennes et illustres maisons.

Ces pièces sont au nombre de huit, savoir :

Le Chef, — la Fasce, — le Pal, — la Bande, — la Barre ou contre-bande, — la Croix, — le Sautoir, plus anciennement dit Saulteur, — le Chevron.

Quelques armoristes ajoutent à ces pièces la Bordure et l'Orle.

Quelques-uns ont cru que ces pièces étaient nommées

honorables parce qu'autrefois à l'issue des combats les Hérauts d'armes présentaient au Roy celui qui avait le plus contribué à la victoire et qu'il anoblissait en lui donnant sur-le-champ quelqu'une de ces pièces, comme un caractère personnel de sa vertu qui bien souvent était peint sur-le-champ avec le sang dégouttant de ses plaies; car anciennement les marques de noblesse étaient les cicatrices des plaies reçues à la guerre. Si le cavalier était blessé à la tête, on lui donnait *un chef*, sur les jambes *un chevron*; s'il avait sa cotte d'armes ou son épée teinte du sang des ennemis, on lui donnait *une croix, une bordure* ou *une fasce*, etc.

*

DU CHEF

Le Chef contient le tiers, c'est-à-dire la troisième partie et celle du haut de l'écu; de sorte qu'étant de sa grandeur régulière, il laisse ou doit laisser sous soi deux fois autant de champ qu'il en occupe.

Ceux qui recherchent les significations et les mystérieuses applications du blason, disent que le chef représente le timbre ou casque, le bandeau, le bourrelet, le cercle et la couronne qui couvre la tête de celui qui mérite d'en être honoré. Sa figure est celle-ci :

109

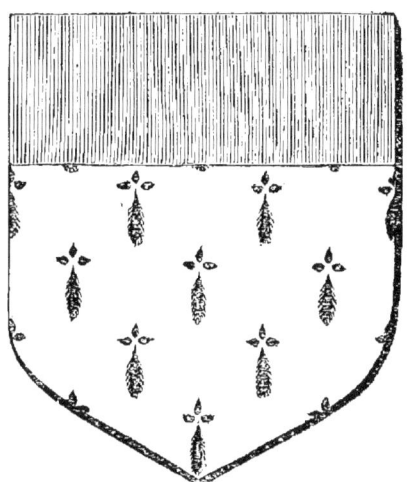

Vivonne, en Poitou, porte : d'hermines au chef de gueules.

110

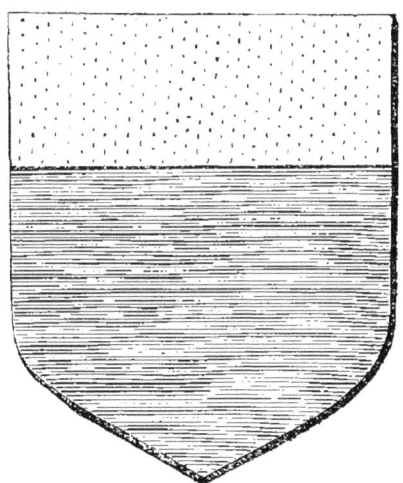

Bulleux, porte : d'azur au chef d'or.

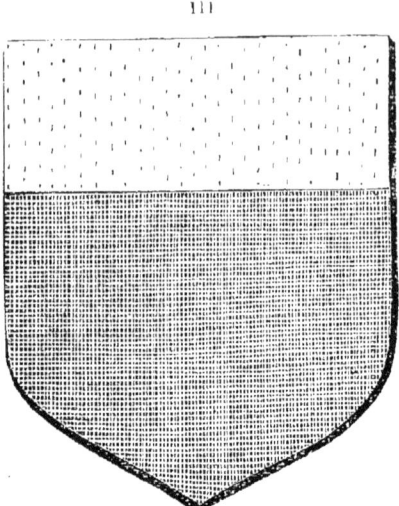

De Caulaincourt, ancien, portait : de sable au chef d'or.

l'Elet, porte : d'argent au chef de sable.

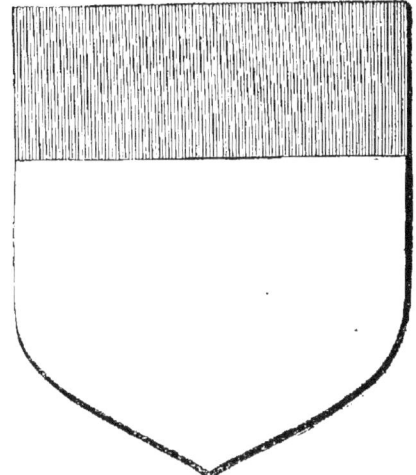

113

D'Avaujour, en Bretagne, porte : d'argent au chef de gueules.

LA FASCE OU FACE

La Fasce occupe justement le milieu de l'écu, disposée selon le trait du coupé et de la même largeur que celle du chef, c'est-à-dire du tiers de l'écu. Son nom vient du mot *fascia*, qui est une bandelette de toile comme un frontal. Scohier, La Colombière et d'autres veulent qu'elle représente la ceinture ou cuirasse du chevalier. Voici sa figure :

116 NOUVEAU TRAITÉ DE BLASON·

Blossac, porte : de vair à la fasce de gueules.

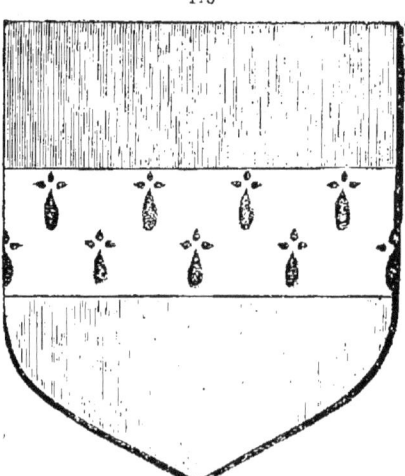

La Chapelle ou La Chappelle, porte : de gueules à la fasce d'hermines.

Mousac, porte de même.
Verjon, porte de même.
Engoullevent, porte de même.
Maizières, en Saintonge, porte de même.

Nous avons vu précédemment des armes composées des mêmes émaux, en sens contraire, c'est-à-dire une fasce de gueules sur champ d'hermines, page 18.

Fenestrange, porte : d'azur à la fasce d'argent.
Bagnesi, à Florence, porte de même.
Justiniani, à Venise, porte de même.
Blot de Gilberte, porte de même.

7.

Il y a des fasces d'or sur champ d'azur. Ainsi :

DE VILLIERS, en Flandre, porte d'azur à la fasce d'or.

BALLIONI, à Pérouse, porte de même.

CAPOCCI, à Rome, porte de même.

BIONCOURT, en Lorraine, porte : d'argent à la fasce d'azur.

GUIDERHOVEN, au Pays-Bas, porte de même.

MANDELOT, en France, porte de même.

SANGUINETTI, à Naples, porte de même.

CLARY, selon Segoing, porte de même.

BOISSAINT, en Normandie, porte de même,

PASSY-LERNÉ, porte de même.

Autriche, porte : de gueules à la fasce d'argent.

Inspruck, en Autriche, porte : de sinople à la fasce d'argent.

VESTEMBERGH ou VESTERBERG, en Franconie, porte de même.

LE BEL, porte de même.

Nous n'avons point remarqué de blasons composés d'émaux en sens contraire des armoiries ci-dessus, c'est-à-dire d'argent à la fasce de sinople.

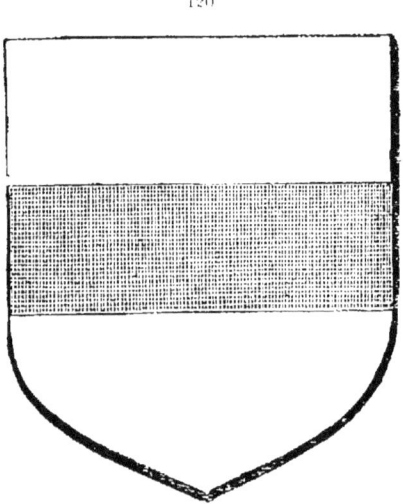

HEILINGEN, en Thuringe, porte : d'argent à la fasce de sable.

PALIGNAL, à Naples, porte de même.

RETZCHEIN, en Silésie, porte de même.

SCOTTI, à Naples, porte de même.

Il y a des fasces de sable sur champ d'or; ainsi :

Blancui, en Insubrie, porte : d'or à la fasce de sable.

De Cicon, en Bourgogne, porte de même.

Béthune, porte : d'argent à la fasce de gueules.
Saint-Severin d'Aubigny, porte de même.
San Severino, à Naples, porte de même.
Georgi, à Venise, porte de même.
Les comtes de Marsi, à Naples, portent de même.

LE PAL

Le Pal occupe pareillement le tiers de la largeur de l'écu ; sa disposition est comme le trait du party : il représente la lance du chevalier. Voici sa figure :

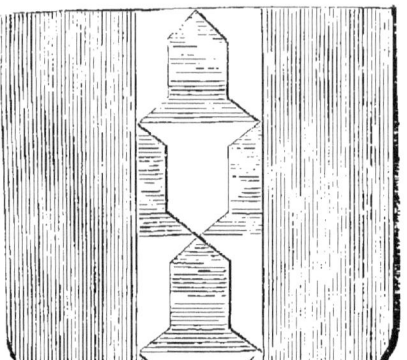

D'Escars la Vauguyon, porte : de gueules au pal de vair.

DE LA BANDE

La Bande est de la même largeur que le pal, que la fasce, que le chef, lorsqu'elle est seule, c'est-à-dire qu'elle tient le tiers de l'écu ; sa disposition est celle du tranché ; elle représente le baudrier du chevalier. Voici sa figure :

De Montbaron : de gueules à la bande d'hermine.

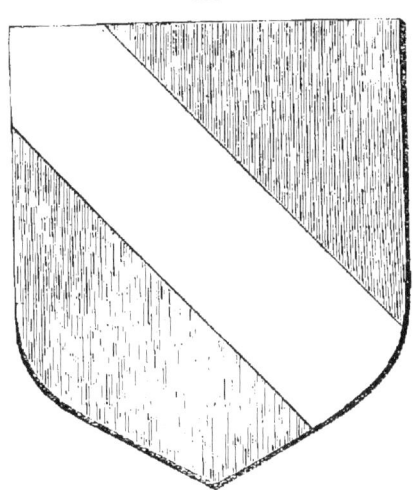

Combourg, porte : de gueules à la bande d'argent.

Roye, porte de même.

Wetzel de Marsilie, en Alsace, porte de même.

Auli, en Belgique, porte de même.

Hemricourt, au Pays-Bas, porte de même.

Klngenech, en Alsace, porte de même.

Montignac, au Pays-Bas, porte de même.

Reitzenstein, en Franconie, porte de même.

Rivalg, au Pays-Bas, porte de même.

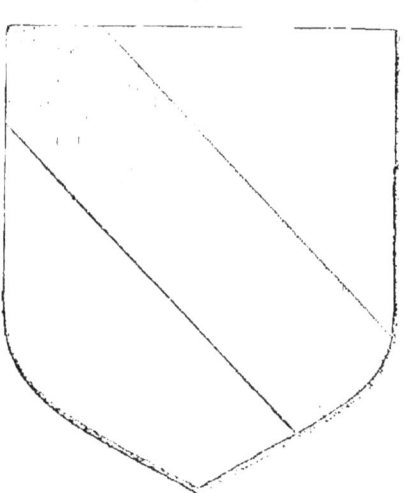

Richebourg, porte : d'argent à une bande de gueules.

Clavigny, porte de même.

Mingoval, en Belgique, porte de même.

Panzoni, à Florence, porte de même.

Jacquielli, à Rome, porte de même.

NOUVEAU TRAITÉ DE BLASON. 125

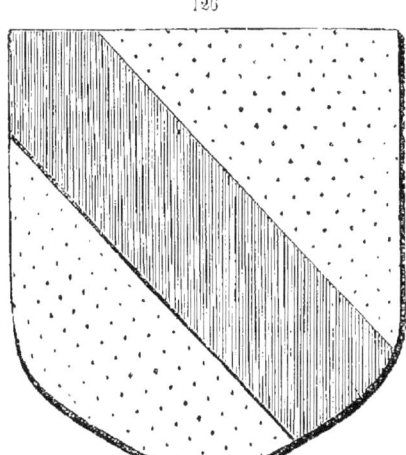

Grand-duc DE BADE, porte : d'or à la bande de gueules.

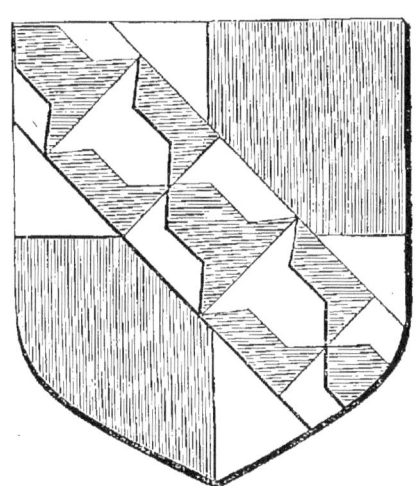

SACWILLE, en Angleterre, porte : écartelé d'argent et de gueules à une bande de vair.

DE LA BARRE AUTREMENT APPELÉE CONTRE-BANDE

La Barre ou contre-bande est de même que la bande quant à la largeur, mais elle est disposée en sens contraire, c'est-à-dire qu'elle est mise comme le trait du taillé. Elle signifie l'écharpe du chevalier.

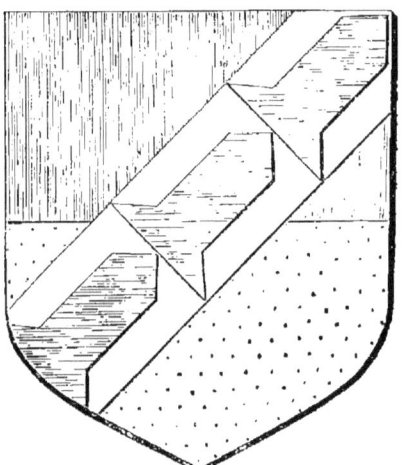

Bern, sur le Rhin : coupé de gueules sur or, à la barre de vair.

DE LA CROIX

La Croix, qui est du nombre des pièces honorables, et qui nous occupe d'abord, est la croix pleine, différente des autres croix dont nous allons parler. Celle-ci est pour ainsi dire composée d'une fasce et d'un pal.

c'est-à-dire qu'elle en a la figure, la largeur, la disposition. Elle représente la garde de l'épée du chevalier.

Nanton, porte : de sinople à la croix d'or.

Saint Ambroise, patron de la ville de Milan : d'argent à la croix de gueules.

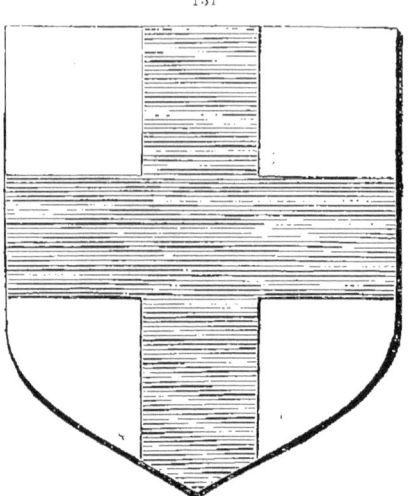

Comte et marquis de Croix, Artois et Belgique, portent : d'argent à la croix d'azur.

DU SAUTOIR

Le Sautoir, appelé par les vieux armoristes saulteur, ressemble à une bande et à une barre croisées, dont il doit avoir la largeur et la disposition, lorsqu'il se trouve seul dans un écu.

La sautoir, dit la Colombière, est aussi appelé *croix de Saint-André*, parce que cet apôtre a souffert le martyre sur une croix de cette sorte.

La Guiche, en Bourgogne, porte : de sinople au sautoir d'or.

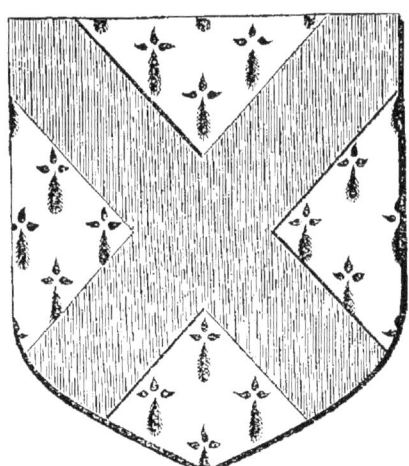

Sanetay, en France : d'hermine au sautoir de gueules.

DU CHEVRON

Le chevron est la pièce la plus connue et la plus usitée de toutes, principalement aux armoiries des maisons de France. Lorsqu'il est seul dans un écu, il doit être de la largeur du quart de l'écu. On l'appelle simplement *chevron*, sans dire *rompu* ni *brisé*, qui sont des désignations autres, différentes et particulières pour d'autres chevrons dont nous parlerons ci-après. Il représente les éperons du chevalier. Sa figure est fort connue.

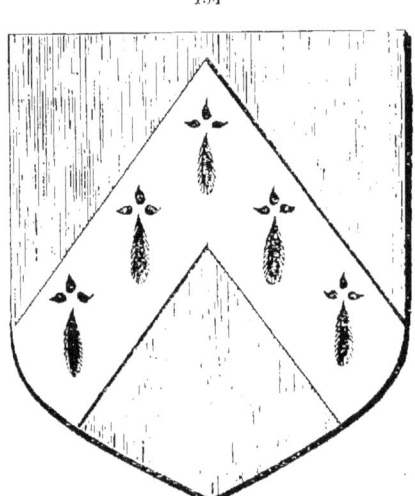

Rivières, en Guienne, porte : de gueules au chevron d'hermine.

Bayeux, porte : de gueules au chevron d'argent.
Bongart, sur le Rhin, porte de même.

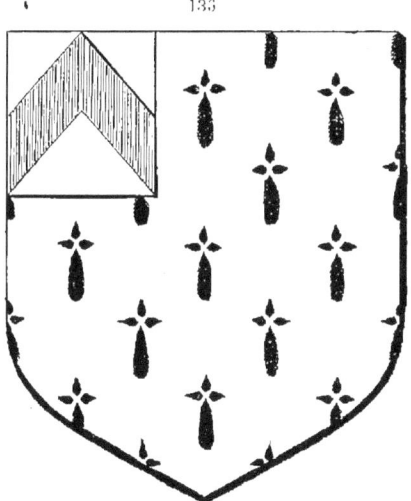

Midleton, en Angleterre, porte : d'hermine

au franc canton d'argent chargé d'un chevron de gueules.

*

Il y a quelques blasonneurs qui font suivre ces huit pièces du giron et de l'orle. Comme le giron ne se voit jamais seul, du moins que rarement, mais bien en nombre, qu'on dit gironné, nous en avons parlé dans la première partie de ce Traité, pages 78 à 83.

Quant à l'orle, nous en parlerons ci-après en traitant de la bordure.

CHAPITRE II

DE QUELQUES DIFFÉRENCES
CONCERNANT LES PIÈCES HONORABLES ORDINAIRES

I

De ces huit pièces ci-dessus exposées, il y en a trois qui se mettent seules, c'est-à-dire, qu'on n'en voit jamais plus d'une en un écu ou dans un des quartiers de l'écu. Ces trois sont :

Le chef, — la croix, — le sautoir. Et cela doit s'entendre des croix et des sautoirs comme nous venons de les figurer, parce qu'en effet on ne peut mettre deux grandes croix dont les quatre bouts toucheraient les côtés; de même du chef et du sautoir. Ce n'est pas qu'il ne se trouve des croix et des sautoirs d'autre façon, qui sont multipliés et mis en nombre dans un écu; mais ils ont de telles différences que nous en ferons l'objet du chapitre suivant.

Quant aux cinq autres pièces honorables ordinaires

134   NOUVEAU TRAITÉ DE BLASON.

qui se peuvent mettre en nombre, dont on voit ou dont on peut voir plusieurs en un écu, ou dans un quartier d'écu, ce sont :

La Fasce, — le Pal, — la Bande, — la Barre. — le Chevron.

Les exemples suivants vous en faciliteront l'intelligence.

∗

FASCES MULTIPLIÉES

197

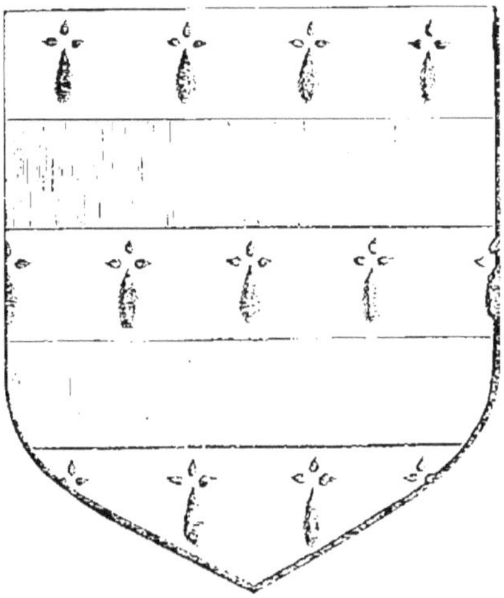

De Nugent, porte : d'hermine à deux fasces de gueules.

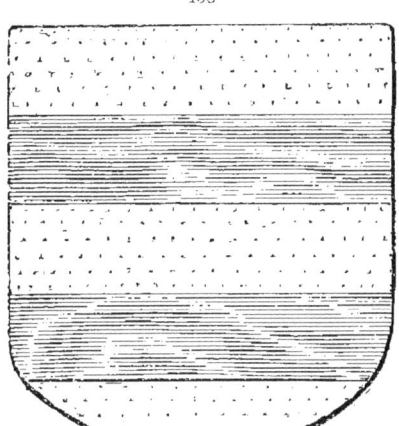

De Belmont, en Lorraine, porte : d'or à deux fasces d'azur.

Lully, portait : d'argent à deux fasces de gueules.

Yzoré, mⁱˢ d'Hervault ; d'argent à deux fasces d'azur.

Les princes de Capoue, à Naples, portent : de gueules à deux fasces d'argent.

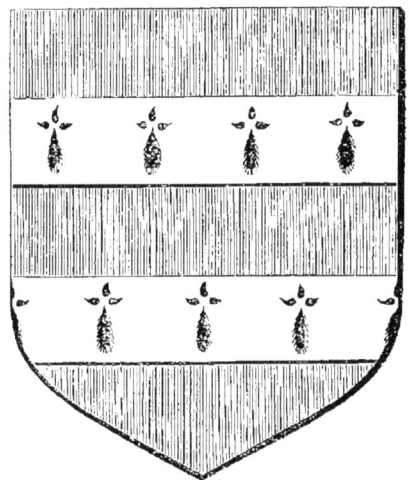

Bodin, en Bretagne : de gueules à 2 fasces d'hermine.

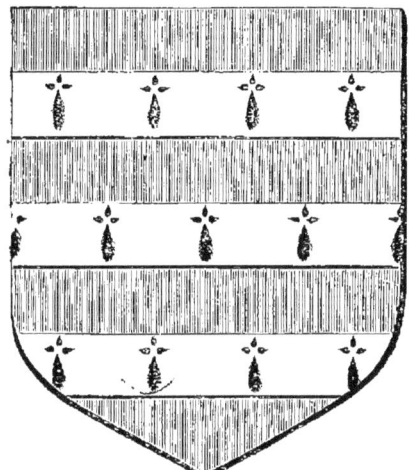

Guidieles, en Espagne : de gueules à trois fasces d'hermine.

Arrigney, porte : de gueules à trois fasces d'argent.

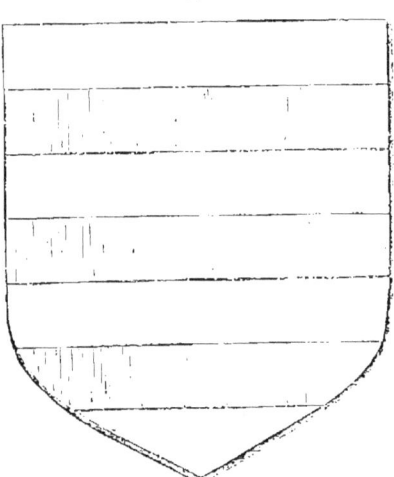

Boulainvilliers, porte : d'argent à trois fasces de gueules.

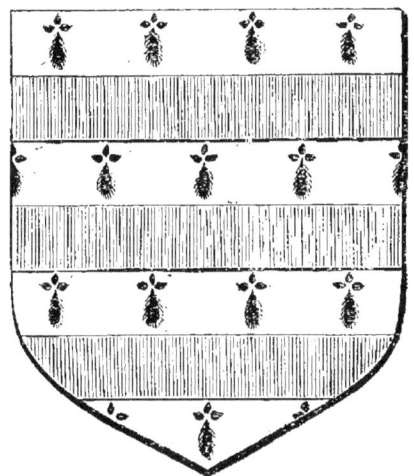

De Queneville, porte : d'hermine à trois fasces de gueules.

Le nombre des fasces le plus ordinaire que l'on voit dans un écu est de trois; le moindre est de deux, et le plus grand de cinq. Passé ce nombre on ne les nomme plus fasces, mais Burèles ou Trangles; nous leur consacrerons un paragraphe particulier.

PALS MULTIPLIÉS

On trouve, dans les vieux auteurs, le mot *paulx* au lieu de *pals*.

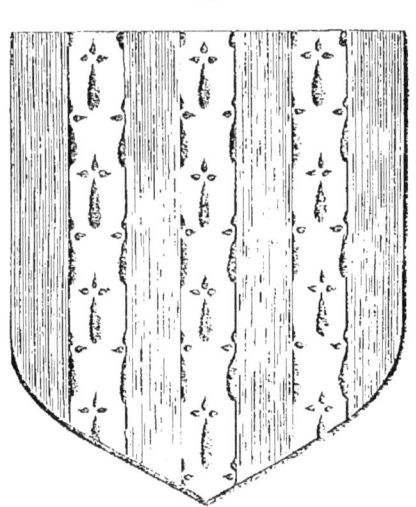

117

Moncornet, en Flandres, porte : de gueules à trois pals d'hermine.

Vissac, porte : de gueules à trois pals d'hermine.

Quesada, en Espagne, porte aussi de gueules à trois pals d'hermine.

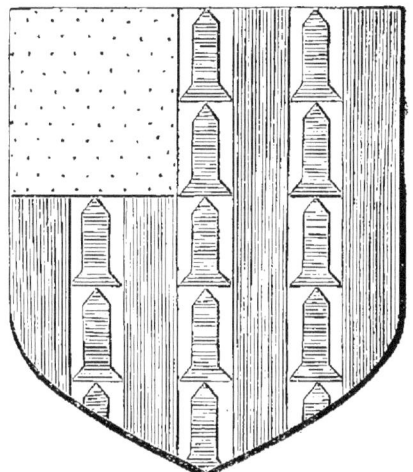

148

Rivery, en Picardie, porte : de gueules à trois pals de vair au franc canton d'or.

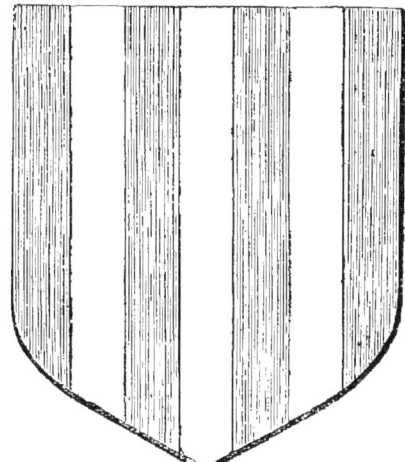

149

Grimani, à Venise, de gueules à trois pals d'argent.

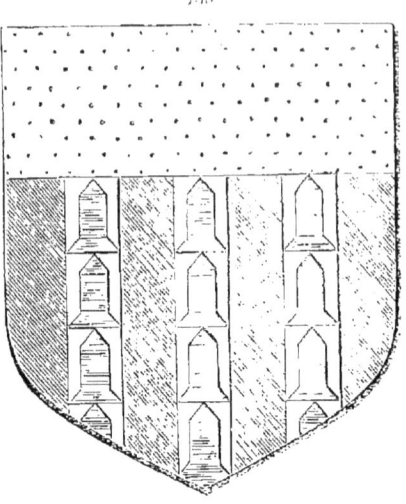

Boves, en France, porte : de sinople à trois pals de vair.

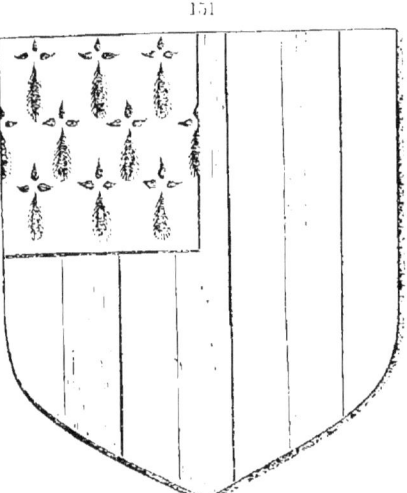

Duffle, porte : d'argent à trois pals de gueules, au franc quartier d'hermine.

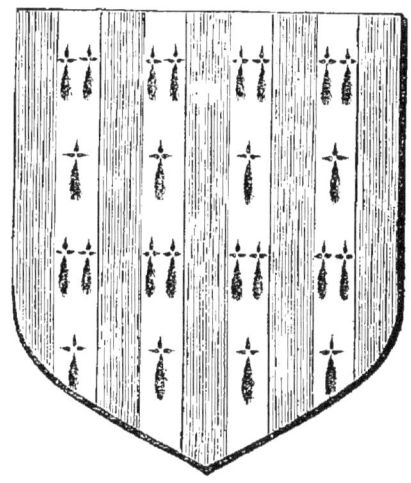

152

Gudiel, en Espagne, porte de gueules à quatre pals d'argent, chargés chacun de six mouchetures d'hermines posées 2, 1, 2, 1. — On peut aussi blasonner simplement : de gueules à quatre pals d'hermine.

BANDES MULTIPLIÉES

Le blason est une langue à part qui fait souvent le désespoir des grammairiens; ainsi, au lieu de dire *des bandes*, on dit souvent *une bande de tant de pièces*.

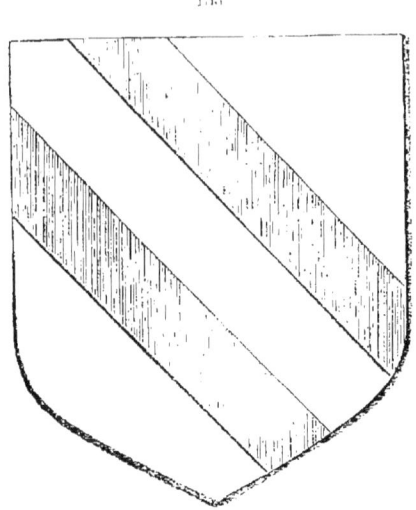

De Beaumont, porte : d'argent à deux bandes de gueules.

Castrocucchi, en Italie, porte de même.

Le nombre de Bandes qui se voient ordinairement dans un écu est de quatre au plus ; au delà on les nomme Cotices ou bâtons, dont nous parlerons ci-après séparément.

Cependant nous devons faire remarquer que le Père Sylvestre appelle les quatres Bandes des Cotices.

CHEVRONS MULTIPLIÉS

151

Du Plessis-Richelieu, porte : d'argent à trois chevrons de gueules.

Bassompierre, porte de même.

Chateaugontier, porte de même.

Tristan l'Hermite, portait de même.

Chambellay, porte de même.

Du Parc, porte de même.

Plusquellec, en Bretagne, porte de même ; *par aucuns*, chevronné d'argent et de gueules de six pièces.

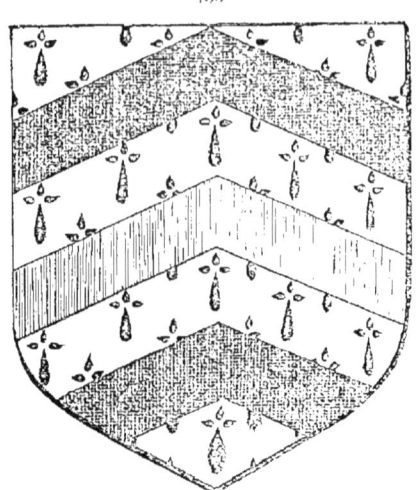

Gallot, porte : d'hermines à trois chevrons, le premier et le dernier de sable, le second de gueules.

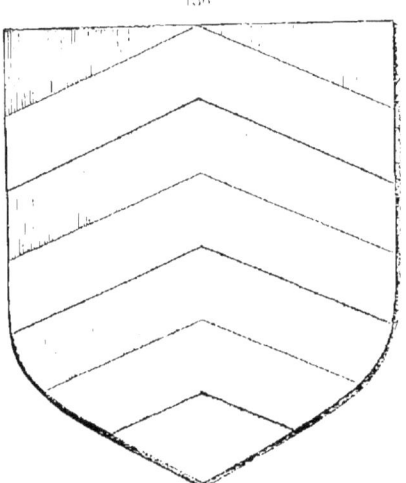

Faverges : de gueules à trois chevrons d'argent.

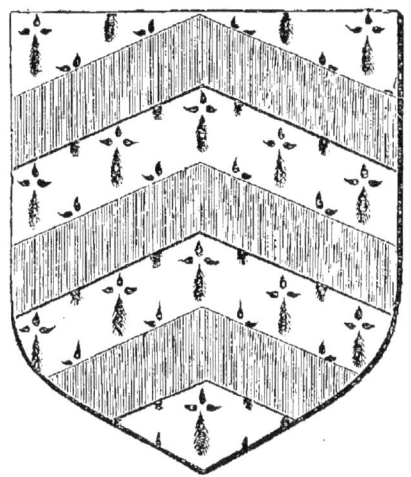

Plessi-Paté, porte : d'hermines à trois chevrons de gueules.

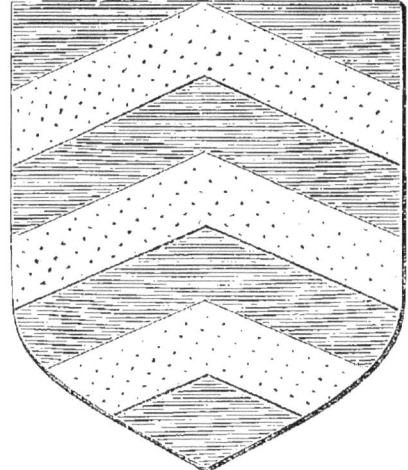

De Corday, porte : d'azur à trois chevrons d'or.

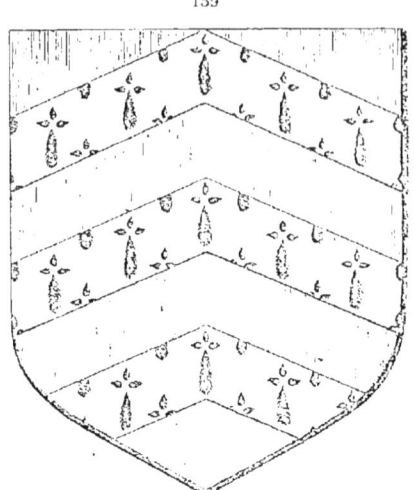

Trecesson, en Bretagne, porte : de gueules à trois chevrons d'hermines.

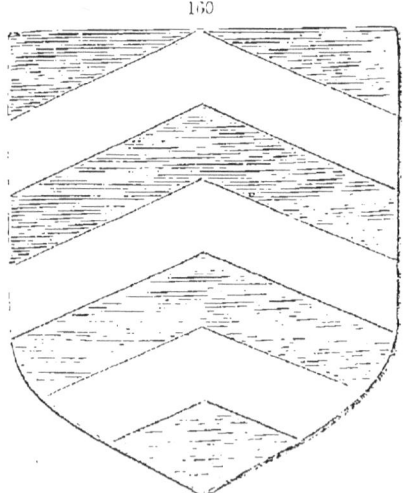

Grivenel, porte : d'azur à trois chevrons d'argent.

Ces armes que nous venons de figurer avec plusieurs Fasces, Pals, Bandes et Chevrons, se blasonnent aussi d'une autre façon qui est de nommer le nom de la pièce en singulier et ajouter *de tant de pièces*.

Par exemple, aux armes de Nugent, ci-dessus, au lieu de dire, *d'hermines à deux fasces de gueules*, on peut dire, *d'hermines à la fasce de gueules de deux pièces*;

Moncornet, *de gueules au pal d'hermines de trois pièces*;

Fénelon, *d'or, à la bande de sinople de trois pièces*;

De Corday, *d'azur au chevron d'or de trois pièces*.

Et ainsi des autres semblables qui ont plusieurs Fasces, Pals, Bandes, Barres, Chevrons.

II

DE LA FASCE EN DEVISE, DES BURELLES OU TRANGLES ET DES COTICES ET BATONS

*

DE LA DEVISE

Lorsque la Fasce, vue seule, est plus étroite que sa largeur ordinaire, c'est-à-dire que le tiers de l'écu, on l'appelle *Fasce en devise*. Elle est assez rare, et n'est guère admise en armoiries que pour garder la proportion convenable aux écus où il y a des pièces qui l'accompagnent et qui demandent plus d'espace pour être placées selon leur figure ordinaire.

Voici cependant trois exemples où elle n'est accompagnée d'aucune pièce d'armoirie; ce n'est point une fasce diminuée, mais une véritable devise.

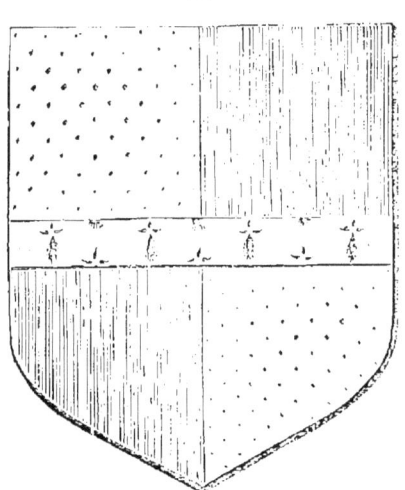

MIRABEL, porte : écartelé d'or et de gueules, à la devise d'hermines brochant sur le tout.

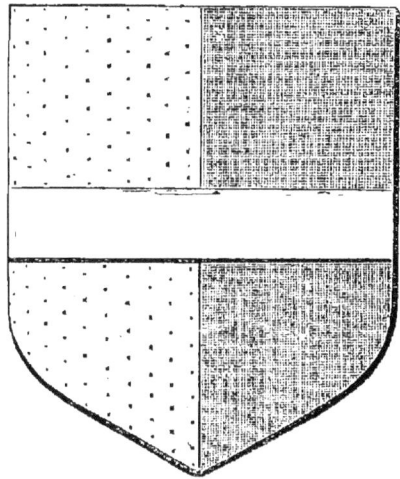

Dante Alighieri, porte : party d'or et de sable à la devise d'argent brochante sur le tout.

Guizot, porte : d'azur à la devise d'argent.

La Devise, dit Palliot, est une division de la fasce, et n'en a que la troisième partie de la largeur; il n'y en doit avoir qu'une dans un écu pour s'appeler *devise*; quand il y en a plusieurs, on les appelle Trangles.

La Devise, ajoute Palliot, se met non-seulement comme la fasce, au milieu de l'écu, soit seule, soit accompagnée; mais encore elle se pose en chef, à la partie inférieure du chef.

*

LES BURELLES OU TRANGLES

Quand on voit dans un écu plus de quatre Fasces, on les nomme *Burelles* ou *Trangles*. Elles n'ont pas de largeur déterminée, cependant Palliot dit qu'elles doivent avoir la sixième partie de la Fasce pour les distinguer d'une Devise qui en est le tiers.

Pierre Sainte, dont l'autorité est reconnue partout, appelle Burelles les Fasces au nombre de quatre même.

Quel que soit leur nombre, elles se mettent toujours en égale distance les unes des autres, laissant entre elles autant de champ que chacune d'elles en occupe.

164

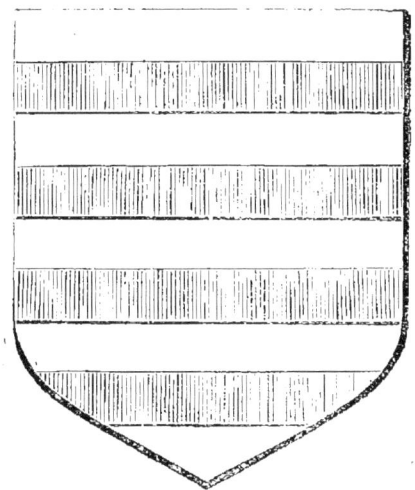

De Chaumont, porte : d'argent à quatre burelles de gueules.

165

Le Fevre de Caumartin, garde des sceaux de France

en 1622, portait : d'azur à cinq burelles ou trangles d'argent.

*

DES COTICES

La Bande plus étroite que celle que nous avons mise ci-devant aux pièces honorables ordinaires est nommée *Cotice*. Le père Sylvestre-Pierre Sainte appelle quatre Bandes des Cotices; mais les autres armoristes n'appellent Cotices que les Bandes au delà de quatre.

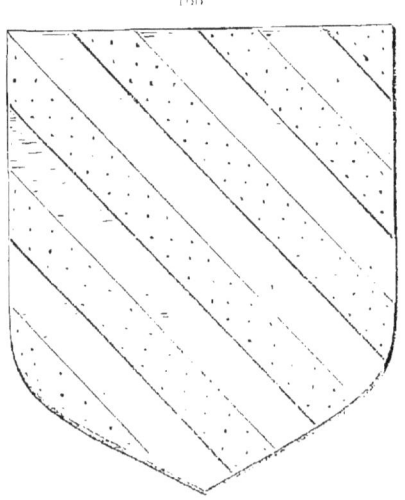

BERTHON DE CRILLON, porte : d'or à cinq cotices d'azur.

Lorsqu'une bande est côtoyée de deux autres fort étroites, on les nomme aussi cotices, bastons ou filets :

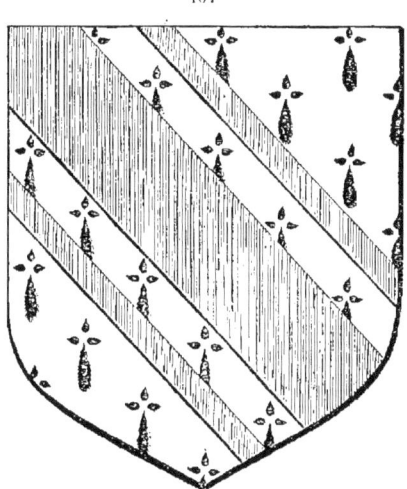

167

De Ceilles, porte : d'hermines à la bande de gueules accompagnée de deux cotices ou filets de même.

III

DU FASCÉ, BURELÉ, PALLÉ, BANDÉ, COTICÉ, BARRÉ, CHEVRONNÉ

L'Écu se trouvant également rempli de Fasces, Pals, Bandes et Chevrons, Burelles et Cotices, est dit *Fascé, Pallé, Bandé, Chevronné, Burelé* et *Coticé de tant de pièces.*

156   NOUVEAU TRAITÉ DE BLASON.

Pour connaître si l'Écu en est également rempli, il faut voir si le nombre de pièces de métal est égal à celui des pièces de couleur, c'est-à-dire si toutes les pièces de couleur et de métal sont en nombre pair, parce qu'alors on ne peut plus dire qui est le champ ou fond de l'Écu, puisqu'il y a autant de pièces d'une façon que de l'autre.

*

DU FASCÉ

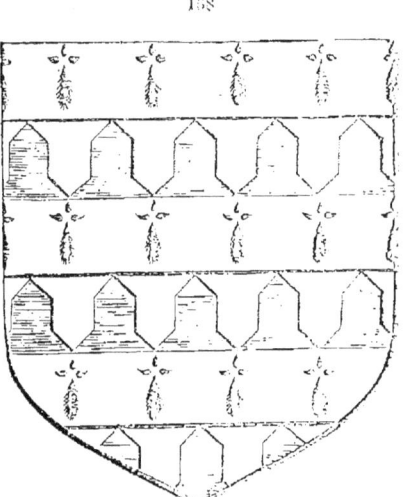

Rochetesson, porte : fascé d'hermines et de vair de six pièces.

Ce nombre de six pièces est le plus fréquent en Armoiries; même quand on dit simplement : Fascé de tel et tel émail, sans exprimer le nombre, il faut supposer que c'est de six pièces.

Polignac, porte : fascé d'argent et de gueules.
D'Aboval, porte de même.
Baroncelli, porte de même.
Le royaume de Hongrie, porte de même.
D'Orléans, maison particulière, porte de même.
Boulainvillers, porte de même.
Mallemont, en Lyonnais, porte de même.

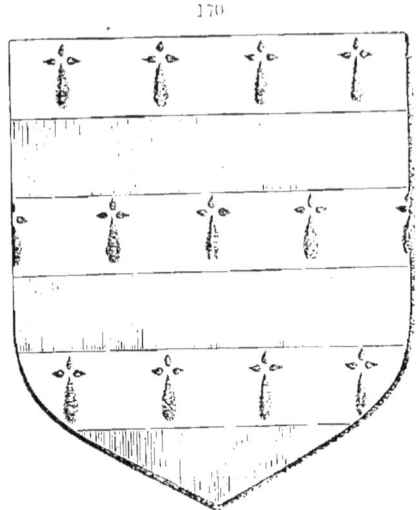

Marsé, porte : fascé d'hermines et de gueules.

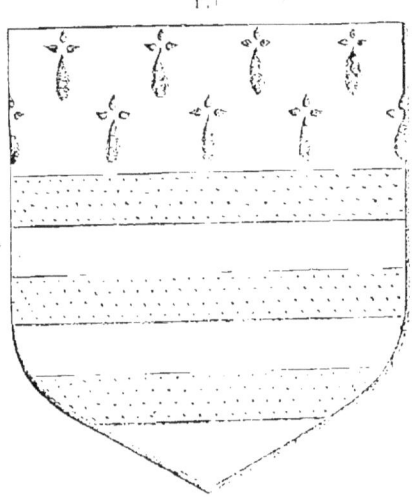

Clermont de Lodève, porte : fascé d'or et gueules de six pièces, au chef d'hermines.

DU BURELÉ

Quand l'Écu est rempli de Fasces ou plutôt de Burelles au nombre de dix ou douze, on dit Burelé de tant de pièces.

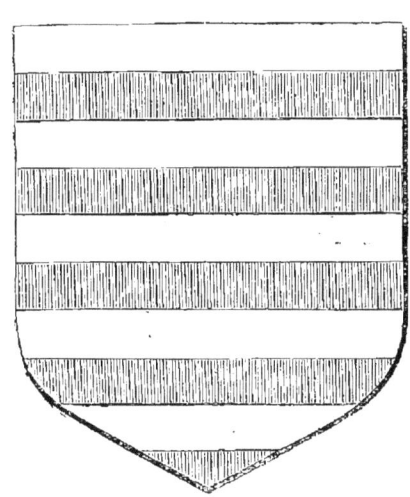

172

Sosa, en Espagne, burelé d'argent et de gueules de dix pièces.

Il y a quelques armoristes qui donnent aux fasces de huit pièces le nom de Burelles et de Burelé; c'est à tort. Ainsi on trouve dans Callot :

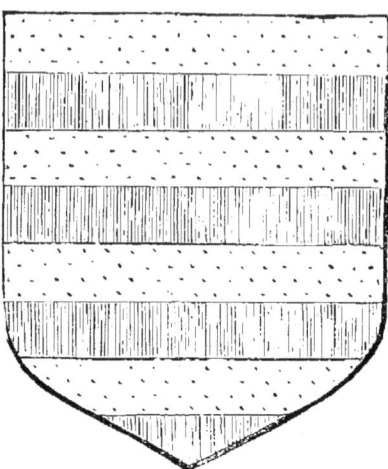

Busency : burelé d'or et de gueules de huit pièces.

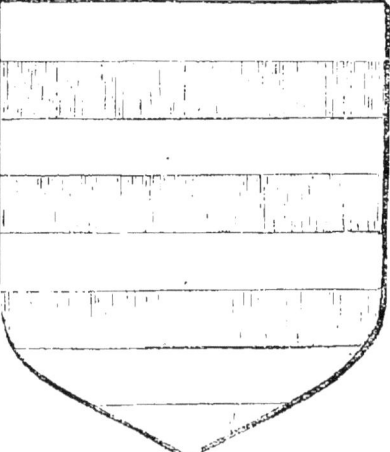

Bourlemont, porte : fascé ou burelé d'argent et de gueules de huit pièces.

DU FASCÉ CONTRE-FASCÉ

Lorsque les Fasces qui composent le Fascé sont divisées d'un trait par le milieu, de sorte que l'émail des fasces est changé et que le métal est opposé à la couleur et la couleur au métal, on dit *Fascé contre-fascé*.

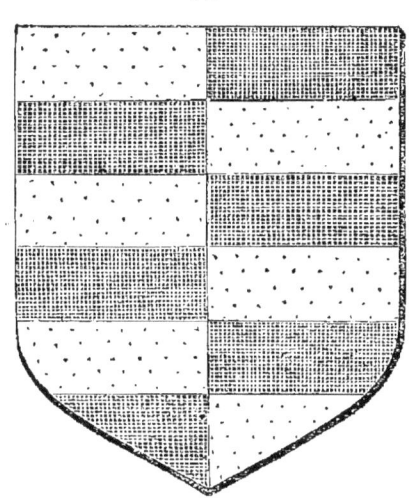

175

Flacken de Schwarzenberg, sur le Rhin, porte : fascé contre-fascé d'or et de sable de six pièces.

*

DU PALLÉ

Lorsque l'Écu est rempli également de Pals de couleur et de métal, on dit *Pallé*, en ajoutant le nombre de pièces, c'est-à-dire Pallé de tant de pièces.

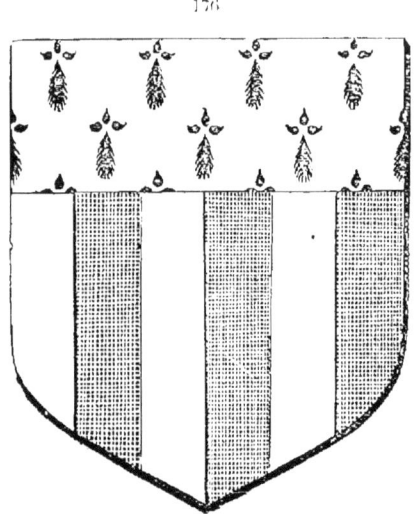

176

RENNES, ville de Bretagne, porte : pallé d'argent et de sable, au chef d'hermines.

GUIOCHI, à Florence, porte de même, sans chef, c'est-à-dire, pallé d'argent et de sable, simplement.

NOUVEAU TRAITÉ DE BLASON.

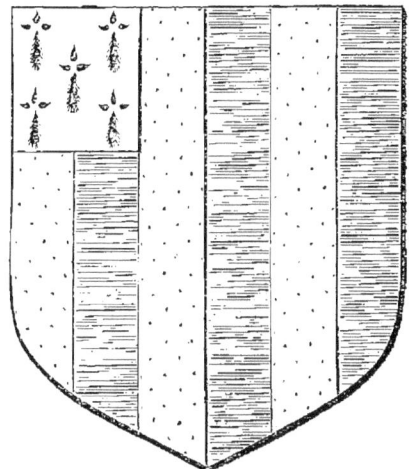

Shirley, en Angleterre, porte : pallé d'or et d'azur au franc-canton d'hermines.

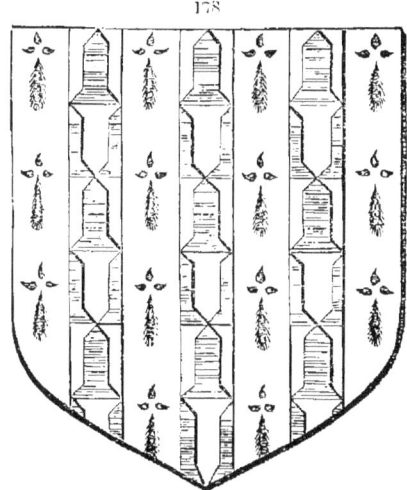

Palvert, porte : pallé d'hermines et de vair.

164 NOUVEAU TRAITÉ DE BLASON.

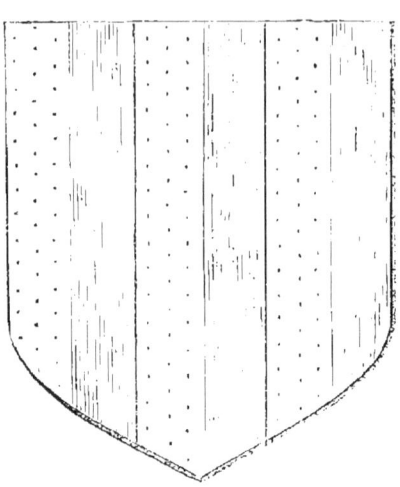

179

Faucigny, en Savoie, Prince de Cystria et de Lucinge, porte : pallé de gueules et d'or.

*

DU PALLÉ CONTRE-PALLÉ

Si les pals qui composent le pallé sont coupés d'un trait qui en diversifie l'émail, en sorte que le métal est opposé à la couleur et *vice versâ*, on doit dire pallé contre-pallé de tel et tel émail.

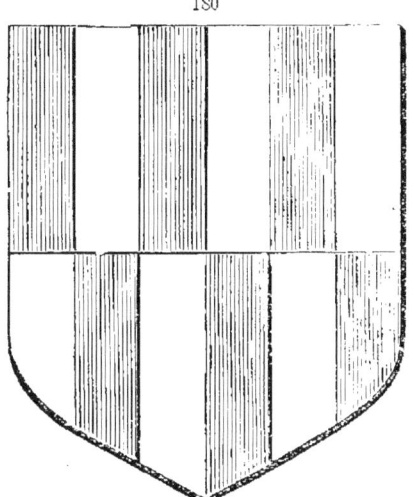

Rosenberg, en Franconie, porte : pallé contre-pallé de gueules et d'argent de six pièces.

L'Écu suivant renferme plusieurs exemples à la fois.

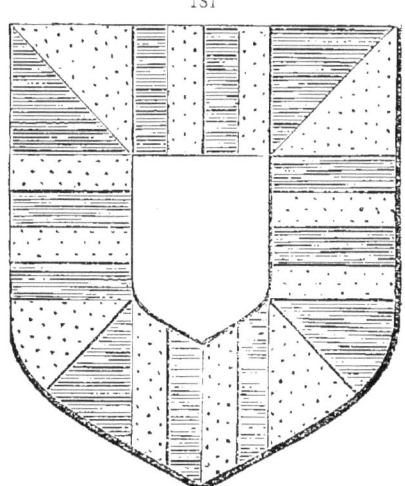

De Pressigni, porte : d'or et d'azur, fascé contre-fascé, pallé contre-pallé, et les contours contre-gironés à un écusson d'argent sur le tout.

*

LE BANDÉ

Quand l'Écu est rempli de quatre, six ou huit bandes moitié métal et moitié couleur, il est *Bandé*.

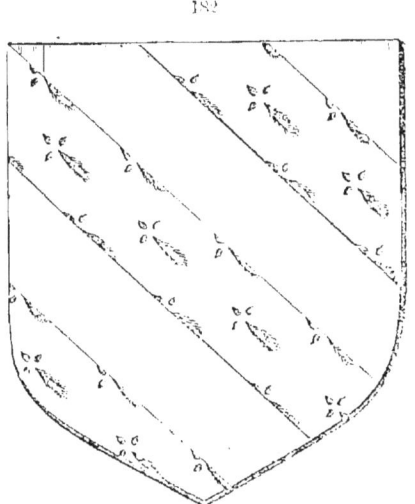

Trelevez, en Bretagne, porte : bandé d'hermines et de gueules de six pièces.

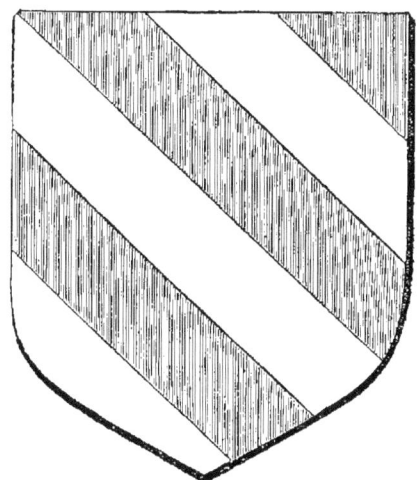

183

Reifenberg, sur le Rhin, porte : bandé de gueules et d'argent de six pièces.

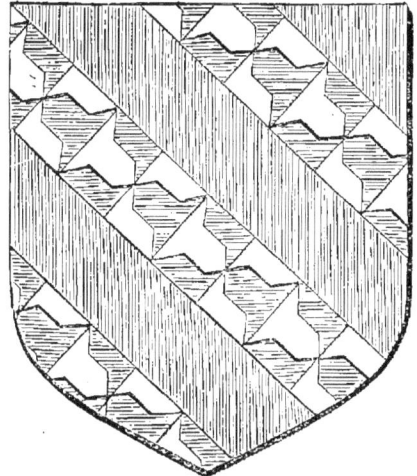

184

Longueval : bandé de gueules et de vair de six pièces.

Palliot donne cette autre figure pour la même maison :

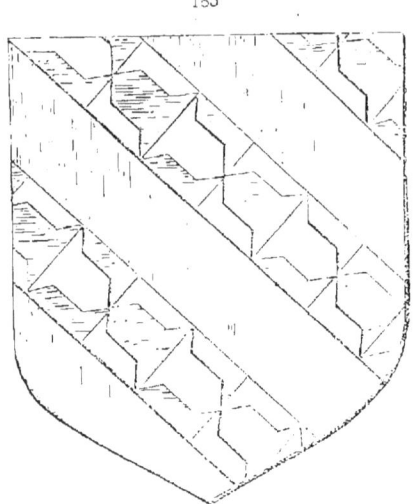

Longueval, porte : bandé de vair et de gueules de six pièces.

DU CONTRE-BANDÉ

Si les bandes qui composent le bandé sont coupées d'un trait dans le sens de la barre, de manière à couper les bandes par le milieu, l'écu est *bandé contre-bandé*, mais c'est un exemple très-rare.

Il ne faut pas confondre ce mot avec la contre-bande ou barre.

Les barres sont des pièces fort rares en armoiries. Cependant elles ont été un peu en usage dans les provinces du nord de l'Europe. Les règles en sont les mêmes que pour la bande, le pal, la fasce, etc.

DU COTICÉ

Quand l'Écu est rempli d'un nombre pair de cotices, c'est-à-dire dix ou douze, mi-partie de métal, mi-partie de couleur, on le dit *Coticé* ou *Bâtonné*.

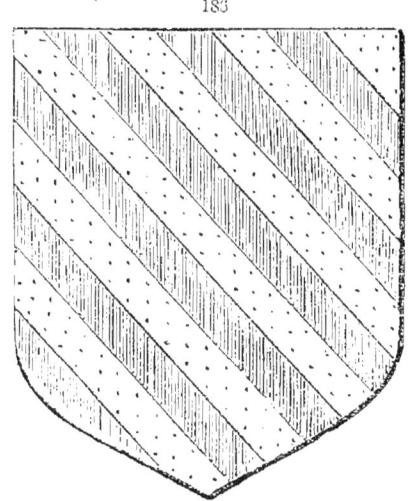

Turennes, en Limousin, porte : coticé d'or et de gueules de douze pièces.

DU CHEVRONNÉ

L'Écu étant également rempli de chevrons de métal et de couleur est dit *Chevronné*, en ajoutant le nombre de chevrons.

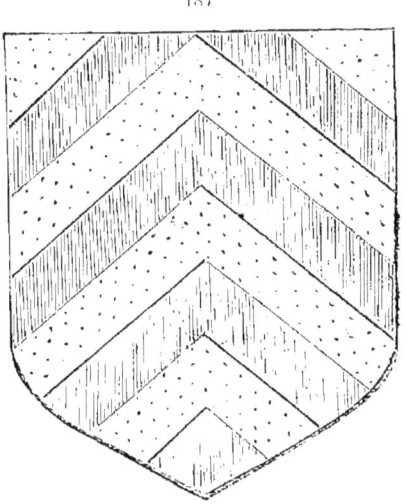

Le Comte d'Egmont, porte : chevronné d'or et de gueules de huit pièces.

Chamaillard, porte de même. — Selon d'autres armoristes, cette maison porte aussi : bandé d'or et de gueules de six pièces.

Richebourg, selon La Colombière, porte : chevronné d'or et de gueules de huit pièces.

CHEVRONNÉ CONTRE-CHEVRONNÉ

Si les chevrons qui composent le chevronné sont, vers leurs pointes, partys d'un trait qui change l'émail des chevrons, en sorte que la couleur se voie opposée au métal, et *vice versâ*, on dit *chevronné contre-chevronné*, ce qui est rare.

CHAPITRE III

DES AUTRES DIFFÉRENCES DES PIÈCES HONORABLES ORDINAIRES

I

Les pièces honorables ordinaires, le chef, le pal, la fasce, la bande, la barre, la croix, le sautoir et le chevron, ont d'autres différences en leurs figures, qui reçoivent des dénominations particulières, et qui sont :

Danché et dentelé ou endenté, — eschiqueté ou échiqueté, — componé, — ondé, — enté, — nébulé, — engreslé, — crénelé, — bretessé, — maçonné.

Ces différences sont les plus ordinaires. Nous en verrons d'autres après.

LE DANCHÉ

Le Danché ou *Denché*, dit Palliot, est comme qui dirait denté ou ayant des dents. Denché se dit lorsque les pointes sont assez grosses et taillées droites dans leurs intervalles.

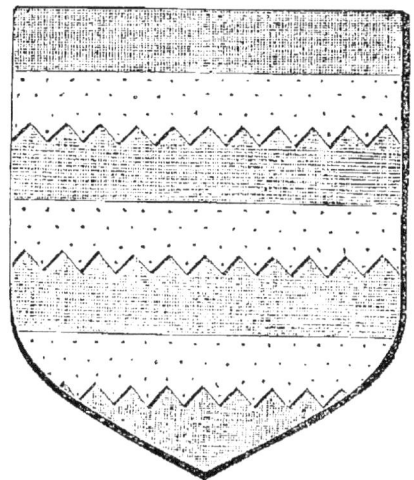
188

Cossé-Brissac, porte : de sable à trois fasces danchées ou dentelées d'or.

Ces fasces qui ne sont denchées que d'un côté sont aussi appelées *Feuilles de scie*.

LE DENTELÉ OU ENDANTÉ

Le danché, dit La Colombière, est différent du *Dentelé* en ce que celui-ci est beaucoup plus petit et que les dents en sont plus menues.

Le dentelé, dit Palliot, a des dents plus courtes et

plus menues que le danché ou l'*endenté*, et encore n'y a-t-il d'autre différence que celle que les graveurs leur donnent.

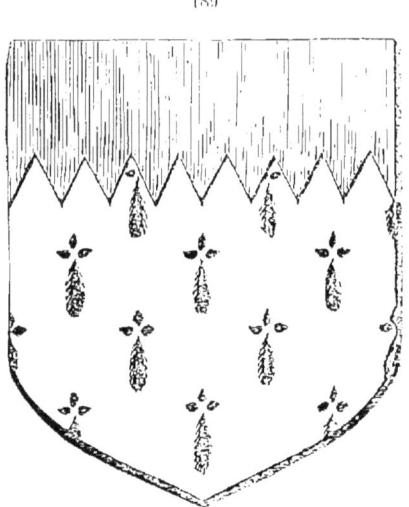

189

François d'O, seigneur de Fresne et de Maillebois, portait d'hermines au chef dentelé ou endenté de gueules.

Le denché, dentelé et endenté s'appliquent au party, au coupé, au tranché, à l'écartelé, aussi bien qu'aux pièces honorables ordinaires. Nous retrouverons l'endenté, lorsque nous parlerons des pièces honorables de second ordre. Voyez plus loin aux emmanchés les diverses figures qui s'appliquent à l'Écu tout entier.

L'ESCHIQUETÉ OU ÉCHIQUETÉ

Nous donnons un exemple des pièces honorables eschiquetées : cette figure fera assez comprendre la différence. L'eschiquier et l'eschiqueté, comme nous le verrons plus loin, ressemblent à une table de jeu d'échecs, composée de carrés de métal et de couleur alternés.

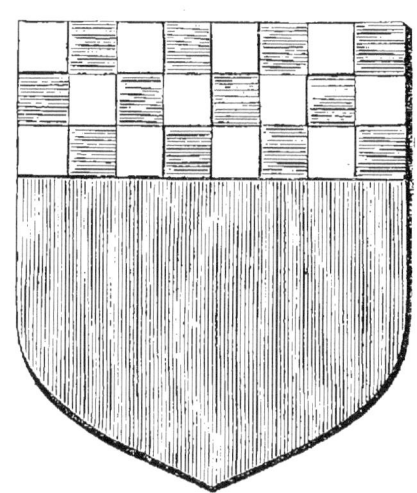

199

AILLY, baron de Péquigny, porte : de gueules au chef eschiqueté d'argent et d'azur de trois traits.

LE COMPONÉ

Componé signifie composé de pièces carrées d'émaux alternés comme une rangée de l'échiqueté précédent.

On appelle *Compon* chaque pièce de la componure, dont l'une doit être de métal et l'autre de couleur.

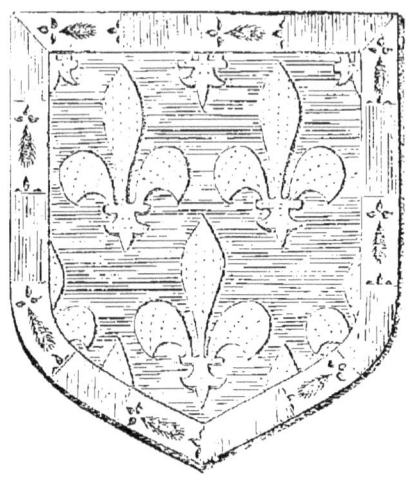

191

Le Comte d'Étampes portait : de France à la bordure componée d'hermines et de gueules.

ONDÉ

La signification d'*Ondé* s'explique d'elle-même : Façonné en ondes. Il vient, dit Palliot, des flots de la mer, d'où l'on prend sujet de nommer ondé les fasces, pals, bandes et autres pièces qui sont représentées ondoyantes.

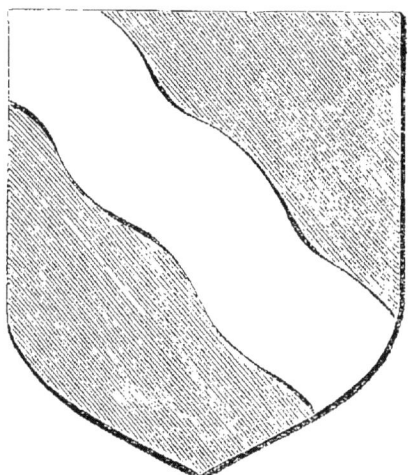

Oddinet, porte : de sinople à la bande ondée d'argent.

D'Angeville, porte : de sinople à trois fasces ondées d'argent.

L'ENTÉ

L'*Enté* se dit des fasces ou bandes qui entrent les unes dans les autres à ondes rondement.

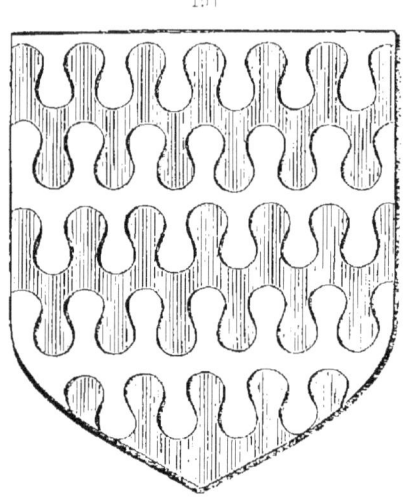

Rochechouart-Mortemart, porte : ondé, enté en fasce de six pièces de gueules et d'argent, ou bien, de gueules à trois fasces entées, ondées d'argent.

Cette figure de l'ondé-enté est celle que donnent Ménétrier, Palliot, Segoing et tous les bons auteurs, au blason de Mortemart ; mais quelques-uns de cette maison ont modifié leurs armoiries de cette sorte :

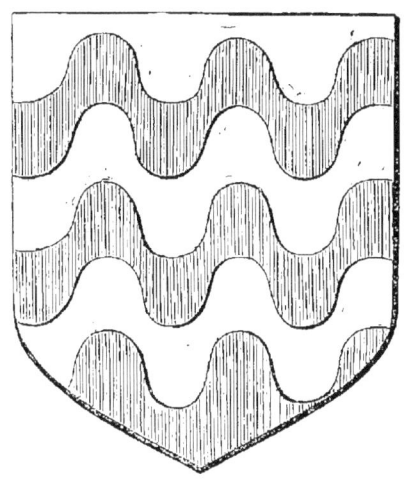

195

Le duc de Mortemart porte ainsi.

Plusieurs armoiries ne font qu'un de l'ondé et de l'enté, c'est-à-dire que, selon les pays, l'ondé a différentes figures.

Pierre Sainte a consacré à toutes les variétés de l'ondé un chapitre curieux dont les modèles sont nombreux. Il y a l'*Arcté*, c'est-à-dire courbé en arc; — l'*Arqué* en bande, qu'on pourrait considérer comme une division de l'Écu; — le *Nébulé*, qui ressemble à des nuages; — l'*Ondulé* et les *Ondes*, qui sont de petits nuages figurés en flots tranquilles et sinueux, presque au naturel. Voici une figure du nébulé :

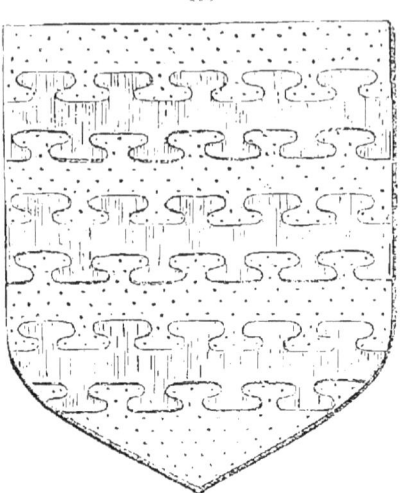

De Brezé-Maillé, porte : d'or à trois fasces ondées, entées ou nébulées de gueules; ou bien, fascé, enté ou nébulé d'or et de gueules de six pièces.

L'ENGRESLÉ

L'*Engreslé* diffère de l'Emanché en ce que les pointes sont plus menues, et que le vide qui est entre les pointes de l'engreslure est en rond.

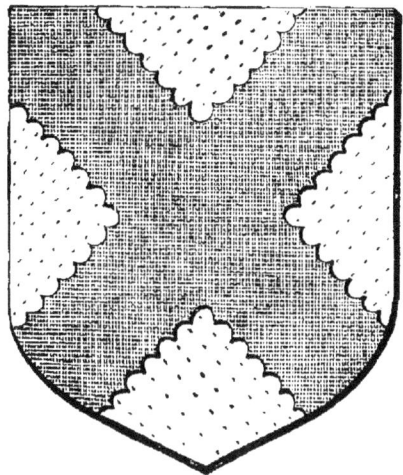

De Saint-Blimond, seigneur de Gouy, porte : d'or au sautoir engreslé de sable.

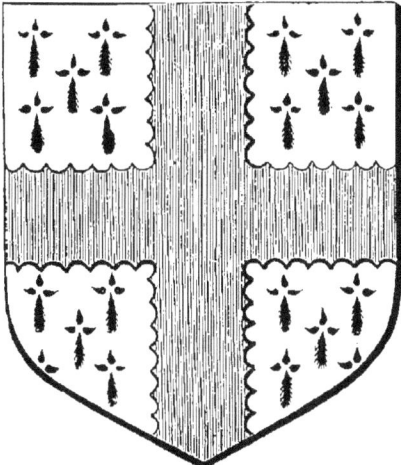

Norvood : d'hermine à la croix engreslée de gueules.

LE CRÉNELÉ

Le *Crénelé* est une rangée de créneaux posée sur une fasce, une bande, un pal, un chevron; il est synonyme de *Bretessé*, parce que les Bretesses, ou Bretesches dans le vieux langage, sont les créneaux mêmes. En blasonnant on spécifie souvent le nombre de créneaux.

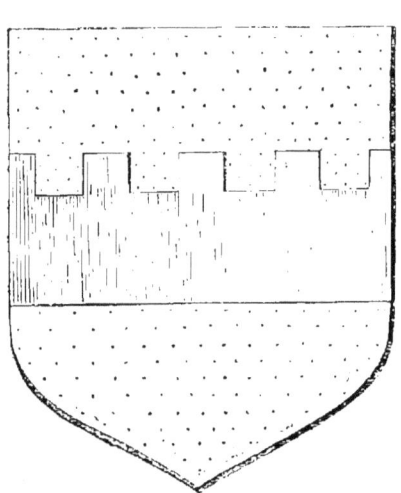

La Tour Landry, porte : d'or à la fasce crénelée de gueules, maçonnée de sable.

Voici un exemple de chef crénelé, ce qui est évidemment plus rare :

200

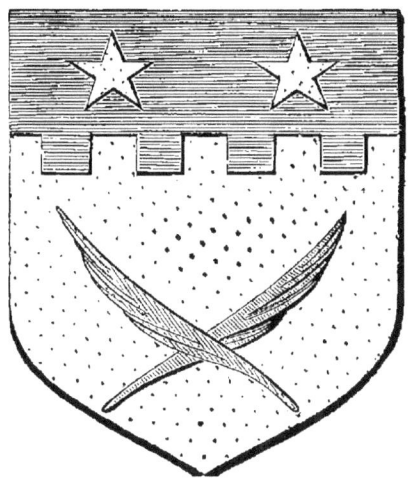

Bernard de Nolet portait, aux États de Languedoc, d'or à deux palmes de sinople passées en sautoir; au chef d'azur crénelé de quatre pièces, chargé de deux étoiles d'or.

LE BRETESSÉ ET LE CONTRE-BRETESSÉ

Le *Bretessé*, selon Palliot, s'entend des pièces crénelées de chaque côté.

Le Bretessé contre-bretessé se dit lorsque les bretesses ou créneaux d'un côté se rapportent au vide qui est entre deux bretesses de l'autre côté; et réciproquement la bretesse de ce côté-là entre deux bretesses de celui-ci.

201

Argrel ou Arckel, en Flandre, porte : d'argent à deux fasces bretessées et contre-bretessées de gueules.

LE MAÇONNÉ

Le *Maçonné* est le trait ou filet qui figure le mortier entre les pierres de taille des créneaux, des tours ou autre pièce. Il est ordinairement de sable. On le voit dans la figure de la Tour Landry, que nous donnons ci-dessus au Crénelé.

Le maçonné a une autre signification que nous verrons plus loin, au chapitre suivant, en parlant de l'enclavé.

II

Les pièces honorables ordinaires qui nous occupent ont encore d'autres différences qui ont rapport au fascé, au burelé, au pallé, au bandé, au coticé, au barré et au chevronné. Nous en donnons deux exemples qui feront comprendre les autres.

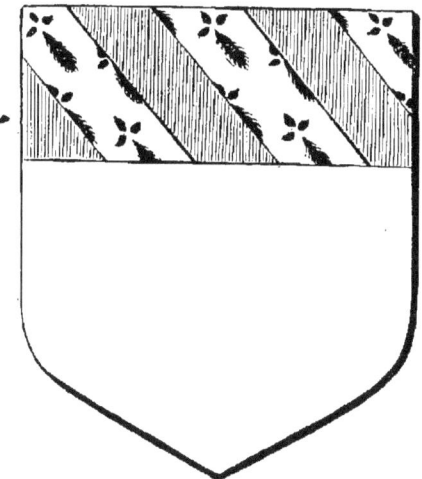

202

MARCHAND. porte : d'argent au chef bandé d'hermines et de gueules de six pièces.

203

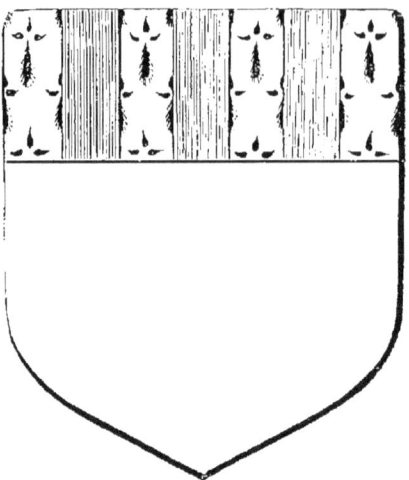

Meldert, au Pays-Bas, porte : d'argent au chef d'hermines, chargé de trois pals de gueules.

III

Ces pièces honorables ordinaires se trouvent différenciées de plusieurs autres sortes; elles sont elles-mêmes partyes, coupées, écartelées et chargées d'une autre pièce semblable.

Une pièce chargée d'une autre pièce semblable, comme un pal d'un autre pal, la fasce d'une autre fasce, le chevron d'un autre chevron, forme une différence qui se trouve assez souvent :

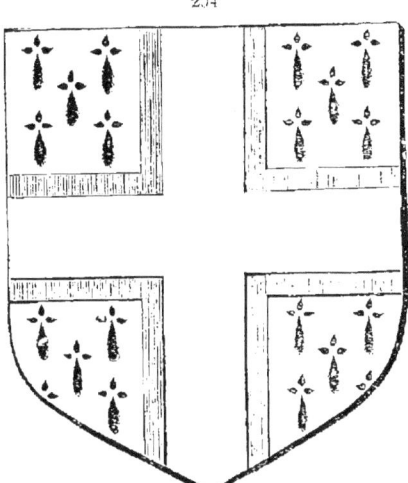

Malton, en Angleterre, porte : d'hermines à une croix de gueules chargée d'une autre croix d'argent.

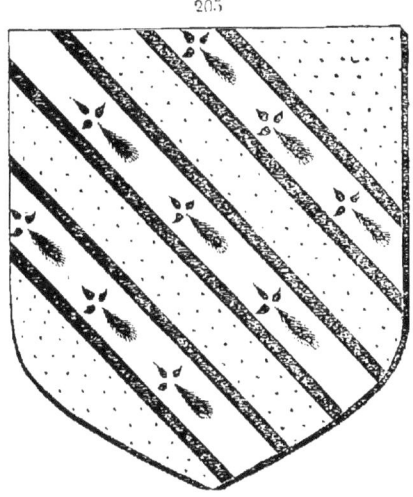

Guevarra, en Espagne et à Naples, porte : d'or à

trois bandes de sable, chacune chargée d'une cotice d'argent surchargée de trois hermines de sable.

IV

DE L'ALAISÉ OU RACCOURCI

Alaisé ou *alizé*, *raccourci* ou *retrait*, sont synonymes.

Lorsqu'une fasce, une bande, un pal, une barre, un chevron, un sautoir, une croix, ne touchent pas le bord de l'écu, on les dit alaisés ou raccourcis.

Il y a des figures de pièces alaisées ou raccourcies de plusieurs façons : les unes ne sont alaisées que d'un côté; les autres de tous côtés. Nous en donnons un exemple à Ficquelmont, page 196.

DE VIVRÉ

La fasce et la bande sont quelquefois dites *vivrées*, ou, pour mieux dire, la Vivre est une pièce d'armoirie qui se met ordinairement en bande ou en fasce.

Le vivré ou la vivre, dont nous donnons la figure et l'explication, ont pour origine une espèce de serpent tortueux appelé vivre, guivre et bisse, et dont nous verrons la figure au livre troisième, en parlant des animaux.

Les uns veulent qu'on ait fait ce mot de *vipera*, vipère, les autres de *hydra*, qui veut dire aussi serpent.

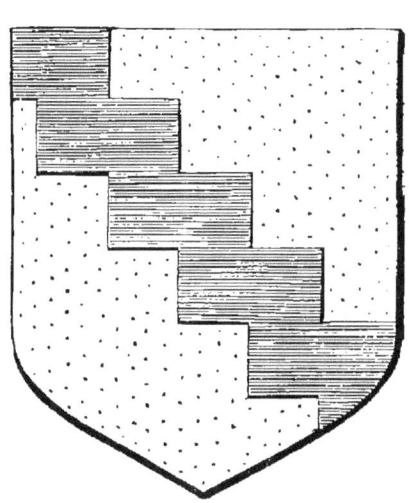

La Baume-Montrevel, porte : d'or à la bande vivrée d'azur; ou bien, d'or à la vivre d'azur mise en bande.

Pierre-Sainte regarde le vivré comme une variété de l'engreslé et l'appelle *ondé-vivré*. Après lui, quelques armoristes ont défini le vivré « des bandes et fasces sinueuses et ondées, avec des entailles faites d'angles entrant et sortant comme des redents de fortification. »

*

Les pièces honorables ordinaires ont encore des différences ; on les dit frettées, losangées, fuselées, diaprées ou paillées, emmanchées. Mais comme ces expressions ne s'appliquent pas seulement aux pièces de l'écu, mais à l'écu entier, nous en parlerons à part.

V

Enfin, il y a des différences qui appartiennent encore aux pièces honorables et qui sont presque des exceptions, sinon des irrégularités et des fantaisies. Nous allons les suivre dans leurs développements, dans l'ordre des grandes divisions de la science héraldique, d'après Palliot, Pierre-Sainte, La Colombière et les meilleurs blasonneurs.

*

LE CHEF

Le chef se voit quelquefois détaché du bord supérieur de l'écu par la couleur du champ qui le surmonte et le rétrécit du tiers de sa hauteur, ce qui l'a fait appeler *chef abaissé*, qu'il ne faut pas confondre avec *chef surmonté* : celui-ci est séparé du bord supérieur de l'écu par une autre couleur que celle du champ.

*

Il se voit aussi des chefs qui sont contigus, attachés en quelque sorte à d'autres pièces honorables, sans qu'aucun filet les sépare, et qui sont d'un seul et même émail, comme le *chef-barre*, le *chef-pal*, le *chef-chevron*. Les exemples en sont rares, ou plutôt particuliers. Ce sont des exceptions.

*

On voit encore dans quelques armoiries allemandes des chefs qui n'ont que les deux tiers de la partie supérieure que le chef occupe ordinairement dans l'écu. Palliot les nomme des *chefs-retraits*.

*

Quand le chef est retrait ou rétréci des deux tiers, et n'occupe plus que la troisième partie supérieure d'un chef ordinaire, on l'appelle *chef rompu*; on le trouve aux armes de quelques princes de la maison de Bourgogne.

*

Lorsque les deux tiers du chef sont au plus haut de l'écu, et que la troisième partie est d'un autre émail, on dit *chef soutenu*.

Christophe Juvénal des Ursins, marquis de Tresnel, portait : bandé d'argent et de gueules de six pièces, au chef d'argent à une rose de gueules pointée d'or, soutenu du même. — Les Ursins qui habitent Rome chargent la partie du chef qui est le soutenu, d'une anguille d'azur.

Si on voit des chefs de couleur, quand le champ de

l'écu est aussi de couleur, ces couleurs doivent être différentes, et en ce cas on l'appelle *chef cousu*; autrement les armes seraient fausses.

Comme le chef se pose sur l'écu, et qu'on ne met point régulièrement couleur sur couleur, ni métal sur métal, il arrive qu'en rognant pour ainsi dire l'écu par le haut, et en posant à la place de ce qu'on a ôté une autre pièce, on l'appelle chef cousu, et il garde la hauteur ordinaire du chef, c'est-à-dire qu'il doit occuper le tiers de l'écu.

208

René de Rovigo, porte : d'azur à un chevron d'or accompagné de deux molettes d'argent en chef, et en pointe d'un sabre de cavalerie de même; au chef cousu des ducs de l'Empire, qui est de gueules, semé d'étoiles d'argent sans nombre.

Les chefs cousus ont été fréquents, parce que les souverains ont souvent concédé leurs armoiries à des familles ou à des cités ; ces armoiries souveraines ont été posées en chef, et le métal s'est trouvé sur le métal, la couleur sur la couleur. Il y a des familles italiennes qui ont en chef une aigle de l'Empire d'Allemagne, de même que nos villes de France portaient en chef le blason du roi. C'est de là que la ville de Paris portait sous la royauté l'écu de France au-dessus de ses armoiries particulières.

Quand Napoléon rétablit la noblesse et renouvela les armoiries, il remplaça les fleurs de lis par les abeilles. Les chefs cousus se retrouvèrent pour les bonnes villes de l'Empire, ainsi que pour les grands dignitaires de l'Empire. Le prince DE TALLEYRAND portait : un chef cousu d'azur à l'aigle impériale ; CAMBACÉRÈS porte encore un chef d'azur semé d'abeilles d'or. Tous les ducs de l'Empire portent un chef de gueules semé d'étoiles d'argent. Nous avons déjà donné un exemple de ce genre d'armoiries aux armes *à enquerre* ; en voici un autre où le chef est aussi cousu :

Duc de Valmy, coupé de gueules et d'argent au chef cousu de gueules et semé d'étoiles d'argent; le gueules du coupé est chargé d'un croissant versé d'argent, et l'argent chargé de trois pointes de sinople surmontées de trois étoiles de gueules rangées.

*

LA FASCE

Il y a des armoiries singulières que l'on blasonne le mieux que l'on peut; l'usage les apprendra. On ne peut les reproduire dans un traité élémentaire. Ainsi il y a une fasce crénelée de trois pièces ajourées. Il y a une autre fasce dont Pierre-Sainte donne la figure : il l'appelle étrange; en effet, elle tient à une espèce de canton.

LE PAL

Le pal aussi a des bizarreries de blason. Comme cette pièce représente un pieu ou instrument de guerre pour ébranler les choses pesantes, c'est en armoiries une pièce fort honorable qui indique qu'on a mis fin à des entreprises difficiles et même impossibles. Parmi les diverses figures du pal, on peut citer un pal crénelé d'or, maçonné de sable et chargé d'un autre pal de même.

Le pal qui est aigu par le bas est appelé *pal fiché* ou *au pied fiché*.

210

De Ficquelmont, en Lorraine, porte : d'or à trois pals alaisés au pied fiché de gueules, surmontés d'un loup passant de sable.

Quand le pal est aigu des deux bouts, on le dit *aiguisé*.

Il y a des pals étranges, comme des pals flamboyants ou autres que l'usage apprendra.

LA BANDE

Outre les différences de la bande que nous avons décrites, il en est d'autres qui prennent des noms divers, selon la figure de chacune.

Ainsi la bande est dite *engoulée*, quand les deux extrémités entrent dans la gueule d'un lion, d'un dragon ou d'un léopard.

Les ducs de l'Infantadjo, en Espagne, portent : d'azur à la bande d'or, mouvante de deux têtes et gueules de lion de même, c'est-à-dire engoulée.

*

Une autre forme de la bande est appelée *crancelin*, c'est-à-dire que le crancelin ou partie de la couronne est posée en bande dans plusieurs armoiries allemandes.

211

Les ducs DE SAXE, portent : fascé d'or et de sable de huit pièces, au crancelin de sinople mis en bande sur le tout.

Le père Sylvestre blasonne : bande coticée de deux filets, celle que d'autres appellent bande chargée d'une autre bande.

*

Les armoiries de la Champagne forment une figure particulière de la bande, que Pierre-Sainte blasonne ainsi :

*

212

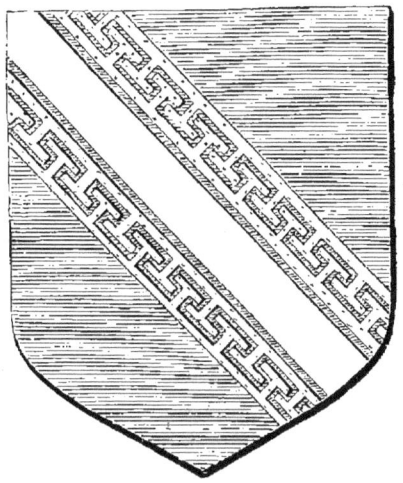

Champagne, porte : d'azur à une bande d'argent accompagnée de deux doubles cotices d'or potencées et contre-potencées de même de treize pièces.

C'est pourquoi quelques armoristes donnent le nom de *champagné* aux pièces chargées de potences enclavées les unes dans les autres.

LA BARRE

La barre a, par elle-même, une apparence vicieuse, dit le père Sylvestre Pierre-Sainte. Aussi ses différences ne sont-elles pas nombreuses, et comme elle sert de brisure pour les bâtards, nous en parlerons à ce chapitre.

VI

DES DIFFÉRENCES PARTICULIÈRES A LA CROIX ET AU CHEVRON

La croix et le chevron ont des différences si variées, et leur usage est si étendu, que nous devons leur consacrer quelque développement.

Outre que la croix simple, entière, celle qui se trouve seule dans un écu, peut être danchée, engreslée, eschiquetée, crénelée, ondée, etc., comme les autres pièces honorables, ainsi que nous l'avons exposé depuis le commencement de ce chapitre, — il y a aussi des différences spéciales, différentes entre elles-mêmes, dont nous allons donner quelques exemples.

*

La *Croix pattée* est celle dont les extrémités s'élargissent en forme de patte étendue aux quatre bords de l'écu :

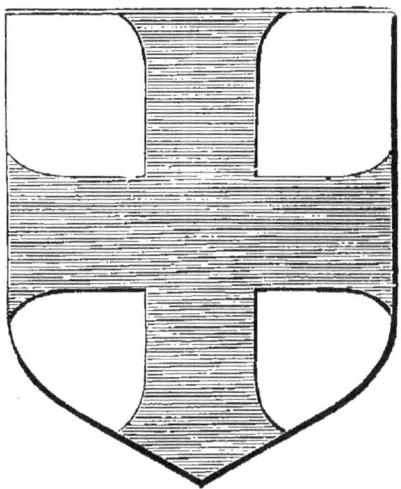

Argentré, porte : d'argent à la croix pattée d'azur.

La croix pattée est dite alisée quand, seule dans un écu, ses extrémités n'en touchent point les bords ; et si la croix pattée alisée a son extrémité basse finissant en pointe, on ajoute : au pied fiché.

*

La *Croix fleurettée*, fleurdelysée, tréflée ou fleuronnée, a plusieurs figures qui sont souvent confondues. La différence consiste dans l'espèce de fleuron, fleur de lys ou trèfle qui termine les branches de la croix. Quelques armoristes se servent indistinctement de ces trois dénominations pour la même figure; cependant il est mieux de les spécifier. — On appelle aussi la croix trèflée, croix de saint Lazare.

SAINT-MAURIS, en Bourgogne, porte : de gueules à la croix fleuronnée d'argent, au chef cousu d'azur chargé d'une aigle d'or.

Quand les extrémités ou bouts de croix sont tournés en forme de boules ou pommes, on dit que la croix est *pommetée*.

La *Croix resarcelée* est fort étroite, vuidée et accompagnée d'un filet du même émail que la croix, suivant

Pierre-Sainte. — Le Feron donne un exemple de croix resarcelée non vuidée.

La *Croix potencée* est celle qui a ses extrémités faites en potence double, ou selon la figure de la lettre T, comme la croix de Jérusalem que nous avons montrée ci-devant aux armes de Godefroy de Bouillon, en parlant des armes à enquerre. — On peut voir aussi aux armes de Champagne des cotices potencées.

La *Croix bâtonnée* ressemble à un arbre dont les branches sont coupées.

La *Croix anillée, nillée,* ou de *moulin,* a de la ressemblance avec la croix ancrée; leur différence consiste en ce que la croix anillée est percée en carré dans le milieu, comme étant composée de deux anilles ou fers de moulin. — L'anille est une pièce de fer qui porte la meule tournante d'un moulin à farine qui se figure en armoiries : deux de ces pièces étant croisées font et composent la croix anillée ou nillée, dont les extrémités sont plus recourbées et sont percées ou vuidées dans le milieu de l'écu.

*

La *Croix alisée* ordinaire est celle qui ressemble à la croix simple, mais raccourcie et retraite aux quatre extrémités. Elle se met seule dans un écu. Quand elle est en nombre, elle ne s'appelle plus croix alisée, mais *croisette.*

Les *croisettes* sont, comme le mot l'indique, de petites croix. Les quatre petites croix qui accompagnent la croix potencée de Godefroy de Bouillon sont des croisettes.

Quand les bouts de la croisette sont croisés, on dit que la croisette est *recroisettée*; et quand les extrémités sont fleuronnées et au pied fiché, on l'indique. Ainsi :

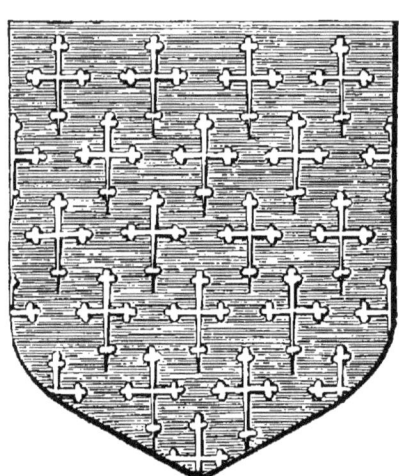

215

Commercy, portait : d'azur semé de croix pommetées au pied fiché d'argent.

La croix coupée ou alisée est quelquefois *abaissée*, comme dans l'exemple ci-dessous :

216

De Castelbajac, en Bigorre, porte : d'azur à la croix d'argent, abaissée en pointe sous trois fleurs de lys d'or.

*

La *Croix ancrée* est celle dont les extrémités, ne touchant pas les bords de l'écu, se terminent en forme d'ancre.

De Grente, en Normandie, porte : fascé d'argent et d'azur à la croix ancrée de gueules brochant sur le tout.

De Groisseliers, seigneur d'Omesmont : de sable à une croix ancrée d'argent.

Aubusson : d'or à la croix ancrée de gueules.

La *Croix de Lorraine* est double et unie ; c'est celle qui est suspendue au cou des deux aigles qui supportent les armes des ducs de Lorraine. On la retrouve dans des armoiries particulières.

Ainsi :

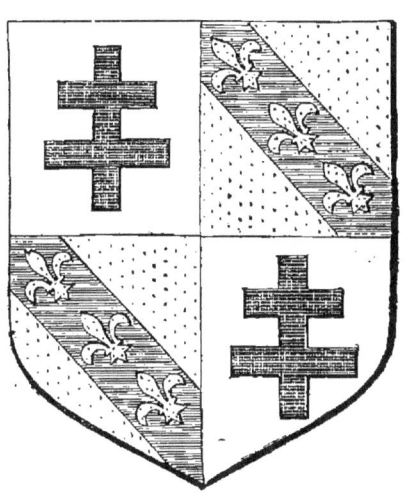
219

Bouqueval : d'argent à la croix de Lorraine de sable, écartelé d'or à la bande d'azur, chargée de trois fleurs de lys d'or.

Cette croix, dans La Colombière, a le haut plus petit que le bas.

La *Croix patriarcale* ou de *patriarche* est double, comme celle de Lorraine; mais elle est tréflée par le haut et des deux côtés.

Il y a une croix qui est dite *de Toulouse*, parce que les comtes de Toulouse et leurs alliés la portaient dans leurs armes; elle est vuidée, clechée, pattée et pommetée.

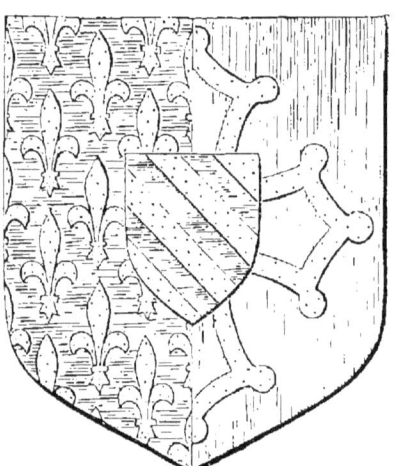

Adhémar, porte : de France party de Toulouse; sur le tout d'Adhémar qui est d'or à trois bandes d'azur.

*

La *Croix gringolée* s'entend lorsque des bouts de la croix il sort des têtes de serpents qui la terminent en façon d'ancre.

La *Croix fourchettée* est celle dont les bouts se terminent en fer de fourchette, dont les mousquetaires se servaient pour supporter leurs mousquets.

*

La *Croix de Saint-Antoine* ou *Tau* est une espèce de croix potencée dont on a retranché la partie qui est au-dessus de la traverse. Cette croix se trouve dans les blasons des commandeurs de l'ordre de Saint-Antoine, ce qui fait que l'on croit que c'est le dessus d'une crosse grecque, et qu'on ne l'a mise sur son habit que pour faire voir qu'on était abbé. Il y en a pourtant qui veulent que le tau soit une potence d'estropié, ce qui convient à cet ordre qui était hospitalier.

*

Il y a des *ombres de croix* que l'on fait de couleur enfumée, afin qu'on puisse voir à travers un peu obscurément. On les simule, dans la gravure, par un trait fort léger.

*

210   NOUVEAU TRAITÉ DE BLASON.

La *Croix de Saint-André* est le *sautoir* que La Colombière range au nombre des croix, et dont nous allons parler.

VII

LE SAUTOIR

Les différences que nous avons exposées ci-dessus pour les autres pièces honorables s'appliquent au sautoir. En outre, quelques armoristes figurent des sautoirs vuidés, fleuronnés et bâtonnés comme pour les croix, sans donner cependant d'exemple. Mais on trouve souvent le *sautoir ancré*, qui est celui dont les extrémités sont terminées en forme d'ancre.

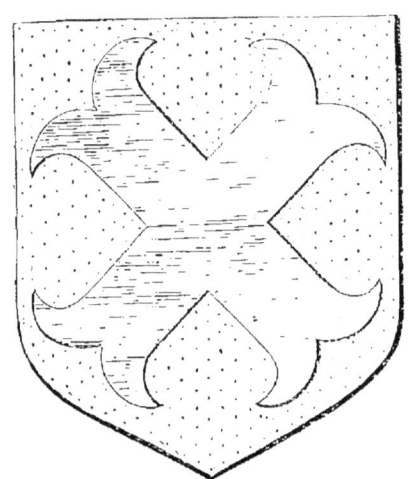

De Broglie, porte : d'or à la croix ancrée en sautoir d'azur.

Le sautoir est aussi alaisé ou raccourci. Il s'emploie souvent en Espagne, et charge les bordures de l'écu :

Cifuentes, porte : d'argent à cinq mouchetures d'hermine à la bordure de gueules chargée de huit sautoirs alaisés d'or.

Il y a des sautoirs alaisés d'une façon particulière, qu'on appelle *coupés*.

Quand le sautoir est diminué, on l'appelle un *flanchis*. Ce flanchis est ainsi un diminutif du sautoir, comme la cotice l'est de la bande.

VIII

LE CHEVRON

Le chevron a des différences particulières outre celles qui lui sont communes avec les autres pièces honorables ; comme elles, il est party, componé, vuidé, dentelé, engreslé, échiqueté, etc.

Nous allons parler du chevron abaissé, rompu, coupé, brisé ou éclaté, versé ou renversé, couché, tourné et contourné, appointé, écimé, ployé.

*

Le *Chevron abaissé* est celui dont la pointe est éloignée du bord d'en haut de l'écu, et comme mis plus bas que son assiette ordinaire, c'est-à-dire dont la pointe ne va guère qu'au tiers de l'écu.

*

Le chevron est *coupé* de plusieurs façons : il est coupé quand les deux parties du bas ne touchent pas les bords de l'écu, mais, en ce cas, il est dit plutôt alaisé ou raccourci ; il est aussi coupé quand la pointe est coupée, et n'arrive pas jusqu'au bord en haut de l'écu.

*

Le *Chevron rompu* est celui qui est de deux pièces séparées; on doit spécifier l'endroit où il est rompu, si c'est en pointe ou aux côtés.

*

Le *Chevron brisé* ou *éclaté* se dit du chevron rompu dont la pointe en haut est fendue, en sorte que les pointes ne se touchent que par leurs angles.

*

Lorsqu'il a la pointe en bas, c'est-à-dire quand la pointe regarde le bas de l'écu, on dit *Chevron versé* ou *renversé*.

*

Le *Chevron couché* est *tourné* quand la pointe regarde le côté droit de l'écu. Le chevron *couché* est *contourné* quand la pointe regarde le côté gauche de l'écu. Quand deux chevrons couchés ont leurs pointes se rencontrant au cœur de l'écu, on les dit *couchés-appointés*; on se sert aussi de ce terme appointé pour dire que l'un est versé et l'autre abaissé.

*

Le *Chevron écimé* est celui dont la pointe est coupée, c'est un synonyme de coupé. Mais le plus souvent le chevron écimé est celui qui, dans le nombre de chevrons dont un écu est rempli, est nécessairement coupé par sa position en haut de l'écu. Ainsi :

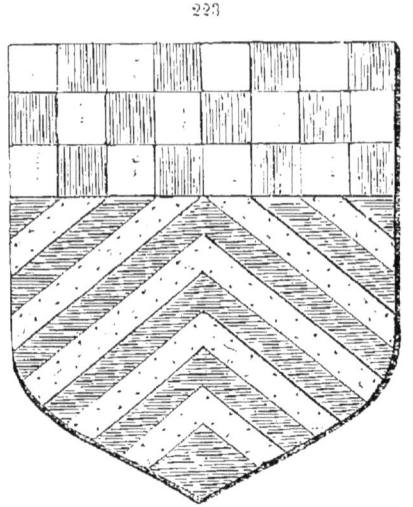

229

D'Épinal, portait : d'azur à cinq chevrons d'or, les deux premiers écimés, au chef échiqueté de gueules et d'argent.

*

Il y a le *chevron vuidé*, comme nous avons vu la croix ; c'est comme un chevron chargé d'un autre chevron.

*

Le *Chevron ployé* est celui dont les lignes sont courbes.

IX

Les pièces honorables ordinaires sont souvent, très-souvent, chargées et accompagnées d'autres pièces.

Avant de parler de ces autres pièces ou meubles, nous devons dire de quels mots on se sert pour les blasonner conjointement ou séparément avec les grandes pièces honorables ordinaires; quand ces autres pièces sont dessus ou autour desdites grandes pièces.

Ainsi, quand on voit sur le chef, la fasce, le pal, le chevron, le sautoir, la croix, etc., quelques animaux, astres, ou autres meubles, on les dit *chargées*. Ainsi :

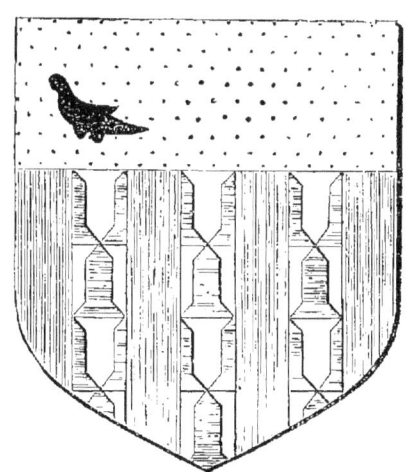

224

CHATILLON, portait : de gueules à trois pals de vair.

au chef d'or, chargé d'une merlette d'azur au devant.

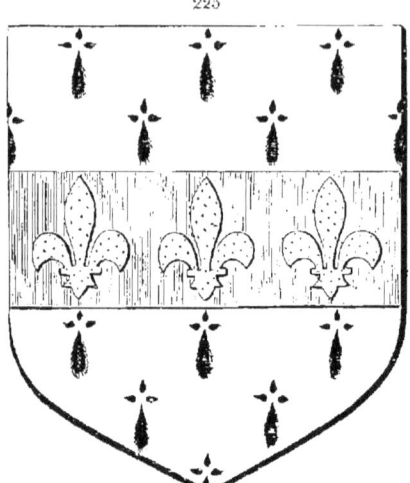

Acigné, en Bretagne : d'hermines à une fasce de gueules, chargée de trois fleurs de lys d'or.

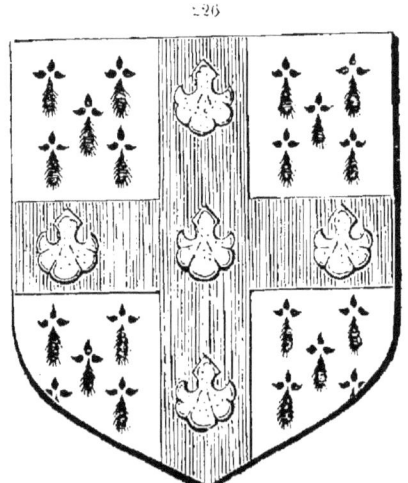

Flavi, portait : d'hermines à la croix de gueules chargée de cinq coquilles d'or.

Ainsi de toutes les autres pièces.

*

Si ces meubles sont à l'entour de ces pièces honorables et non sur elles, on dit ces dernières *accompagnées*. Ainsi :

227

Corneille : d'azur à la fasce d'or, chargée de trois têtes de lions de gueules, et accompagnée de trois étoiles d'argent posées deux en chef et une en pointe.

228

Aymeret de Gazeau, en Poitou, porte : d'azur au chevron d'or, accompagné de trois étoiles d'argent, deux en chef, une en pointe.

229

De Sarcus, porte : de gueules au sautoir d'argent accompagné de quatre merlettes de même.

Au lieu du mot accompagné, on dit *acosté* ou *cotoyé*, particulièrement à la bande et au pal :

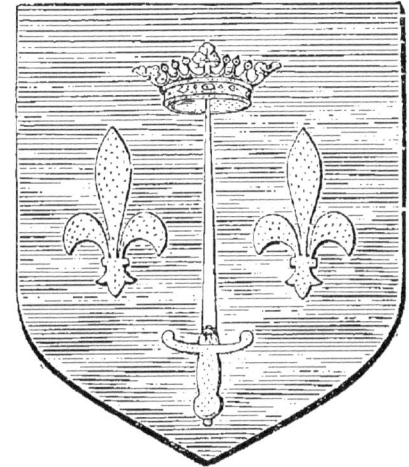

Jeanne d'Arc, et sa famille qui prit le nom du Lys, porte : d'azur à l'épée d'argent mise en pal, la garde d'or, surmontée d'une couronne et cotoyée de deux fleurs de lys de même.

Cantonné est un terme propre à la croix pleine, qui est environnée en ses quatre angles ou cantons de quelque meuble, animal, comme aux armes de Montmorency, ci-après.

220   NOUVEAU TRAITÉ DE BLASON.

Nous avons vu l'*endenté* ou *danché* s'appliquer aux chefs, aux fasces, aux croix et à toutes les pièces honorables; on le rencontre souvent aussi dans les grandes divisions ou partitions de l'écu. Ainsi, on dit *party-endenté*, *coupé-endenté*, *tranché*, *etc*. Les pointes sont plus courtes que les emmanchés.

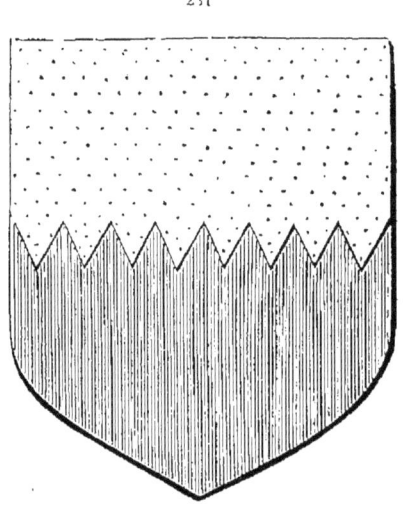

Pazzi, à Florence : coupé denté ou danché d'or et de gueules.

CHAPITRE IV

I

DES TIERCÉS

La ressemblance de quelques pièces avec le *tiercé*, comme du *pal* avec le *tiercé en pal*, de la *bande* avec le *tiercé en bande*, etc., pourrait causer une confusion.

Le *Tiercé* est la division de l'écu party, coupé, tranché et taillé de deux traits ou lignes, c'est-à-dire que les traits de ces divisions étant doublées, l'écu est divisé en trois parties égales.

Le tiercé s'exprime de deux manières. En blasonnant on dit : tiercé en pal, — tiercé en fasce, — tiercé en bande, — tiercé en chevron de…, et l'on énonce les émaux ; ou bien on dit : de tel émail, party de tel émail, tiercé de tel autre émail.

En voici un exemple :

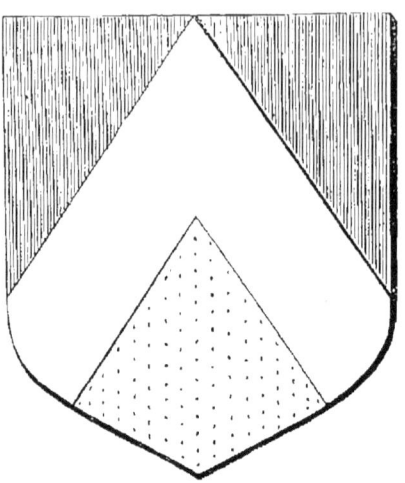

232

Braunen de Reichenberg, en Alsace, porte : tiercé en chevron de gueules, d'argent et d'or.

11

Il y a des figures dans l'art héraldique que la science des armoristes a de la peine à placer régulièrement. Nous venons de voir les tiercés, que l'on pourrait considérer comme une des divisions de l'écu, et placer dans la première partie de cet ouvrage, comme l'ont fait d'autres blasonneurs; il en est de même aussi de quelques figures, comme l'enclavé, l'emmanché, qui sont quelquefois inhérentes aux grandes divisions ou qui s'appliquent aux pièces et meubles, et qui souvent sont elles-mêmes des pièces et meubles d'armoiries.

*

ENCLAVÉ

Lorsque l'écu est coupé, tranché, party ou taillé, et que l'une des portions entre et s'enclave dans l'autre en forme de carré, on dit *enclavé*. C'est comme un des créneaux du bretessé.

ENTÉ, NÉBULÉ, NUAGE

Nous avons vu aux pièces honorables des figures de l'enté et du nébulé. L'*enté* se trouve aussi dans des armoiries comme une division de l'écu. Ainsi :

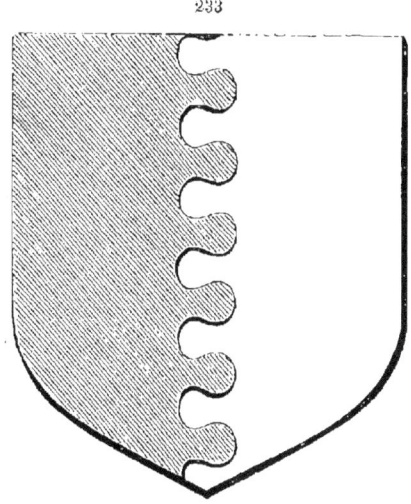
233

Tribéniapoli, à Venise, porte : party-enté de sinople et d'argent.

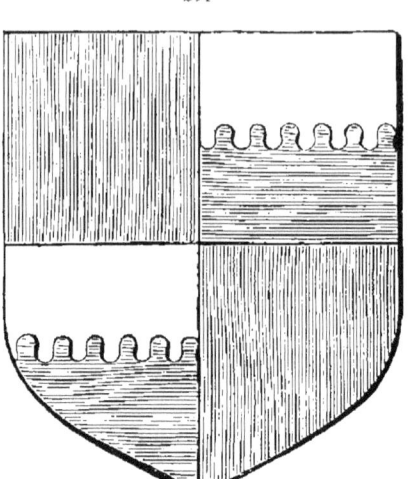

Passavant, porte : écartelé aux 1 et 4 de gueules plein, aux 2 et 3 coupé-enté d'argent et d'azur de six pièces.

*

Le nuagé va plus en ondes.

L'EMMANCHÉ

Les *emmanches* sont des pointes longues et égales de métal et de couleur l'une dans l'autre, qui se mettent, selon le trait des quatre divisions ou partitions de l'écu.

On dit : *party-emmanché, coupé-emmanché, tranché-emmanché*, et *taillé-emmanché*. On spécifie ordinairement le nombre des pointes. Ainsi :

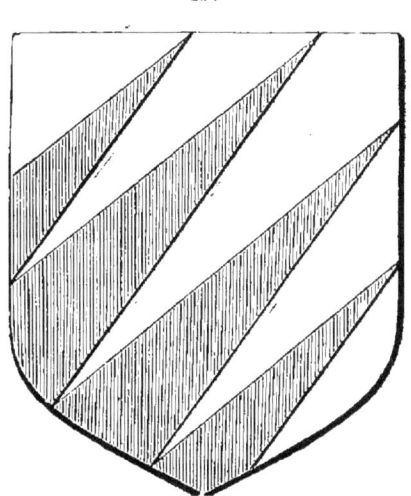

235

Montmiral, porte : tranché-emmanché d'argent et de gueules.

Palliot dit que l'emmanché est une espèce d'endenté, mais aux dents plus massives, plus courtes que l'endenté ordinaire, et tournées les unes en haut et les autres en bas, coupant le champ en deux moitiés, parfois la pièce basse servant de champ et la haute de chef. Bara dit que « les emmanches sont deux pointes en une entière et deux demies opposites, » qui font l'écu entier. S'il y en a davantage on les spécifie, on indique le nombre de pointes. Palliot pense que ce mot *emmanché* est dérivé par similitude de ce que nous disons emmancher une cognée ou un marteau, et qu'en armoiries les emmanches sont des pointes proportionnées en forme de dents, qui occupent le tiers de l'écu chacune au milieu, et qu'on emmanche comme si l'on joignait les doigts des mains.

On voit, d'après Palliot, Bara, Pierre-Sainte, Segoing et autres armoristes, que l'emmanché est souvent pris pour variété dans les divisions de l'écu. Il y a aussi des chefs, des fasces emmanchés ; en voici un exemple :

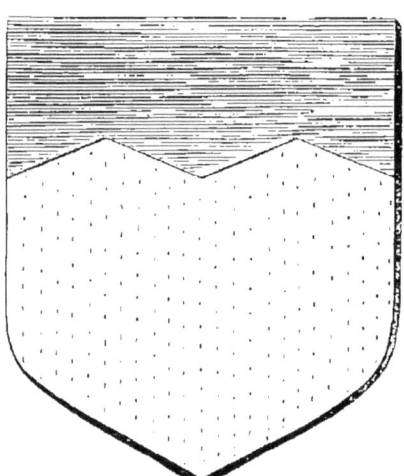

236

Rotier Villefargeau, porte : d'or au chef emmanché d'azur.

*

LES DENTS, LES POINTES, LE POINTÉ,
L'EMBRASÉ

Ces figures ont une grande connexité entre elles.

Pierre-Sainte, après l'endenté et l'emmanché, donne les figures de quelques armoiries dont les dents viennent jusqu'aux deux tiers de l'écu ; mais ce qu'il appelle *grandes dents* n'est que l'emmanché de Palliot.

Ainsi, l'un blasonne : ZANDT, au Rhin, *emmanché de sable et d'argent de deux pièces et une demie à droite;* l'autre, *denté de sable et d'argent de deux dents et deux demies;* ce qui est la même chose.

*

La *Pointe,* avons-nous dit au livre premier, est considérée par Palliot comme une pièce de blason, et non comme une des divisions de l'écu. Ce que d'autres appellent emmanchés, il l'appelle pointes.

Cependant il y a des pointes qui sont des pièces ou meubles, et sur lesquelles il n'y a pas confusion. En voici un exemple :

237

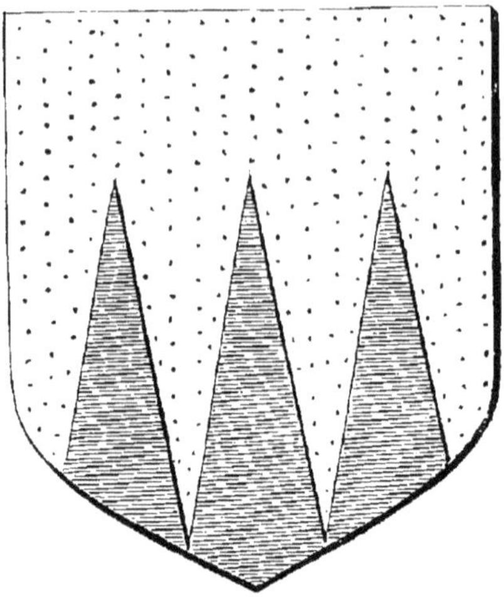

De Fumel, dont un évêque de Lodève, aux États du Languedoc en 1765, porte : d'or à trois pointes d'azur mouvantes du bas de l'écu.

∗

Le *Pointé* se dit des pointes en nombre qui remplissent l'écu, mouvantes de trois côtés pour aboutir ensemble à un flanc.

∗

L'*Embrasé*, selon Palliot, est comme une espèce de pointe couchée, mais avec cette différence que la pointe charge le champ, et celle-ci est formée d'un trait tranché naissant de l'angle droit du chef jusqu'au milieu du flanc sénestre, d'où part un autre trait taillé qui revient à l'angle droit et fait le champ qui est dit *embrasé* de la couleur du reste de l'écu.

*

Il y a une espèce d'emmanchure que Pierre-Sainte et d'autres armoristes placent aux partitions de l'écu : c'est l'*enchaussé*, dont nous avons parlé à la fin du livre premier.

CHAPITRE V

La science héraldique a voulu établir des divisions que l'usage n'a pas ratifiées. Ainsi nous avons exposé tout ce qui se rapporte aux grandes pièces honorables ordinaires, qui sont le chef, la fasce, le pal, la bande, la barre, le chevron, la croix et le sautoir.

Il en est d'autres que l'on appelle *moindres pièces honorables* ou de second ordre, mais cette division n'est pas généralement adoptée. Ainsi, quelques auteurs placent au nombre des pièces moindres, la fasce en devise, les cotices, les burelles et les emmanches, dont nous avons parlé précédemment.

Mais nous suivons les meilleurs maîtres et nous ne rangeons, au nombre des pièces de second ordre, que les suivantes : les jumelles, — les tierces, — les frettes, — les ottelles, — les échiquiers, — les lozanges, — les fusées ou fuseaux, — les macles, — les rustres, — les billettes, — les besans, — les tourteaux, — l'orle, — et le trescheur. — Nous exposerons chacune d'elles en particulier.

*

LES JUMELLES

Les *Jumelles* sont deux lignes ou filets parallèles, qui laissent autant d'espace entre elles que chacune d'elles en contient; leur disposition est ordinairement selon le trait de la fasce et leur nombre de trois. Les voici :

238

BARBEY : de gueules à trois jumelles d'argent, à la bordure de même.

*

LES TIERCES

Les *Tierces* sont de même largeur que les jumelles; il n'y a entre elles aucune différence, sinon que les tierces ont trois filets et les jumelles deux.

Les tierces se mettent quelquefois en bande ou en

sautoir, ce qui ne permet pas de dire qu'elles sont des fasces en devise diminuées.

*

LES FRETTES, LE FRETTÉ, LE TREILLIS

Les *Frettes* sont des espèces de bâtons enlacés les uns dans les autres. C'est comme qui dirait coticé et recoticé, quand les cotices, au nombre de six et plus, sont mises en bande et en barre, traversées les unes par les autres; en un mot, c'est un vrai treillis fait en lozange.

Les frettes sont au nombre des six ordinairement, et l'on dit simplement *fretté*. Cependant il y a des armoiries où les frettes sont en plus grand nombre.

239

Plorec, porte : d'hermines fretté d'azur.

Les frettes sont plus ou moins larges; c'est une affaire d'artiste.

On rencontre des pièces honorables chargées de frettes. Il y a des chefs, des fasces, des croix frettés.

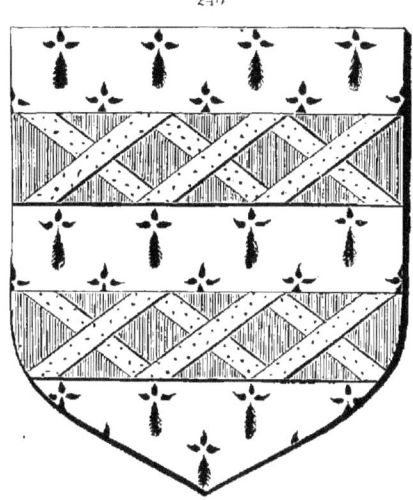
240

Saint-Marcou, porte : d'hermines à deux fasces de gueules frettées d'or.

Il y a des frettes qui sont clouées aux endroits où elles se joignent, et alors il faut les désigner : *clouées de tel émail*. Ce genre de frette se nomme plus proprement *treillis*. Il y a des treillis qui sont carrés; il faut les spécifier en blasonnant.

*

Les *Ottelles* sont regardées communément comme des *amandes pelées*. Elles sont pour ainsi dire spéciales à la maison de Cominges, dont un des ancêtres, s'étant converti à la foi, prit des amandes ou ottelles pour corps de ses armes et de sa devise, dont la lettre était : *En croissant nous amendons*. Voici ces armes :

COMINGES, porte : de gueules à quatre ottelles d'argent mises en sautoir.

LES ÉCHIQUIERS

Lorsque l'écu est entièrement rempli de quartiers de métal et de couleur, ainsi qu'un tablier ou échiquier à jouer, on dit qu'il est *échiqueté, eschiqueté* ou *eschiqué*.

La figure carrée, dit La Colombière, est le symbole de la sagesse. Comme les anciens avaient coutume de peindre la Fortune sur une boule, ils posaient la sagesse sur une pierre carrée, voulant par là donner à entendre que celle-là est mobile et celle-ci ferme, stable et constante. Par la figure et la taille carrée, on représente aussi la vérité, la probité, la constance, l'équité; d'où vient que pour dénoter un homme de bien et vertueux, on dit qu'il est carré, car de quelque côté qu'on tourne la figure carrée, elle demeure toujours droite.

De ces figures carrées, il y en a plusieurs sortes qui entrent dans les armoiries. — La plus ordinaire est l'échiqueté qui, par une double raison, est une des plus nobles et des plus anciennes marques de noblesse. Un échiquier représente aussi un champ de bataille, et les deux espèces d'émaux sont celles des deux armées en présence. Le jeu des échecs, de son côté, étant un jeu par excellence, et son ordonnance ayant été souvent comparée à la marche des affaires de l'État, il est devenu le symbole de l'ordre, dans sa représentation mystérieuse. C'est de là que les Normands ont donné ce nom à leurs parlements, pour dire que dans cette assemblée toutes choses étaient établies et résolues selon l'équité. Le nom de Chancelier de l'Échiquier est resté à un ministre d'État en Angleterre.

Nous allons donner plusieurs figures d'échiqueté.

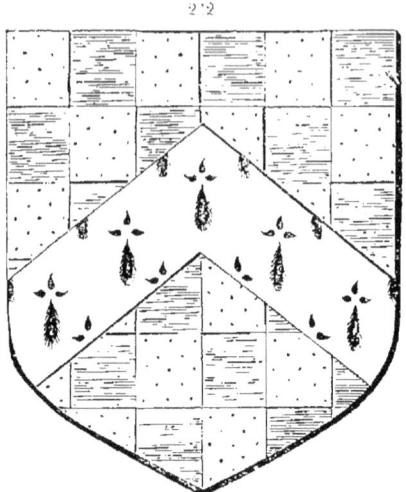

Neubourg, porte : échiqueté d'or et d'azur au chevron d'hermines sur le tout.

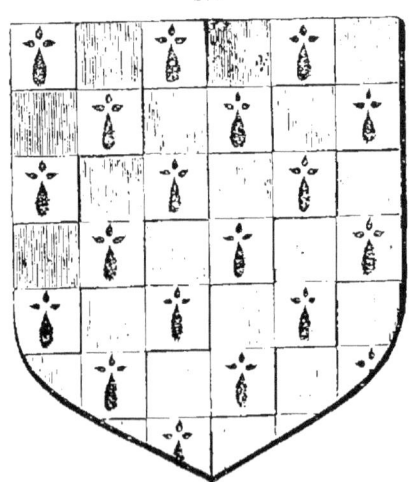

Mareuil, en Bretagne, porte : échiqueté d'hermines et de gueules.

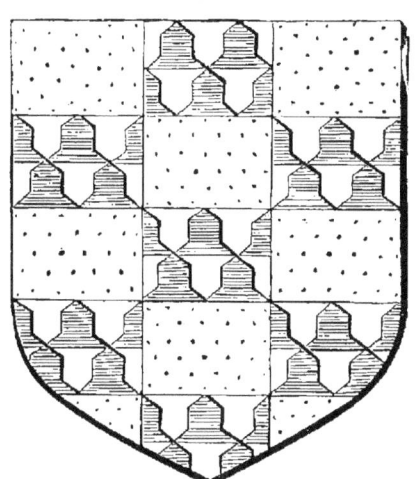

Vélasquez : échiqueté d'or et de vair de quinze traits.

Quarré de Verneuil, en Bourgogne : échiqueté d'argent et d'azur, au chef d'or chargé d'un lion léopardé de sable.

Nous avons vu, au commencement du chapitre III du livre II, que les pièces honorables ordinaires étaient échiquetées, et nous avons donné pour exemple les armes d'Ailly-Péquigny.

On ne voit pas seulement les écus et les pièces honorables échiquetés, mais encore des animaux.

*

DES POINTS ÉQUIPOLLÉS

L'échiqueté est ordinairement de six traits, avons-nous dit en commençant ; lorsqu'il y en a moins, il faut le spécifier, comme nous l'avons fait pour Vélasquez.

En blasonnant on commence par le métal ou la couleur du premier carré de l'angle droit.

Il faut remarquer que lorsqu'il n'y a que neuf carrés en l'écu, savoir : cinq de métal et quatre de couleur, ou le contraire, on doit dire *points équipollés*, de la manière suivante :

246

De Brienne, porte : cinq points de gueules équipollés à quatre d'hermines.

Ce qui se doit dire de toutes les armes où se trouve pareil nombre de carrés, en observant la différence de l'émail.

*

DES LOZANGES

C'est une figure quadrangulaire un peu plus longue en sa hauteur qu'en sa largeur. La figure seule des *lozanges* les fera assez connaître. En les blasonnant il faut indiquer leur nombre, leur émail et leur situation.

Elles se mettent en bande, en fasce, en pal, en sautoir; ce que l'on spécifie, aussi bien que le nombre des lozanges qui se mettent suivant le trait desdites pièces. Il s'en peut trouver jusqu'à seize dans un écu.

La lozange diffère de la fusée en ce qu'elle est moins aiguë par les bouts; elle diffère aussi des macles et des rustres en ce qu'elle est pleine et sans ouverture, si bien que l'on ne voit pas la partie du champ qui est dessous, tandis que les autres sont ouverts, comme on le verra plus loin.

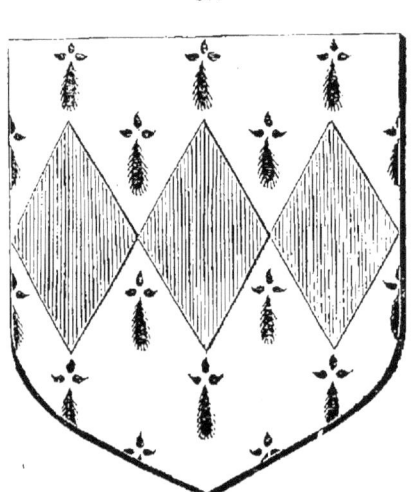

DE GAROT : d'hermines à trois lozanges de gueules, mises en fasce.

Burgi, en Angleterre, porte : de gueules à sept lozanges de vair, 3, 3, 1.

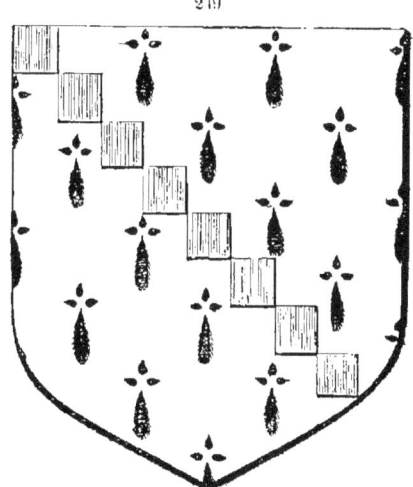

Coatevez, en Bretagne, porte : d'hermines à huit lozanges de gueules rangées en bande, ou bien, à la bande de huit lozanges de gueules.

Quand l'écu est tout garni de lozanges, on le dit *lozangé*. Ainsi :

De Lignéville, comte d'Autricourt, dont M. le comte de Lignéville, mort en Crimée, 1855, porte : lozangé d'or et de sable.

Leschassier, porte aussi : lozangé d'or et de sable.

Remarquez qu'en blasonnant on nomme toujours l'émail du dessus le premier, et cet émail est ordinairement de métal.

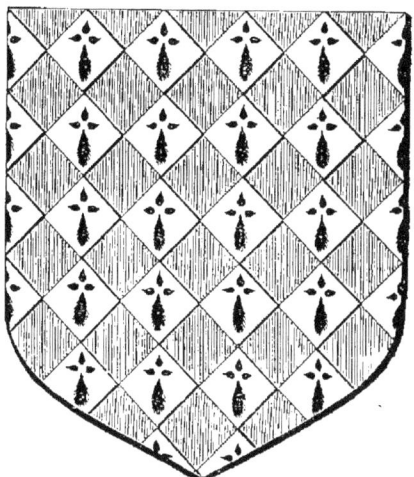

Marzen, porte : lozangé d'hermines et de gueules.

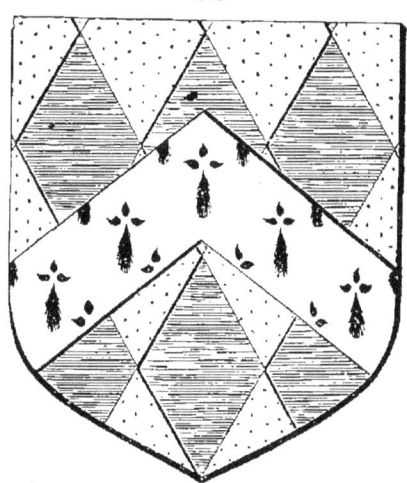

De Beaumont, porte : lozangé d'or et d'azur à un chevron d'hermines.

244   NOUVEAU TRAITÉ DE BLASON.

WAINFLETTE, en Angleterre, porte : lozangé d'hermines et de sable au chef de sable.

Il y a des chefs, des bandes, des chevrons lozangés.

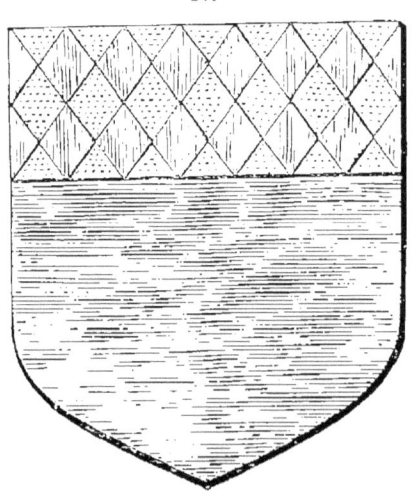

De Fougères, vicomte d'Oin : d'azur au chef lozangé de gueules et d'or.

Les lozanges des armes ci-dessus sont toutes de la même disposition, c'est-à-dire droites et comme mises en pal. Mais on en voit un peu couchées selon le trait de la bande, et on dit alors *lozangé en bande*.

*

DES FUSÉES ET DU FUSELÉ

Les *Fusées* sont ainsi nommées pour leur ressemblance avec les fuseaux à filer. Leur figure est plus longue, plus étroite que les lozanges et leurs flancs moins aigus. Au reste, elles ont les mêmes règles, différences et blason que les lozanges.

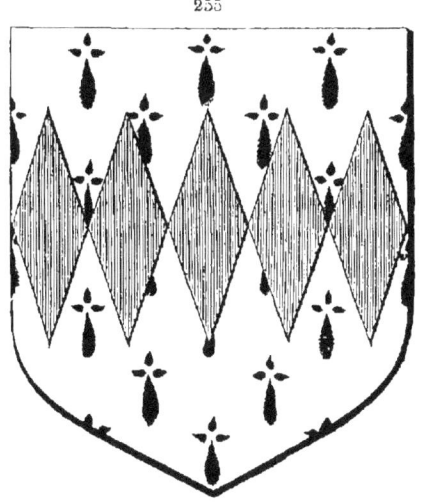

255

Worn, en Belgique, porte : d'hermines à cinq fusées de gueules rangées en fasce.

Les fusées qui sont mises en fasce sont souvent dites simplement *rangées*, quand elles sont côte à côte et occupent le milieu de l'écu. On se sert aussi de ce mot *rangé* pour spécifier d'autres pièces et meubles d'armoiries, mises de la même façon.

Quand les fusées sont mises en bande, elles sont toujours droites, à plomb et non couchées, et ce mot *en bande* n'est que pour exprimer leur disposition.

Quand l'écu est entièrement rempli de fusées, on le dit *fuselé*.

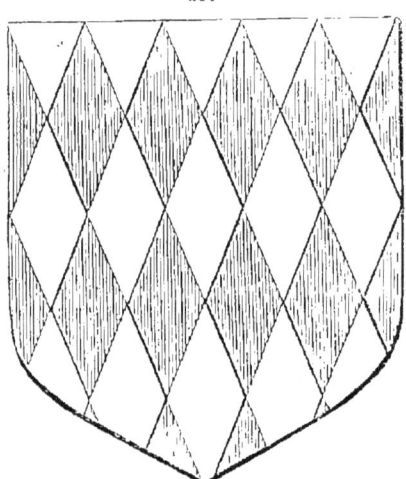

256

GRIMALDI-MONACO, duc DE VALENTINOIS : fuselé d'argent et de gueules.

Lorsque les fusées d'un seul rang, comme dans les armes de Worn ci-dessus, sont mises en fasce ou en bande, on nomme aussi lesdites pièces *fuselées*, en ajoutant *de tant de pièces*, pour faire différence avec le *fuselé* ordinaire, qui est lorsque l'écu est rempli également de fusées de métal et de couleur.

Les armoristes font les fusées et les fuseaux synonymes. Cependant, un auteur estimé, Segoing, dit que les fuseaux sont plus longuets et de la même figure que ceux dont on se sert à filer, c'est-à-dire que leurs flancs sont légèrement arrondis.

Quand le fuselé est penché selon le trait de la bande, on le spécifie. Ainsi :

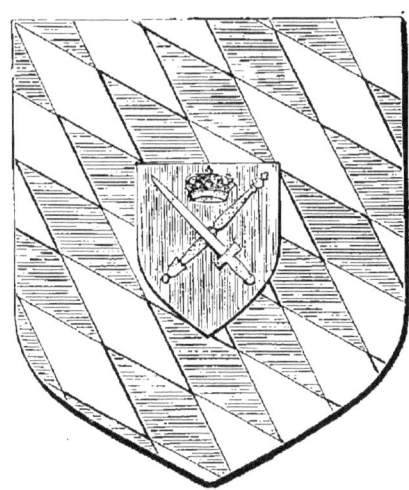

Le roi DE BAVIÈRE, porte : fuselé en bande d'argent

et d'azur, chargé en cœur d'un écu de gueules à une épée d'argent garnie d'or, et un sceptre de même passés en sautoir, surmontés d'une couronne royale aussi d'or.

La fusée ou fuseau, dit La Colombière, est un symbole de droiture, de prudence et d'équité. C'est par le fil du fuseau qu'on règle et qu'on mesure les choses qu'on désire être droites. Aussi cette figure a-t-elle souvent servi aux armoiries de ceux qui ont amassé beaucoup de biens, et sont devenus riches par voies droites, et non par jeux et banques; car le jeu, la banque, étaient un métier déshonorant qui faisait déchoir de noblesse.

* *

DES MACLES ET DES RUSTRES

Nous plaçons ces deux pièces sous le même titre, parce que le blason et la figure n'ont d'autre différence, sinon que les *Macles* sont percées ou vuidées selon leur trait qui est en lozange, et les *Rustres* sont percées en rond.

Quelques armoristes les blasonnent des *lozanges percées*.

Quant aux rustres, elles ne se rencontrent guère en armoiries.

Belgrav, en Angleterre, porte : de gueules au chevron d'hermines, accompagné de trois macles d'argent.

Ferrers, en Angleterre, porte : de gueules à sept

macles d'argent, au franc-canton d'hermines brochant. — Remarquez qu'on dit *sept macles*, et qu'on n'en voit que six, parce que le franc-canton en cache une.

Rohan, porte : de gueules à dix macles d'or, mises en pal, 4 entre deux 3.

Tous les princes de la maison de Rohan n'ont pas porté dix macles, mais neuf, rangées 3. 3. 3. Pierre-Sainte et plusieurs manuscrits nous ont servi de modèle pour la figure ci-dessus.

DES BILLETTES ET DU BILLETÉ

La plupart des auteurs qui ont écrit sur le blason, ont pensé que les *billettes* sont des *briques*, et leur opinion est basée sur la figure même de cette espèce d'armoiries qui est carrée et oblongue.

261

Beaumanoir, porte : d'azur à dix billettes d'argent mises en pal, 4 entre deux 3. — Nous avons trouvé des figures de cette armoirie où les billettes sont placées de plusieurs autres manières. Ainsi, Beaumanoir porte, suivant Pierre-Sainte : d'azur à onze billettes d'argent, posées, 4. 3. 4.

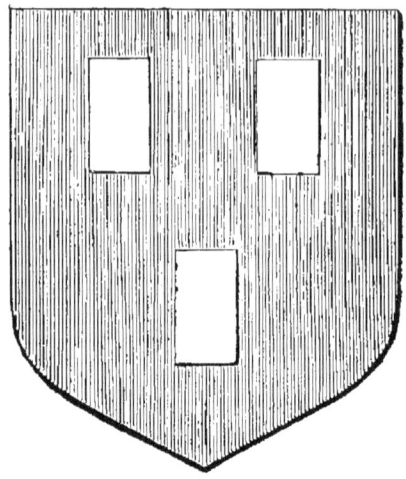

Billy, porte : de gueules à trois billettes d'argent.

Jean Abraham, s^r de Millancourt : d'argent à la fasce de sable, accompagnée de six billettes de même.

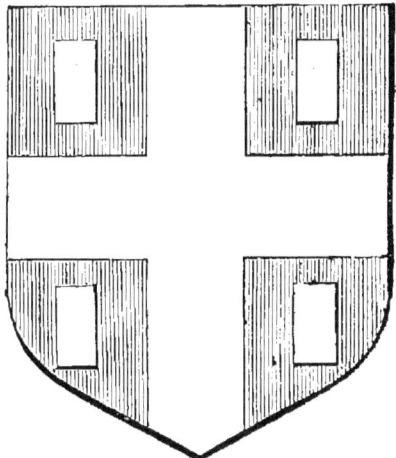

264

De Bemont, porte : de gueules, à une croix d'argent cantonnée de quatre billettes de même.

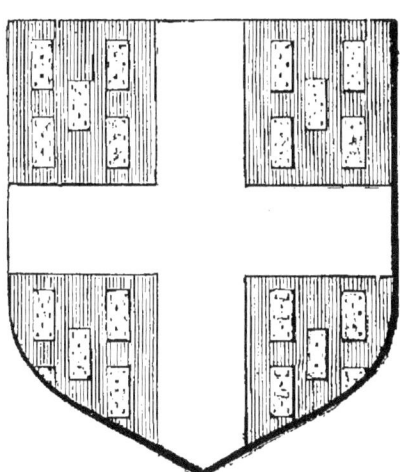

265

D'Autel, en Lorraine, portait : de gueules, à une

254 NOUVEAU TRAITÉ DE BLASON.

croix d'argent cantonnée de vingt billettes d'or.

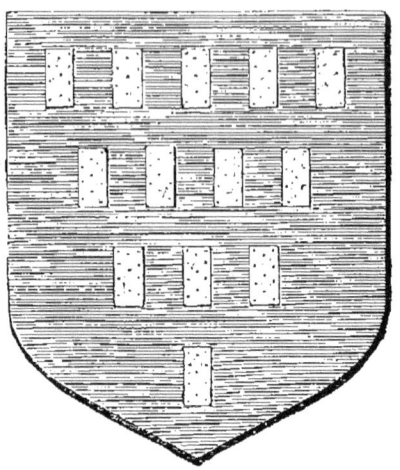

Des Buchet, porte : d'azur à treize billettes d'or, posées 5, 4, 3, 1.

Lorsque le champ ou fond de l'écu est rempli de billettes, on le dit *billeté* ou *semé de billettes*.

L'origine de cette figure d'armoirie est qu'autrefois on se servait de pièces d'étoffes d'or, d'argent ou de couleur que l'on cousait par intervalles sur les habits pour leur servir d'ornement : on les a transportées depuis sur les écus.

Saint-Julien, porte : de sable semé de billettes d'or, au lion de même.

Valenciennes, porte : de sinople, semé de billettes

d'or, au lion de même. — On peut blasonner différemment et dire : de sinople billeté d'or, au lion de même.

La disposition des billettes est droite et à plomb, comme dans les exemples que nous venons de donner ; mais on trouve quelques armoiries où elles sont placées en travers et couchées.

Il y a des billettes qui sont posées jointes entre elles, ou dont les angles ne sont pas droits. Quelques armoristes placent aussi sous le titre des billettes plusieurs figures qui s'y rapportent, comme les dés à jouer et les briques. Mais ce sont des exceptions ou des figures particulières à trois ou quatre familles; l'usage les apprendra.

*

DES BESANS ET DES TOURTEAUX

Les *Besans* et les *Tourteaux* se placent sous le même titre, parce que leur figure et leur blason sont pareils. Leur seule différence est dans l'émail. Les besans sont toujours de métal ; les tourteaux sont toujours de couleur.

Ce mot vient de la monnaie d'or appelée besant à Constantinople ou Bysance. Au retour des croisades, les chevaliers en mirent sur leurs écus pour faire connaître qu'ils avaient fait le voyage de la Terre Sainte.

269

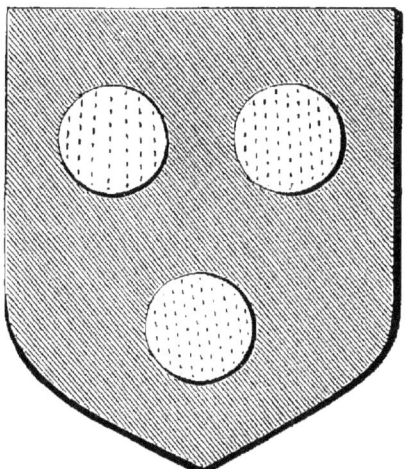

Guillerville, porte : de sinople à trois besans d'or, 2, 1.

270

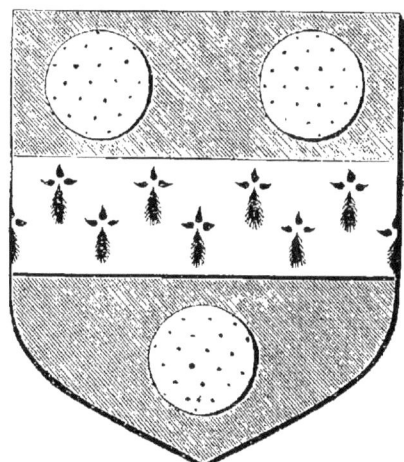

d'Antin, en Belgique : de sinople à la fasce d'hermines, accompagnée de trois besans d'or, deux en chef, un en pointe.

Lorsqu'un écu ou une pièce de l'écu est chargé ou semé de besans, on dit *besanté de...* — Les besans sont généralement de métal, d'or et d'argent, sans marque : nous connaissons cependant une armoirie où la figure de la lune se trouve marquée sur un besant d'argent. — On rencontre quelquefois des besans de fourrures de vair et d'hermines, mais ils sont rares.

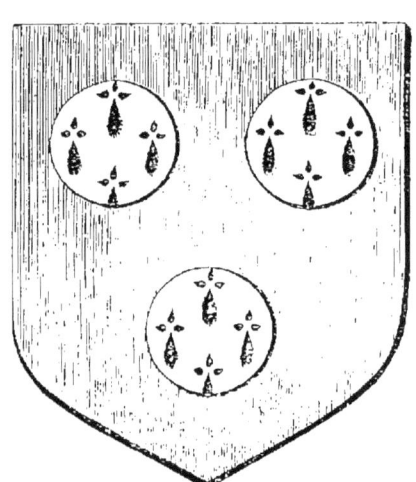

BODEGAT, en Bretagne, porte : de gueules à trois besans d'hermines.

272

Carbonel de Canisy, porte : coupé d'azur et de gueules à trois besans d'hermines, deux en chef, un en pointe.

Les tourteaux ressemblent tellement aux besans que le nom seul change par la différence de l'émail.

Ainsi :

Montesquiou, porte : d'or à deux tourteaux de gueules l'un sur l'autre, en pal. — Voyez page 13.

Il y a des tourteaux de gueules, d'azur, de sinople, de sable. Nous n'en avons rencontré qu'un ou deux de pourpre.

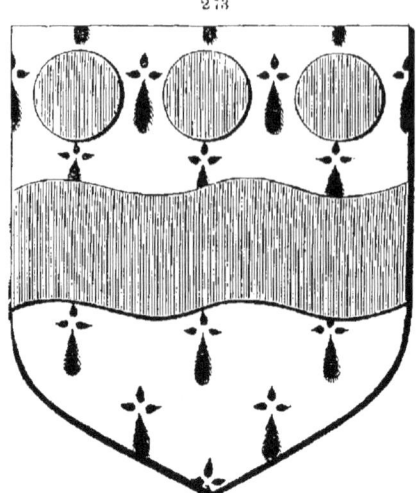

SILLY, porte : d'hermines à une fasce vivrée de gueules et trois tourteaux de même rangés en chef.

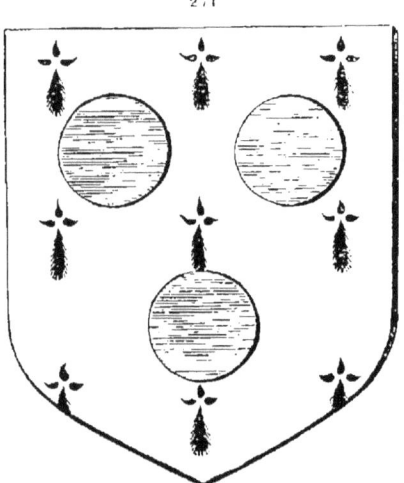

PETIT DU GENEST, en Touraine, porte : d'argent à

trois tourteaux d'azur, accompagnés de neuf mouchetures d'hermines, trois en chef, trois en fasce, trois en pointe.

Il y a des besans et des tourteaux chargés d'autres pièces; il y en a aussi de fascés, d'échiquetés. Enfin, lorsque ces pièces sont partyes de métal et de couleur, on les nomme *besans-tourteaux*, et quand elles sont partyes de couleur et de métal, on les nomme *tourteaux-besans*.

Quelques armoristes donnent aux tourteaux autant de noms particuliers qu'il y a de couleurs, et les nomment, savoir : les tourte au de gueules, — *guses;* ceux d'azur, — *heurtes;* ceux de sinople, — *pommes* ou *volets;* ceux de pourpre, — *gulpes;* ceux de sable, *ogoësses*. Mais ces termes se pratiquent fort rarement, et on se sert de celui de tourteaux à toutes les couleurs indifféremment.

La Colombière appelle les besans d'hermines des besans-tourteaux.

*

DE L'ORLE

L'*Orle* est un filet d'une largeur convenable et d'un

émail différent de l'écu, qui suit les bords de l'écu sans les toucher.

CHARLOT, en Picardie, porte : d'argent à l'orle d'azur.

Quelques armoristes ont mis au rang des orles quelques gros anneaux. Mais il est un genre d'orle que l'on trouve dans un nombre considérable d'armoiries. Cet orle est un composé de pièces distantes les unes des autres à l'entour de l'écu, et qu'on appelle alors *mises en orle*.

Nous en avons déjà rencontré des exemples. Nous allons en mettre un nouveau sous les yeux du lecteur :

276

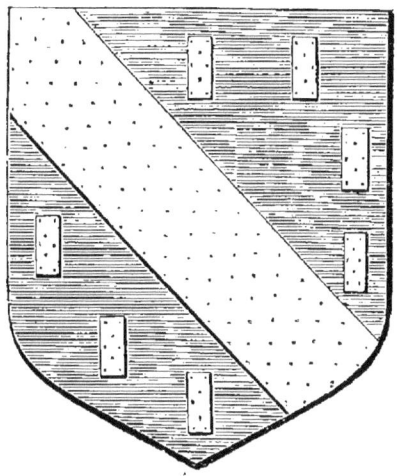

Chastellux, seigneur de Beauvoir et d'Avallon, en Bourgogne, porte : d'azur à la bande d'or, accompagnée de sept billettes de même posées en orle.

*

DU TRESCHEUR

Le *Trescheur* est une sorte d'orle étroite, et plusieurs armoristes le confondent même avec l'orle, parce qu'il ne semble qu'un filet mis en orle. Il se met double à l'ordinaire, et se voit fleurdelisé ou bordé de fleurs de lys. C'est pourquoi l'on a dit que « l'orle le plus illustre est celui qui est appelé trescheur, » et qui se voit aux armes d'Écosse ; il est composé de deux lignes parallèles fleurées et contre-fleurées.

Le trescheur était aussi nommé, par les anciens, *essonier*.

CHAPITRE VI

DE QUELQUES AUTRES PIÈCES

Nous réunissons dans ce chapitre des pièces diverses qui se voient plus rarement en armoiries que les précédentes, ou qui forment des variétés spéciales de la science héraldique, ou enfin qui demandent une manière particulière de les blasonner.

I

DE LA BORDURE

La *Bordure* ne diffère de l'orle qu'en ce qu'elle est contiguë aux bords de l'écu. Elle n'est pas proprement une pièce d'armoirie : elle sert le plus ordinairement à différencier les armes des fils puînés, et cette manière de différencier s'appelle brisure, comme nous allons le voir ci-après.

Ainsi, parmi les fils de France, plusieurs brisaient les armes royales d'une bordure. Les troisièmes fils de France, les ducs d'Anjou, portaient : de France à la bordure de gueules.

Un autre fils de France, le comte d'Estampes, portait : de France à la bordure componée d'hermines et de gueules. Voyez page 176.

Il y a donc des bordures de tout émail et de formes diverses. En voici quelques exemples :

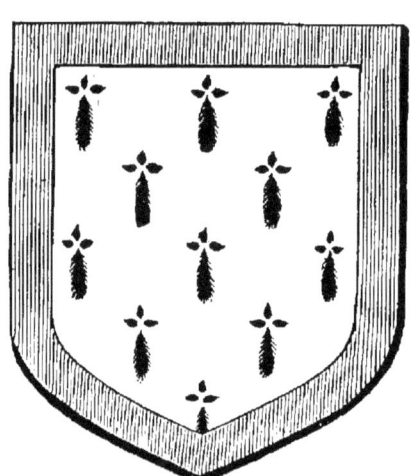

Richemont, en Bretagne, portait : d'hermines à la bordure de gueules.

278

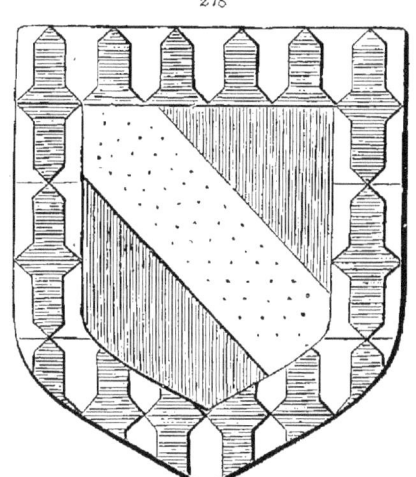

Gilbert de la Fayette, maréchal de France sous Charles VII, portait de gueules à une bande d'or, à la bordure de vair contre vair.

279

Des princes DE SAVOIE, portaient l'écu brisé d'une bordure componée et cantonnée d'or et d'azur.

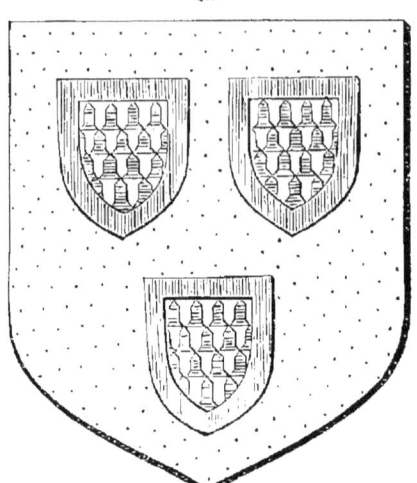

FONTAINE : d'or à trois écussons de vair bordés de gueules.

Furstenberg : d'or à l'aigle de gueules, becqué et membré d'azur, à la bordure nuagée d'argent et d'azur.

Il y a des bordures endentées, échiquetées, bandées, écartelées, engreslées.

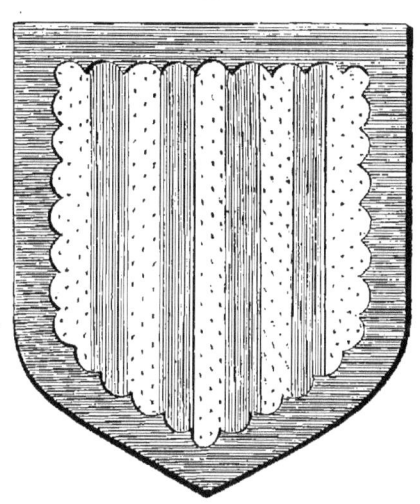

De Mérode, porte : d'or à quatre pals de gueules, à la bordure engreslée d'azur.

Beaucoup d'armoiries contiennent des bordures chargées de pièces diverses, comme tourteaux-besans, fleurs de lys, croisettes, sautoirs, étoiles, croissants, coquilles, merlettes, têtes d'animaux, etc. Pierre-Sainte nous en offre une collection remarquable. En voici un exemple :

283

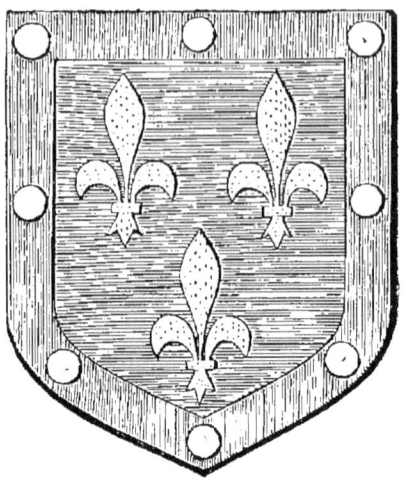

Le duc d'Alençon, quatrième fils de France, portait : de France à la bordure de gueules besantée d'argent de huit pièces ; autrement dit : chargée de huit besans d'argent.

La bordure est aussi comme brisure un symbole de protection, de faveur, de récompense. Ainsi, en Espagne, un grand nombre de maisons, des plus illustres, tenaient à honneur de briser leurs armes par des bordures composées du blason royal.

Souvent aussi, par suite de mariage avec d'illustres dames nobles, les bordures ont été placées pour contenir et rappeler les ancêtres. Ainsi, dans la maison de Gusman, en Andalousie, on rencontre les armes de la maison brisées de deux manières : l'une est un écartelé en sautoir d'hermines, comme nous le verrons au livre suivant; l'autre, des hermines en bordure.

281

De Gusman, portait : d'azur à deux chaudières l'une sur l'autre, burelées de sept pièces courbées, les quatre échiquetées d'or et de gueules de deux traits, et les trois autres d'argent; les anses et les bordures des chaudières aussi échiquetées, et cinq serpenteaux de même issants à chaque oreille des anses, deux en dedans, trois en dehors, à la bordure d'hermines.

II

DU FILET, DE LA FILIÈRE ET DE LA TRAVERSE

Le *Filet* s'entend de deux sortes, tantôt pour une espèce d'orle, qui se tire en dedans de l'écu en suivant les contours mêmes de l'écu; ce genre de filet est le tiers de l'orle; ce n'est pour ainsi dire qu'un gros trait. Le filet, l'orle, le trescheur sont comme qui dirait des passementeries d'un autre émail, des galons sur un manteau.

Mais le filet est plus ordinairement un trait qui se tire, comme la barre, de la pointe sénestre du chef à travers l'écu comme une écharpe. On le met d'ordinaire sur les armes des bâtards pour les faire reconnaître. Cependant il ne s'emploie pas toujours pour l'usage des bâtards, ni en façon d'orle, car on le voit aussi mis en bande, en fasce, en croix et autrement.

La *Filière* est le nom que donne La Colombière à un diminutif de la bordure; mais il n'en donne qu'un exemple de fantaisie, ne citant aucune armoirie personnelle qui porte cette pièce. Il arrive que de mauvais dessinateurs ou des graveurs ignorants « n'observent pas la largeur ordinaire qu'on donne à la bordure. » Il ne faut pas que les sottises de quelques-uns jettent quelquefois le trouble dans la science.

La *Traverse* est une espèce de filet qui se pose aux armes des bâtards; elle traverse l'écu de l'angle sénestre du chef à l'angle dextre de la pointe, et ne contient en sa largeur que la moitié du bâton.

III

DU BATON

Ce mot est assez commun, dit Palliot, et ne requiert point d'autre éclaircissement, sinon qu'il se pose comme la bande, de laquelle il ne doit avoir régulièrement que la tierce partie de la largeur, ou la moitié de la cotice. Il tire parfois de l'une des extrémités de l'écu à l'autre, et en ce cas on le dit brochant sur le tout.

Conflans, porte : d'azur semé de billettes d'or à un lion de même, et une cotice de gueules brochant sur le tout.

Nous avons vu précédemment que la cotice était aussi appelée bâton, et dans un exemple que nous avons donné, Ceille, en Flandre, on blasonne indifféremment : d'hermines à la bande de gueules accompagnée de deux bâtons, cotices ou filets de même.

Dans les manuscrits et dans les traités de blason, la largeur du bâton, quand il accompagne une autre pièce, n'a pas toujours en largeur le tiers d'une bande. Cela est impossible même pour la figure des armes de La Noue qui porte : d'argent bâtonné ou à dix bâtons de sable, au chef de gueules chargé de trois têtes de loup arrachées d'or.

Le bâton sert aussi de brisure et se trouve dans les armoiries des familles souveraines et princières de Luxembourg, de Bourgogne, d'Autriche, de France, etc. D'autres fois il s'arrête au milieu de l'écu, et il est vraiment alaisé. Quand il est ainsi, on le dit *péri en bande*, *périssant en bande*, et aussi, selon sa position, *périssant en barre* pour les bâtards.

La maison de Bourbon a porté le bâton péri en bande depuis qu'Anthoine de Bourbon, roi de Navarre, se trouva être le plus ancien prince du sang après la branche du roi François Iᵉʳ, qui était de Valois; quoique le connétable Charles de Bourbon, qui le devançait d'un degré, eût porté le bâton entier et brochant sur le tout. Plus tard, des fils de France, portant le nom de ducs de Bourbon, ont repris le bâton périssant en bande; nous en indiquerons plus loin les différences au chapitre des brisures.

Voici un autre exemple :

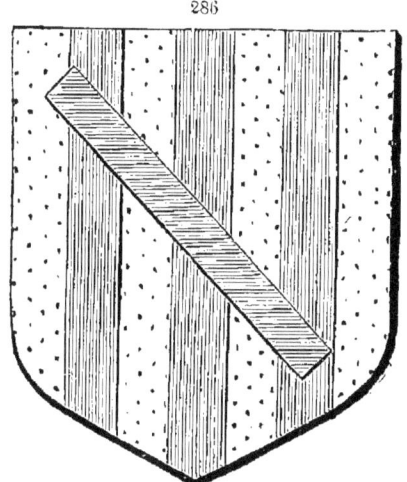

BULGNEVILLE : d'or à trois pals de gueules, à un bâton d'azur péri en bande et brochant sur le tout.

IV

DU PAIRLE

Le *Pairle* est une pièce composée d'un demi-sautoir et d'un demi-pal assemblés au cœur de l'écu comme un Y. Je ne trouve point de maison en France qui porte de ces pièces, et j'en parle ici pour ne rien omettre et pour que l'on comprenne bien, en blasonnant quelques autres pièces, que la position et situation s'expliquent par ces mots *posés en pairle*.

Ainsi, voici le pairle :

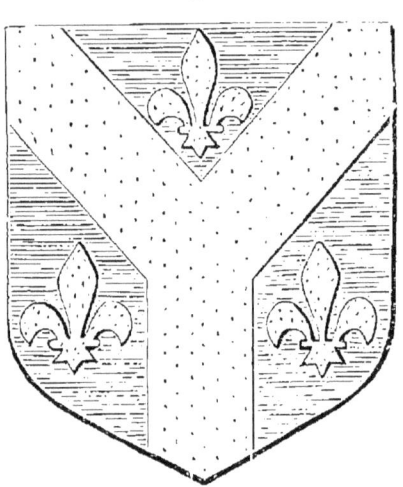

La ville d'Issoudun, porte : d'azur au pairle d'or, accompagné de trois fleurs de lys mal ordonnées de même.

*

Les armoristes ont souvent placé la figure du pairle au nombre des divisions de l'écu, c'est-à-dire que le *tiercé en pairle* a été compris par les vieux blasonneurs comme une espèce de rebattement. En pairle veut dire par des lignes courant ensemble au milieu, « per lineas concurrentes in medio. » En voici la figure :

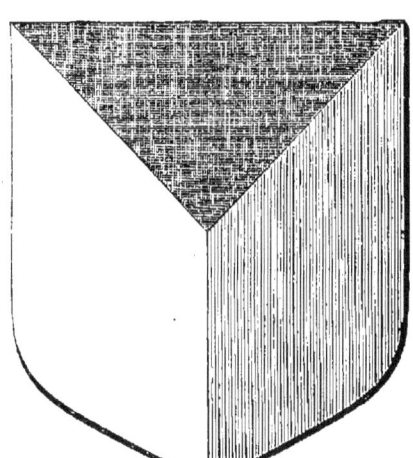
288

Priesen, porte : tiercé en pairle, de sable, d'argent et de gueules.

C'est de là qu'est venue la manière de placer des figures dont on trouve des exemples dans la noblesse de Silésie qui paraît avoir affectionné cette singulière disposition. Ainsi :

289

BRAUN, en Silésie, porte : d'argent à trois lozanges de gueules appointées en cœur, — ou posées en pairle.

*

V

DU GONFANON

Le *Gonfanon* ou *Gonfalon* est une espèce de bannière d'église que les Italiens appellent *gonfalone*; la plus connue est celle qu'on voyait aux armes anciennes de l'Auvergne.

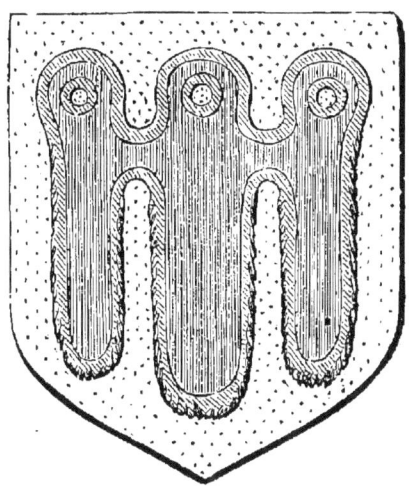
290

Auvergne, ancien, porte : d'or au gonfanon de gueules frangé de sinople.

Un autre *confanon* ou *fanon* se voit, dans quelques armoiries, avec un dextrochère ou main droite.

Villiers de l'Isle-Adam, grand maître de Malte : d'or à un chef d'azur; sur le chef issant un bras dextre vestu d'hermines à un confanon pendant de même le bras.

Enfin, un autre confanon est celui qui se voit aux armes du neveu du Pape Urbain VIII, c'est-à-dire de Thaddée Barbérini.

*

VI

DE L'ESCARBOUCLE

L'*Escarboucle* ou *rays d'escarboucle* représente un anneau où aboutissent huit rays ou rayons pommetés et fleurdelisés mis en fasce, en pal, en bande et contrebande. Il y a quelques escarboucles qui, au lieu d'être fleurdelisés et pommetés, sont pommetés ou fleuronnés.

291

HAUSMANN, sur le Rhin : coupé d'argent et d'azur à l'écu d'or en abyme, et un escarboucle d'or brochant.

VII

DES HAMADES

Les *Hamades* ou *Hémades* sont-elles des fasces raccourcies ou alisées, ou sont-elles une sorte particulière de pièces d'armoiries? c'est ce que les blasonneurs n'affirment pas complétement. Cependant nous trouvons cette figure paraissant composée de trois pièces de bois ou poutres mises en fasces et ne touchant pas les bords de l'écu, absolument comme trois fasces alaisées de gueules :

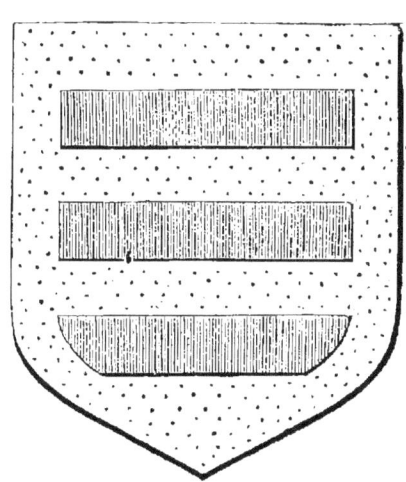
292

De la Hameide, en Hainaut, porte : d'or à une hameide de gueules. — Quelques-uns de cette maison brisent en chef d'un croissant de sable.

*

VIII

DES POTENCES, DES PIÈCES POTENCÉE DES ÉQUERRES, DES TRIANGLES

D'autres pièces qui se voient rarement et qui sont faciles à blasonner doivent être citées ici pour l'instruction du lecteur. Ce sont les *potences* et des pièces potencées dont nous avons parlé à la fin des croix, les *triangles* et les *équerres* dont il est si peu d'exemples, et, enfin, d'autres que l'usage apprend mieux que personne.

*

IX

DU PAPELONNÉ ET DÉCOUPÉ

Lorsque l'écu est rempli de pièces rondes posées les unes sur les autres en liaison pareille à celle des écailles de poisson, on le dit *papelonné* ou plumeté. Quelques-uns veulent que ces pièces soient des plumes ou des ailes de papillons.

Un D'Anglure, porta : de gueules papelonné ou plumeté d'or, semé de pommettes ou grelots ou grillets d'argent.

Le papelonné reçoit diverses figures qu'il faut décrire en blasonnant.

On voit aussi des écus *découpés*, c'est-à-dire remplis de pièces d'autre émail, qu'on dit aussi pièces levées.

*

X

DU DIAPRÉ

Il y a certaines armes en façon de broderies qui sont rares en France. Le *diapré*, par exemple, est une pure broderie que les anciens, et à présent encore les Allemands et les peuples du Nord, mettent sur le champ ou pièce de l'écu qui sans cela se trouverait nu ou peu chargé.

Le dessin de ces deux pièces diaprées a l'air d'un vrai dessin de vieille tapisserie qu'on a reproduit sur chaque pièce. Nous l'indiquons pour ne rien omettre; mais notre opinion est qu'il n'a été introduit dans le blason par les peintres que pour embellir les armoiries et nuancer des couleurs trop difficiles à poser dans les grands espaces nus.

Mais il est une autre espèce de diapré que nous rencontrons dans un blason français, et dont voici la figure :

291

Clère, porte : d'argent à la fasce de gueules diaprée ou paillée d'or.

*

XI

LES LETTRES DE L'ALPHABET

Le Père Sylvestre Petra-Sancta, dit Pierre-Sainte, un des Pères de la science héraldique, a consacré un chapitre aux lettres et caractères qui se trouvent aux armoiries étrangères. Ce sont, en effet, des pièces d'armoiries d'un genre particulier. Voici un exemple moderne.

293

Monseigneur l'évêque du Mans, porte : d'azur à la croix d'argent cantonnée de quatre M antiques couronnées de même.

*

XII

DES PIÈCES BROCHANTES

Il nous reste à parler de quelques termes employés par les héraldistes pour expliquer la position de quelques pièces ou meubles d'armoiries.

Quand un animal ou un meuble quelconque traverse, passe, couvre une ou plusieurs pièces, on dit que cet animal ou meuble est *brochant sur le tout*.

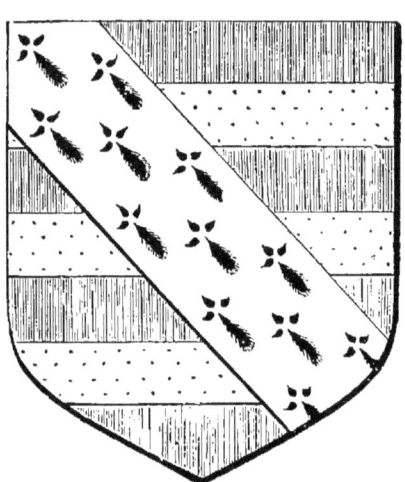

296

PIEDGRIMAULT-BRIQUEMARD, alias BRIQUEMAULT, porte : de gueules à trois fasces d'or, à la bande d'hermines brochant sur le tout.

297

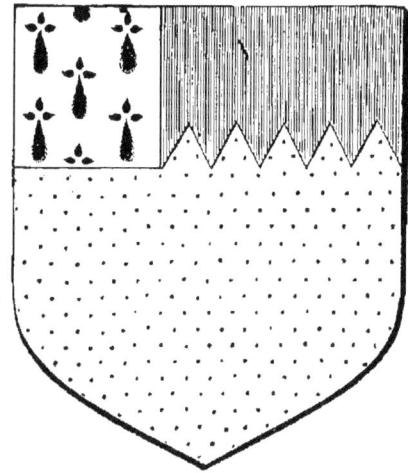

Busset, en Normandie, porte : d'or au chef denché de gueules, à un franc canton d'hermines brochant.

298

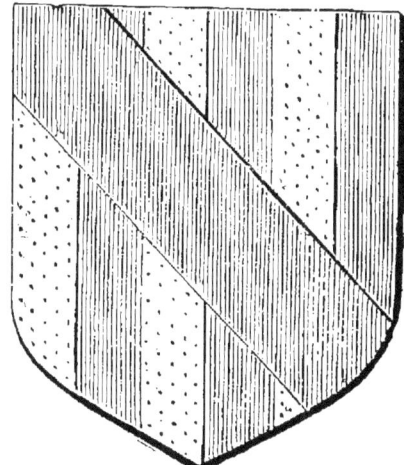

Foresta, en Provence, porte : pallé de six pièces d'or

et de gueules, à la bande de gueules brochant sur le tout.

SANSEILLE, en Belgique, porte : de vair appointé mis en bande, party de vair appointé mis en barre, au chevron de gueules brochant sur le tout. — Cette figure de Sanseille est tirée de Pierre-Sainte.

Nous avons déjà donné jusqu'ici plusieurs exemples de pièces brochant sur le tout; on peut voir les armes de Jones en Angleterre, Burgauw dans l'empire, OEttingen en Allemagne, Ferrers en Angleterre, le comte de Montfort, etc., et d'autres que nous pourrons voir dans la suite.

Brocher est un vieux mot français dont se servaient les maréchaux-ferrants, les cordonniers, les couvreuses, etc. Ainsi on disait, en termes de cordier, *brocher le touret,* pour dire mettre le boulon au travers du touret. Brocher signifiait aussi mettre de la tuile en pile entre les chevrons. Les cordonniers disaient *brocher un talon,* pour l'attacher avec des clous. Les maréchaux se servaient aussi de ce mot pour dire passer un clou au travers de la corne et du fer du cheval pour le ferrer.

*

XIII

DE L'UN EN L'AUTRE

Les pièces, — soit honorables, ordinaires ou autres, même les meubles, animaux, astres, etc., — étant mises sur le trait du party, coupé, tranché ou taillé, en sorte que la moitié desdites pièces de couleur porte sur le métal, et l'autre moitié au contraire, on dit *de l'un en l'autre.*

Ainsi :

300

Lezay Marnezia, porte : mi-party d'argent et de gueules, à la croix ancrée de l'un en l'autre.

Caieu-Allegrin porte au contraire : de gueules party d'argent, à la croix ancrée de l'un en l'autre.

*

XIV

DU SEMÉ

Quand un écu ou un écart d'écu est entièrement rempli de pièces ou animaux en distance égale, on dit qu'il est *semé*. Ainsi :

Chateaubriand, porte : de gueules semé de fleurs de lys d'or.

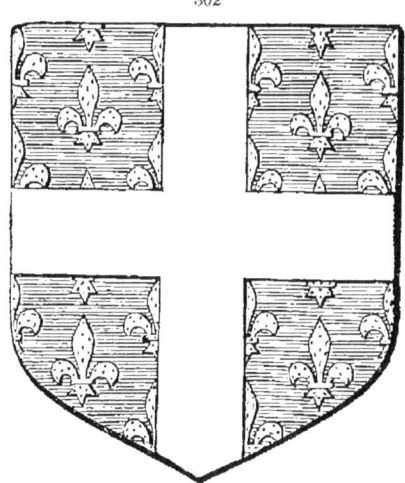

D'Épinal, en Lorraine, portait : d'azur semé de fleurs

de lys d'or, et une croix pleine d'argent brochant sur le tout.

XV

DU BRISÉ, DES BRISURES

Brisé se dit à toutes les différences que mettent les puînés sur les armes pleines de la maison que les aînés seuls ont le droit de porter.

Briser, c'est donc charger un écu de brisures comme lambel, bordure, etc. Les *brisures* sont les pièces ou figures qu'on ajoute aux armoiries pour distinguer les cadets et les bâtards d'avec les aînés et les légitimes.

Les armes pleines étant portées par les chefs des maisons nobles, ceux-ci sont appelés *chefs du nom et armes*.

Les brisures des puînés et de leurs descendants sont diverses, et la plupart selon qu'il leur plaît.

La première famille du monde, la maison de France, porte : DE FRANCE.

L'armoirie est inhérente à la famille qu'elle représente, dont elle est l'image pour ainsi dire. La maison de Bourbon s'était tellement identifiée avec la nation française qu'elle la représentait, et on disait alors :

De France : qui est d'azur à trois fleurs de lys d'or.

Les fils de France et les princes qui en descendaient portaient tous *de France*, et pour les brisures ils observaient un ordre que nous allons indiquer pour exemple. Chaque brisure, depuis Louis XIV, est restée attachée au titre princier, c'est-à-dire que les fils de France ont gardé les brisures selon le titre princier qu'ils portent.

Ainsi, l'aîné, qui était appelé Dauphin, écartelait les armes de France de celles de Dauphiné. — Il n'y a plus de Dauphin.

Le second fils de France, qui eut presque toujours pour apanage la duché d'Orléans, a porté et porte :

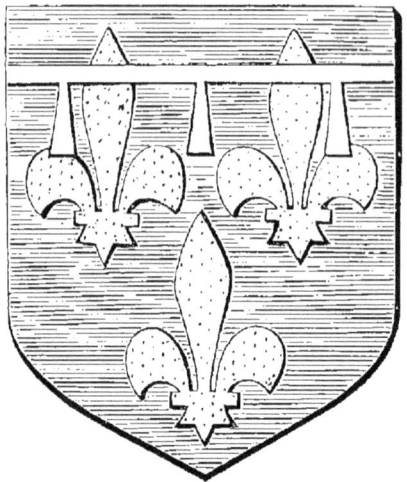

304

ORLÉANS, porte : de France brisé d'un lambel de trois pendants d'argent. — La maison d'Orléans, étant devenue souveraine, eût pu briser et surbriser les armes qu'elle a laissées dans l'oubli.

Les autres fils de France étaient d'ANJOU, qui porte : de France à la bordure de gueules.

D'ALENÇON : qui est de France à la bordure de gueules besanté d'argent de huit pièces, autrement, chargée de huit besans d'argent.

DE BERRY, porte : de France, à la bordure engreslée de gueules.

DE BOURBON, porte : de France brisé d'un bâton de

gueules mis en bande et brochant sur le tout. — Les ducs de Bourbon ont porté ensuite le bâton péri en bande, comme nous l'avons expliqué quelques pages plus haut.

Montpensier, porte : de France brisé d'un bâton de gueules en bande, brochant sur le tout, et surbrisé d'un dauphin pamé d'azur vers le premier canton. — Ce mot *surbrisé* ou *contre-brisé* veut dire qu'il se rencontre brisure sur brisure. — Le duc de Montpensier actuel doit porter d'Orléans avec les brisures.

Bourbon-Condé, portait naguère : de France au bâton de gueules péri en bande.

Bourbon-Vendome brisait d'un bâton de gueules péri en bande chargé de trois lionceaux d'argent.

Évreux, porte : de France au bâton componé d'argent et de gueules brochant sur le tout.

Arthois, portait : de France au lambel de gueules de trois pendants, chacun d'eux chargé de trois châteaux d'or, ou chacun d'eux chastelé d'or.

Le comte d'Étampes, portait : de France à la bordure componée d'hermines et de gueules. — Nous en avons donné la figure ci-devant.

Le duc de Touraine, portait : de France à la bordure componée de gueules et d'argent et engreslée.

On trouve, dans des peintures modernes, des brisures plus raccourcies, soit pour le lambel, soit pour le bâton, qui autrefois brochaient sur le tout, et sont aujourd'hui petits et étroits.

Aux Fils *naturels* de France, non légitimés, le bâton s'est mis *péri en barre*; et nous trouvons encore beaucoup de familles nobles de France qui gardent dans leurs armoiries le souvenir de royales amours.

*

Ces manières de briser par le lambel ou lambeau, la bordure, le bâton, sont communes aux maisons souveraines; ainsi :

Charles de Bourgogne, comte de Charolais, surnommé le Téméraire, portait : du bon duc Philippe son père, brisé d'un lambeau de trois pendants d'argent.

Philippe d'Autriche, comte de Charolais, avant d'être roi d'Espagne sous le nom de Philippe Ier, portait : de son père duc d'Autriche, l'écu brisé d'un lambeau d'argent de trois pendants.

Mais ce ne sont pas là les seules brisures. On se sert aussi du franc canton, de la molette d'éperon, des croissants, des étoiles, des besans.

Nous avons vu, page 29, que les ducs DE BRETAGNE, portaient : d'hermines purement. — Un duc DE PEN-THIÈVRE, puîné de Bretagne, portait aussi : d'hermines purement. — Un autre prince breton, portait : d'hermines à la bordure de gueules pour brisure, comme Richemont, ci-dessus, page 266.

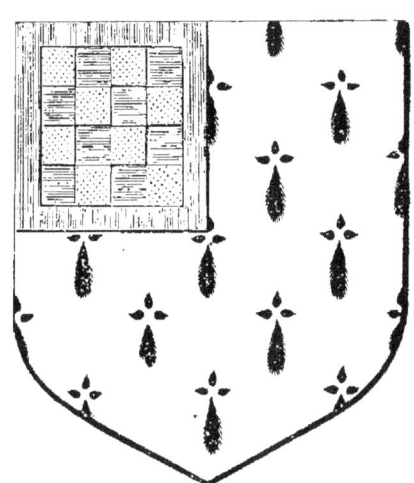

JEAN Ier, portait : de Bretagne, au franc quartier de Dreux, c'est-à-dire d'hermines, l'écu brisé d'un franc quartier échiqueté d'or et d'azur à la bordure de gueules. — Un autre JEAN, duc de Bretagne, portait : d'hermines purement.

Voici d'autres brisures de princes bretons :

298 NOUVEAU TRAITÉ DE BLASON.

Un comte de Montfort, portait : échiqueté d'or et d'azur, et un angle d'hermines, à la bordure de gueules brochant sur le tout.

Les comtes de DREUX, portaient : échiqueté d'or et d'azur, à la bordure de gueules, un franc quartier d'hermines sur le tout.

La maison de CHATILLON, portait : de gueules à trois pals de vair et le chef d'or, comme ceci qui est aux comtes DE PORTIEN, et aux comtes de Blois de cette maison.

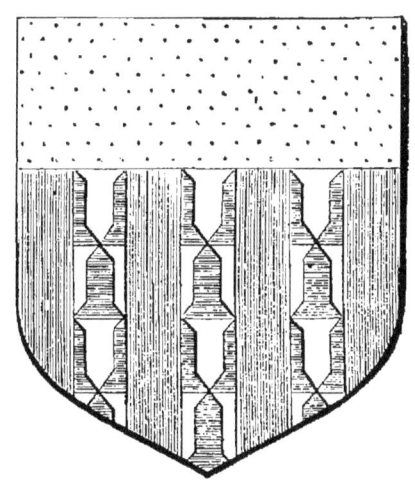

CHATILLON, PORTIEN et BLOIS, portaient : de gueules à trois pals de vair et le chef d'or.

Lesquelles armes ont été diversement brisées par les descendants de cette maison dont M. du Chesne a fait l'histoire généalogique où toutes les brisures se voient.

Nous avons vu plus haut l'une de ces brisures (voyez Châtillon); en voici une autre :

Le sieur DE DAMPIERRE, portait : de gueules à trois pals de vair, au chef d'or à deux lions affrontés de sable sur le chef.

Mathilde DE CHATILLON, comtesse de Saint-Pol, femme de Guy de Luxembourg, fin du XIV° siècle, portait : de Chatillon, le chef chargé d'un lambel de cinq pendants de gueules.

*

Une brisure qui fut particulière à un bâtard est celle de messire Philippe, bâtard DE BOURGOGNE, amiral, seigneur de Sommerdick et de Blaton, qui portait : du bon duc Philippe, son père, aux manchures et à la pointe de l'écu esclopées, c'est-à-dire que les armes de Bourgogne, portées en chevron par le prince, laissaient les deux angles du chef et la pointe esclopées.

Le P. Ménétrier a élevé à son sujet une dispute purement héraldique. Il reproche à son adversaire, Le Laboureur, de n'avoir pas su corriger une faute d'impression dans Scohier, et d'avoir dit que cet écrivain « remarque une autre brisure et différence des bâtards, qui est de mettre les armes paternelles *sur un chevron*, comme le sieur de Somerdie qui porta d'or à un chevron de Bourgogne. » Le P. Ménétrier, p. 350 de l'*Art du Blason justifié*, assure qu'il faut lire *canton* au lieu de *chevron*. Mais quelque grande que soit son autorité en ces sortes de matières, c'est bien un chevron que portent les armes de ce chevalier, telles que les représente Maurice dans l'*Armorial de la Toison-d'Or*. Il est juste de dire que dans plusieurs manuscrits sur la Toison-d'Or, ornés d'armoiries, le sommet du chevron est brisé par le haut de l'écu, ce qui néanmoins ne ressemble en rien à un canton.

*

On ferait un volume entier pour indiquer les diverses brisures dont se sont servies les maisons nobles. Citons-en encore quelques-unes.

La maison de Loqueghien a, pour armes pleines : d'or semé d'hermines de sable, à un lion de sinople. Deux branches ont porté : l'une écartelé de Loqueghien et de Pamèle ; l'autre :

310

Antoine de Loqueghien portait : de Loqueghien, brisé, sur l'épaule du lion, d'un Écu aux armes de sa femme Van der Gracht.

Jacques de Brimeu, seigneur de Grigny, portait : de Brimeu, l'écu brisé en cœur d'un lionceau naissant de gueules.

La maison de Lannoy porte : d'argent à trois lions de sinople, couronnés et armés d'or, lampassés de gueules.

Un puîné a porté : de Lannoy, l'écu brisé d'une bordure engreslée de gueules. — Un autre brisait d'un lambeau d'azur de trois pendants. — Un autre chargeait l'écu en abyme d'un écusson d'argent à la fasce d'azur de quatre pièces.

Palliot, au mot brisure, rapporte que la maison DE GROLÉE, en Dauphiné, porte : gironné d'argent et de sable ; — à la différence de la branche aînée, les comtes de Grolée, en Beugey, qui portent : gironné d'or et de sable.

Nous avons donné tous ces exemples pour montrer combien les maisons nobles tenaient autrefois à montrer leurs alliances, à fonder les familles, à s'élever par leurs vertus et à rehausser leur éclat aux yeux de la foule. Tous, jusqu'aux bâtards, s'honoraient de faire souche, portaient haut leur blason ; un père ne reniait pas ses fils naturels ; il leur donnait place à sa table, à son foyer, et les bâtards s'illustraient pour montrer, en servant leur pays, que leur sang ne dégénérait pas.

Les bâtards de Bourbon, de Luxembourg, d'Orléans, de Bourgogne, furent de grands capitaines, et l'un d'eux, Jean, bâtard DE LUXEMBOURG, — seigneur de Halbourdin, qui portait de Luxembourg, qui est d'argent au lion de gueules, la queue double fourchue passée en sautoir, couronné, armé et denté d'or, lampassé d'azur, — brisait en contournant le lion, avec un filet en barre d'azur brochant ; son cri d'armes *Lembourg!* — Il marchait, quoique bâtard, à côté de son père, à côté des grands princes, les ducs de Bourgogne, la Trémouille, Croy, Créquy, le duc de Bretagne, le roi de France, le roi d'Aragon, dans les cérémonies religieuses et politiques de ce temps.

LIVRE TROISIÈME

DANS LEQUEL
IL EST PARLÉ DES MEUBLES DES ARMOIRIES
ET DES ORNEMENTS EXTÉRIEURS DE L'ÉCU

CE QUE C'EST QUE MEUBLES

Sous ce mot de meubles, on comprend tout ce qui charge, brise ou accompagne les pièces et divisions exposées dans la première et la seconde partie de cet ouvrage.

L'ordre à suivre serait logiquement de commencer par les astres, de continuer par les parties ou figures humaines, de traiter ensuite des animaux et de finir par les objets inanimés.

Mais l'usage veut qu'on commence par les meubles les plus fréquents et les plus usités en armoiries; et qu'on continue par ceux qui se voient plus rarement.

I

DU LION ET DU LÉOPARD

Dans toutes les armoiries, non-seulement en France, mais dans quelque royaume ou république que ce soit.

il n'y a aucun meuble qui se voie plus fréquemment que *le lion* et *le léopard*.

Si nous voulions donner la figure de tous les lions qui existent en armoiries, nous ferions plus d'un gros volume. Le lion est l'emblème de l'héroïsme ; il fut de tout temps placé dans les armoiries comme un signe de courage et de force, mais particulièrement on le trouve dans les provinces et les familles des Pays-Bas et de la France qui suivirent Godefroy de Bouillon en Terre sainte.

Le lion et le léopard ont en apparence tant de ressemblance qu'on pourrait les confondre et prendre l'un pour l'autre, si l'on n'en observait les différences.

Le lion est toujours vu *rampant*, qui est un mot qui vient du latin *rapiens*, ravissant, et est dégénéré en celui de rampant, dont la signification est très-mal adoptée pour le lion, qui est mieux ravissant, c'est-à-dire ayant la partie de devant élevée vers l'angle droit et supérieur de l'écu.

Nous avons déjà bien donné des figures du lion dans le cours de cet ouvrage. Nous voulons éviter les renvois, et, pour l'instruction du lecteur, nous lui offrirons des modèles divers selon les temps, les personnes et les pays.

Il y a des lions et des léopards de tout émail :

311

De Sabran, en Provence, porte : de gueules au lion d'or.

Mussy, porte de même.

Murinets, en Dauphiné, porte de même.

Mauléon, porte de même.

La Marthonie, porte de même.

Montbazon, portait de même.

Monteclair, en Anjou, porte de même.

Soissons, ancien, portait de même.

Montmirail, porte de même.

Rostaing, en Dauphiné, porte de même.

Verthamon, porte aussi : de gueules au lion d'or.

D'Aigremont, en Lorraine, porte : de gueules au lion d'argent armé, lampassé et couronné d'or.

Chalonge, porte : d'azur au lion d'argent.

De Goyon-Martignon, porte : d'argent, au lion de gueules, armé, lampassé et couronné d'or.

Barexey, en Lorraine, porte d'azur au lion d'argent

environné de trois roses de même, deux en chef et l'autre en pointe, à la bordure d'or.

CRÉSONSART, porte : de vair au lion de gueules.

Jones, en Angleterre, porte d'hermines taillé en contre-hermines au lion d'or brochant sur le tout.

Vermeilles, porte : d'argent au lion de sinople.

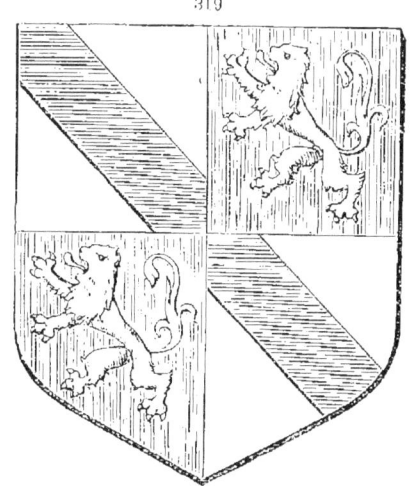

Durfort, porte : écartelé aux 1 et 4 d'argent à la bande d'azur; aux 2 et 3 de gueules au lion d'argent.

320

De Fiennes, porte : d'argent au lion de sable.

321

Cuigny, en Barrois, porte : burelé d'or et de gueules de dix pièces, au lion de sable brochant sur le tout.

Ces lions sont figurés simplement, soit de métal soit de couleur, d'un seul et même émail. Mais il y en a qui sont diversifiés, soit que leur beauté gagne à quelque distinction ou changement d'émail, soit qu'ils servent à distinguer les familles ou branches d'une même maison.

Ainsi, lorsque la langue, les ongles, les dents ou une couronne diffèrent du reste du corps, on le doit exprimer dans la description de l'armoirie.

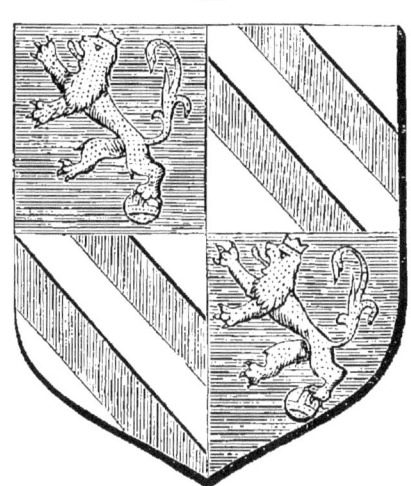

322

Mastai Ferretti, porte : écartelé aux 1 et 4 d'azur au lion couronné d'or, lampassé de gueules, la patte senestre de derrière appuyée sur un globe d'or, qui est de Mastaï ; aux 2 et 4 d'argent à deux bandes de gueules qui est de Ferretti.

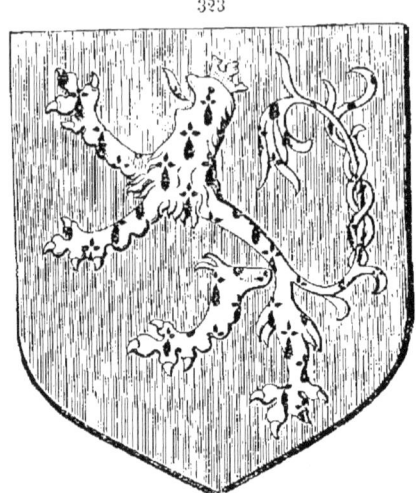

CHABANES, porte : de gueules au lion d'hermines, armé, couronné et lampassé d'or.

LABBE DE CHAMPGRAND, porte : d'argent à trois fasces de gueules, au lion d'or armé, lampassé et couronné de gueules, brochant sur le tout.

On voit par ces figures que la position du lion est non-seulement d'avoir les pattes de devant élevées, mais aussi la tête toujours de *porfil* ou *profil*, c'est-à-dire vue de côté, en sorte qu'on ne lui voit qu'un œil et une oreille. La règle veut aussi que la queue du lion soit retournée en dedans sur le dos, quoique divers peintres s'inquiètent peu de cet ordre, entre autres Callot, à qui nous empruntons les figures d'Aigremont, de Chalonge, de Barexey, de Chigny ci-dessus.

Le lion ordinaire n'est jamais en autre posture que celle indiquée ci-dessus, c'est-à-dire qu'il est toujours rampant. *Le Léopard*, au contraire, est toujours *passant*, c'est-à-dire ayant trois pieds à terre et un élevé; il a aussi la tête de front, montrant deux yeux et deux oreilles.

Le duc D'AQUITAINE, un des douze Pairs de la Monarchie française, portait : de gueules au léopard d'or, armé et lampassé d'azur.

Il y a des léopards de tout émail, comme les lions, et avec les mêmes différences.

La Forest-Mauvoisin, en Bourbonnais: d'azur à deux léopards, l'un sur l'autre, d'argent semés de mouchetures d'hermines et de gueules.

De Ramboux de Souches : d'argent à deux léopards de sable couronnés d'or.

Hohenlohe, porte de même, les lions non couronnés.

*

DES DIFFÉRENCES DU LION ET DU LÉOPARD

Nous avons dit que la différence entre le lion et le léopard est que le lion est debout les trois pattes élevées et la tête vue de profil, c'est-à-dire rampant, tandis que le léopard a trois pieds à terre et la tête de face. Mais si on rencontre un lion ayant les trois pieds à terre, dans la posture du léopard, on dit que c'est un *lion léopardé*.

327

318 NOUVEAU TRAITÉ DE BLASON.

Du Coudray, porte : d'argent au lion léopardé de sable.

Il y a peu de lions léopardés seuls. On les rencontre plus souvent sur des chefs ou d'autres parties de l'écu. C'est que pour peindre un lion dans un espace oblong, il est difficile de ne pas lui donner la posture d'un lion léopardé : d'où il est résulté que quand on a établi les règles du blason d'après les anciens modèles, on a appelé lion léopardé ce qui n'était que lion.

Lorsque le léopard, qui se reconnaît toujours avec sa tête vue de face, est figuré en armoiries dans la posture du lion, c'est-à-dire ayant trois pattes élevées, on l'appelle un *léopard lionné*. Ainsi :

Liobard, porte : d'or au léopard lionné de gueules.

Beaucaire-Piquillon, porte : d'azur au léopard lionné d'or.

Nous devons faire remarquer que le lion et le léopard se blasonnent l'un comme l'autre, en se servant des termes communs à tous deux. Ils sont dits *armés* pour exprimer l'émail de leurs ongles ou griffes; *lampassés* pour spécifier leurs langues; *couronnés* pour leurs couronnes; *vilenés* quand l'émail est différent à la partie génitale, et lorsqu'il n'en paraît aucun, on dit *sans vilenie*. On dit aussi *la queue nouée, fourchue, passée en sautoir*, comme aux armes de la maison de Luxembourg. Par exemple :

Pierre de Luxembourg, comte de Saint-Pol, portait :

d'argent au lion de gueules à la double queue fourchue et passée en sautoir, couronné et armé d'or, lampassé d'azur ; sa devise : *Vostre veuil*. 1423.

Quelques armoristes, au lieu de ces termes, *armé et lampassé*, disent simplement *paré*.

Il y a d'autres termes pour dénoter des différences particulières du lion, du léopard, et des autres animaux, dont nous allons parler, mais qu'on apprend mieux au fur et à mesure qu'on se plaît à cette belle science des armoiries.

Ainsi *accolé* se dit pour exprimer l'émail du collier lorsqu'il s'en trouve un.

Estouteville, en Normandie, porte : burelé d'argent

et de gueules, au lion de sable, colleté ou accolé, armé et lampassé d'or, brochant sur le tout.

*

DU LION NAISSANT OU ISSANT

Le lion dont on ne voit que la partie d'en haut est dit naissant ou issant. On en voit un exemple aux armes de DU TERRAIL et de Simon DE LALAIN.

Il y a des armoristes qui font une différence entre ces deux termes, *issant* et *naissant;* mais cette opinion est en contradiction avec les chartes et les anciens manuscrits. Le lion issant est aussi appelé *demi-lion*. Je ne sais si La Colombière met sérieusement une différence entre le lion *naissant* et le lion *regardant*, qu'il distingue en ce que ce dernier n'a que la tête seulement et la partie du col, ainsi qu'aux armes de SERVIEN qu'il blasonne : d'azur à trois bandes d'or, au chef cousu du champ chargé d'un lion regardant d'or. Ce lion regardant a eu sa patte oubliée par un peintre.

*

Les lions et les léopards ont beaucoup d'autres différences, dont voici les principales :

Contournés, ceux qui sont tournés vers le côté gauche de l'écu. Ils sont rares en France, et plus fréquents en Allemagne et autres provinces du Nord, où il s'en voit presque autant que d'autres.

Affrontés, lorsqu'ils se regardent l'un l'autre.

Adossés, c'est le contraire.

Il y a un écusson que l'on rencontre assez souvent dans les armoristes, c'est celui de Gueldres, composé de deux blasons ci-devant exposés.

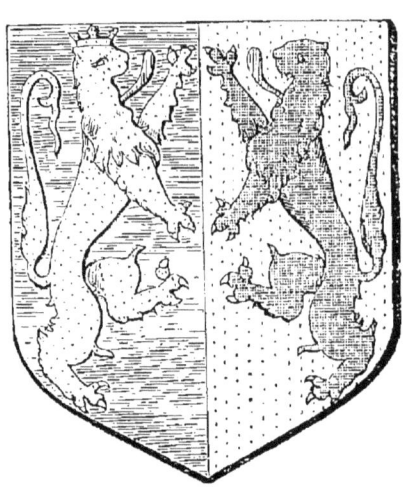

Adolphe, duc de Gueldres, comte de Zutphen, portait : party au 1 d'azur au lion contourné, couronné d'or, lampassé et armé de gueules, qui est de Gueldres; au 2, d'or au lion de sable, denté et armé d'argent.

lampassé de gueules, qui est de Flandres ; sa devise : *Altiora peto*.

Par sa figure on pourrait croire que ce sont des lions affrontés, mais ce sont deux blasons ajustés.

Lorsque le lion regarde vers sa queue, on dit : à la tête contournée.

Mac-Mahon, porte : d'argent à trois lions léopardés de gueules regardants, c'est-à-dire à la tête contournée de gueules. — Comme duc de Magenta, Mac-Mahon porte depuis au-dessus de ces armes : *un chef de duc de l'Empire* qui est : *de gueules semé d'étoiles d'argent*.

Il ne faut pas confondre le lion à la tête contournée

avec le lion contourné. Ce dernier regarde entièrement la gauche de l'écu.

Le lion qui n'a ni griffes ni langue est dit *morné*.

CHATEAUNEUF, porte : de gueules au lion du vair.

*

Il y a un lion dont les quatre pattes sont à terre, il est dit *posé*.

*

On en voit quelques-uns qui sont *chargés*, comme

celui que nous avons vu, chargé sur l'épaule d'un écusson d'alliance aux armes d'Antoine de Loqueghien, ci-dessus.

D'autres sont bandés, burelés, échiquetés, pallés, barrés, coupés, écartelés, de métal et couleur et autres différences.

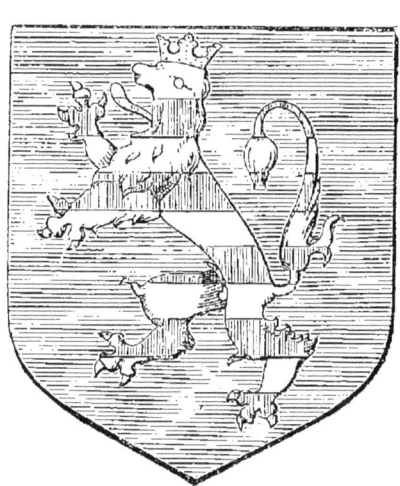

331

De Hesse, porte : d'azur au lion burelé d'argent et de gueules de dix pièces, couronné d'or.

Le dessin de ce lion est emprunté à l'ouvrage de Maurice sur les Chevaliers de la Toison d'Or.

La figure suivante est un lion espagnol tel que le peint l'ouvrage si estimé d'Argote de Molina.

335

Benavida, en Espagne, porte : d'argent au lion de gueules chargé de trois bandes d'or.

*

Le Lion qui a quelque partie d'un autre animal, ou qui a plus ou moins de parties que le Lion ordinaire, est dit généralement *monstrueux*. Ceux dont la partie de derrière finit en serpent ou dragon sont appelés dragonnés.

*

DES LIONCEAUX

Les *Lionceaux* sont plus petits que les lions. Ils n'ont pas d'autre différence, c'est-à-dire qu'on les appelle presque indifféremment Lions ou Lionceaux. Les anciens hérauts nommaient *Lyonceaux*, *Lyoncels* ou *Lyonchels* les petits lions qui se mettent pour brisure ou autrement sur quelque pièce honorable ordinaire ou autre, c'est-à-dire qui chargent les chefs, pals, fasces, croix, etc., lors même qu'il n'y en avait qu'un.

336

Dubois, en Languedoc : de gueules à quatre lionceaux d'hermines, couronnés d'or.

De Beauveau, porte : écartelé aux 1 et 4 d'argent à quatre lionceaux de gueules, armés, lampassés et couronnés d'or; aux 2 et 3 losangé d'or et de gueules.

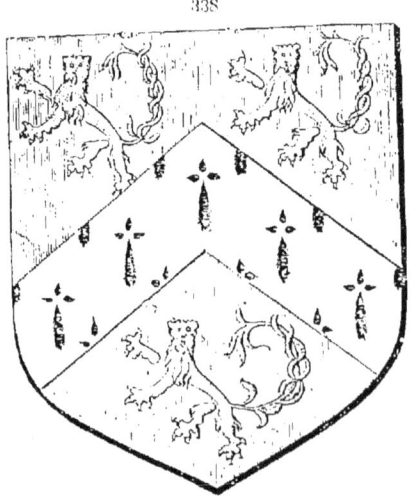

MONTGOMMERY : de gueules au chevron d'hermines accompagné de trois lionceaux léopardés d'or.

On trouve des lionceaux jusqu'à seize dans un écu ; quelquefois même l'écu en est *semé*, ce qu'on dit aussi *sans nombre*.

*

DES PARTIES DU LION

Les parties du Lion, comme la tête et les pattes, se voient quelquefois séparément.

Les têtes sont dites *coupées* ou *arrachées*. Le mot *arrachée* dénote que la partie du col qui tient à la tête est mal tranchée et couverte de crin, ce qui ne se rencontre pas quand on dit *coupée*, qui est lorsque le col est tranché net.

La tête du lion est de profil, comme l'est celle du lion entier. Celle du léopard est de front avec deux yeux et deux oreilles. Les voici toutes deux :

MONTAIGNE, porte : d'azur semé de trèfles d'or, à la patte de lion brochant sur le tout.

330 NOUVEAU TRAITÉ DE BLASON.

BERTHELAY-QUESQUERTIN, porte : de sinople à trois têtes de lion arrachées d'or.

BOURMONT, en Lorraine, portait : d'or à la tête de lion

arrachée de gueules, lampassée de même, dentée, allumée et couronnée d'argent.

CHASENOY : de gueules, à trois têtes de léopard d'or, posées 2, 1.

En blasonnant on dit *lampassé* pour spécifier l'émail de leurs langues si elles paraissent. S'il se voit un Anneau ou Boucle dans la gueule, en dit *bouclée*.

Les pattes se peuvent mettre en fasce, en pal, en barre, en sautoir, etc., et on doit, en blasonnant, spécifier leurs nombre, couleur et disposition.

Enfin, si leurs griffes sont d'émail différent du reste, on spécifie cette diversité en disant : *armé de...*, etc.

L'ombre de lion se trouve aussi quelquefois en armoiries. On la figure au trait :

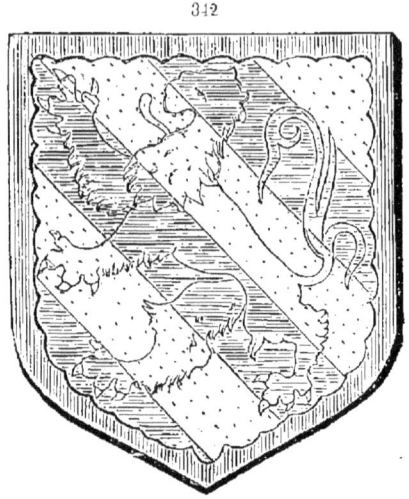

De Trazegnies, porte : bandé d'or et d'azur de six pièces, à l'ombre d'un lion brochant sur le tout ; la bordure de l'écu engreslée de gueules.

11

DU CERF, DU DAIM

Le *Cerf*, en armoiries, n'est jamais vu de front, mais de côté, c'est-à-dire de profil, ce qui fait qu'on ne lui voit qu'un œil et le bois entier.

Ils sont *passants* ou *courants* et très-rarement *ram-*

pants, car c'est une maxime du Blason que les animaux qui ont des griffes peuvent être mis *rampants*, et ceux qui ont le pied de corne rond ou fourchu *passants* ou *courants*.

Pour la corne, ou ongle du pied, ou dit *onglé*.

Il faut remarquer que l'on se sert du mot *sommé* lorsqu'on exprime le nombre de Cors dont le Bois de l'animal est composé; sinon on dit simplement *ramé* ou *encorné*.

On trouve dans les armoiries des ramures de neuf, de onze ou de treize cors, quelquefois sans nombre.

CHOHAN DE KOCANDY, en Bretagne, porte : d'argent au cerf de gueules.

Bussy Bois-Cervoise, porte : d'azur au cerf d'or ramé et onglé de même.

Quelques-uns plus exacts spécifient le nombre des cors dont la tête ou le bois du Cerf est composé, et diraient : d'azur au cerf d'or onglé et sommé de sept cors de même.

Quand on voit la couleur ordinaire de son poil, il est dit *au naturel*.

Le *Daim* est reconnaissable en ce qu'il est plus petit, et que son bois est plus large et plus plat que celui du cerf; il a, du reste, toutes ses différences communes avec le cerf.

Les cerfs ou daims se voient quelquefois couchés, qu'on dit en termes de Blason : *au cerf gisant* ou *gissant*.

Les têtes de ces animaux étant vues séparément sont pour l'ordinaire de front. On les blasonne comme nous avons dit pour le cerf ou le daim entier. Si leur langue paraît, on se sert aussi du mot *lampassé*.

La diversité du bois fait discerner le cerf d'avec le daim. Quelques-uns appellent leurs têtes séparées *massacres*.

344

Cornulier, dont un évêque de Rennes, portait : d'argent au massacre de cerf d'azur, surmonté d'une moucheture d'hermines : *alias* ; — d'azur au massacre de cerf d'or surmonté d'une moucheture d'hermines d'argent.

Pour bien peindre un cerf, il faut savoir qu'il a au naturel les yeux grands, le cou long, les cuisses menues et les pieds fourchus. Sa femelle s'appelle *Biche* ; ses petits sont des *Faons* la première année, *Daguets* la seconde. A six ans, ils sont *cerfs de dix cors jeunement* ; à sept, *cerfs de dix cors* ; à huit, *grands cerfs*. La ramure est formée de cornes ou *andouillers*.—Tous ces termes sont passés dans le Blason.

La ramure se voit dans les armoiries séparée de la

tête. La moitié de la ramure étant seule, est mise en fasce, en pal, en bande, etc.

III

DU SANGLIER, DU POURCEAU

Le sanglier est toujours *passant*, et pour l'ordinaire de sable, rarement d'autre émail. On dit *onglé* ou *armé* pour exprimer la différence de ses pieds ou ongles ; *aux deffenses* ou *deffendu de*, pour leurs dents crochues et longues; *miraillé de*, pour l'émail des yeux.

Pollart, conseiller au parlement de Paris en 1685, portait : d'argent au sanglier de sable, surmonté de deux flammes de gueules en chef.

La *laie* est la femelle de cet animal et reçoit les mêmes différences. Ces *laies* sont quelquefois accompagnées de *marcassins* qui sont reconnaissables par leur petitesse.

Les têtes sont nommées *hures*, pour lesquelles on se sert des mêmes termes que pour l'animal entier.

Le *Porc*, ou *Pourceau*, n'est pas beaucoup usité en armoiries; toutefois on le rencontre aux armes d'une ancienne et très-noble maison.

346

Des Porcelets : d'or à un pourceau ou truie passant de sable.

Callot blasonne et habille le pourceau de cette maison en sanglier; nous donnons le dessin de Palliot.

Le pourceau ne doit point avoir de *défenses*, et c'est sa seule différence avec le sanglier.

IV

DES BOEUFS, VACHES ET TAUREAUX

On dit que les *Bœufs* et *Taureaux* sont *passants*, *effrayés* ou *effarouchés*, dans le même sens qu'on dit les animaux à griffes *rampants*.

Les autres différences sont communes avec celles de la *vache*, qui sont : *onglée*, pour différencier les pieds; *accornée*, pour les cornes; *accolée*, pour le collier où pend le clarin; *clarinée*, pour le clarin ou sonnette qu'elle a au col.

317

Le comte de Foix, portait : écartelé aux 1 et 4 d'or au pal de gueules de trois pièces ; aux 2 et 3 d'or à deux vaches passantes de gueules accornées, accolées et clarinées d'azur.

348

Du Pouy de Bonnegarde, porte : d'azur à deux vaches rangées d'or, passant sur une terrasse de sinople, surmontées en chef de trois étoiles mal ordonnées d'or, la première accostée de deux croissants d'argent.

La vache est toujours passante, et jamais effrayée ni effarouchée.

Les têtes de ces animaux étant mises séparément, sont de front, et n'ont aucune différence particulière, sinon que celle des taureaux est appelée *rencontre* par quelques armoristes.

On se sert aussi de ce mot pour les têtes de béliers et de moutons.

Les *Buffles* ont les mêmes différences; ils sont rares en France. Leurs têtes se trouvent quelquefois :

319

Mecklembourg-Schwerin, porte : d'or à une tête de buffle de sable, couronnée de gueules, accornée et bouclée d'argent.

V

DU CHEVAL

Le *Cheval* entre dans le blason de plusieurs manières. Le cheval, ou poulain *gai*, est celui qui est nu, sans bride ni licol. Celui dont l'œil est d'un autre émail est dit *animé*; *armé*, celui dont le pied qu'il emploie à se défendre est différent. Il est *cabré* ou *effrayé*, quand il a le devant élevé; on ne doit pas le dire *rampant*. — Bridé, sellé, bardé, houssé et caparaçonné sont des termes qui parlent assez pour les comprendre quand ils se rencontrent. Leurs têtes se voient aussi séparément.

VI

DES CHIENS

Il y a dans le blason, comme dans la nature, toutes espèces de chiens. Les plus usités sont les *levriers* et les *levrettes*.

Ils sont *passants* ou *courants*, quelquefois *assis sur leur queue* et *aboyants*. On les dit *accolés*, ou mieux *colletés* pour l'émail de leur collier.

La figure suivante, pour la maison de Nicolaï, est celle que nous donne Pierre-Sainte dans son ouvrage latin le Trésor de la Noblesse. Depuis, les Nicolaï ont peint leur levrier courant.

Nicolaï, porte : d'azur au levrier d'argent, accolé de gueules et bouclé d'or.

Lorsqu'il paraît des têtes de clous sur le collier, on dit : *cloué de*.

Les *mastins* sont faciles à discerner des levriers; ils se blasonnent de même. — Les *braques* n'ont rien de particulier que leur taille. — Les *limiers* et autres ne sont pas plus difficiles à blasonner. Il faut observer, pour tous, d'ajouter les mots *armés* et *lampassés*, si leurs langues et pieds sont d'un autre émail.

Les têtes du chien se rencontrent aussi.

VII

DES AUTRES ANIMAUX A QUATRE PIEDS

Ce que nous avons dit des animaux dont nous avons détaillé le blason, peut se dire de la plupart des autres animaux du même genre. Nous allons mettre le blason de quelques-uns des plus notables qui se trouvent plus ordinairement dans les armoiries françaises.

AGNEAUX

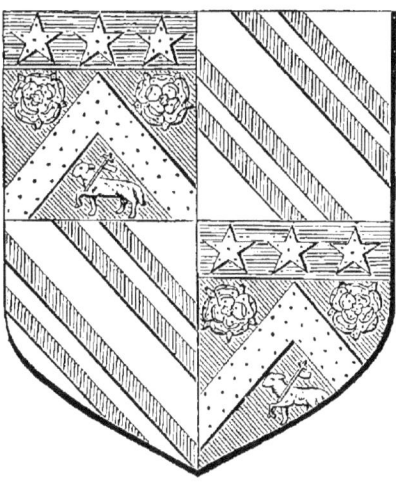

351

Teyssier de Chaunac et des Farges, porte : écartelé aux 1 et 3 de sinople, à un chevron d'or, accompagné de deux roses de même et en pointe d'un agneau pascal d'argent; le tout surmonté d'un chef d'azur chargé de trois étoiles d'or; aux 2 et 4 d'argent à deux jumelles de gueules posées en bande.

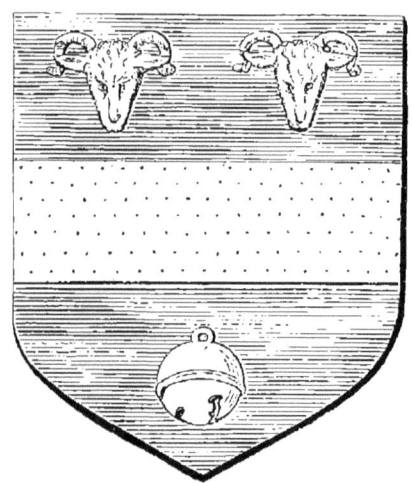

Bounée, en Bourgogne: d'azur à la fasce d'or, accompagnée de deux têtes de bélier d'argent en chef, un grelot ou sonnette d'argent en pointe.

BOUCS, BOUQUETIN

D'Ensemberg, en Tyrol et en Bavière, porte : écartelé aux 1 et 4 d'or, à un bouquetin de sable, sur un tertre de sinople de trois mamelons, le premier contourné; aux

2 et 3 d'argent à deux pointes et deux demies de gueules; sur le tout d'azur à un anneau antique de deux perles et d'un rubis surmonté de la couronne de baron allemand.

CHAT

Auchat du Plessis, breton, porte : de sable au chat effrayé d'argent.

CHÈVRE

Cabrera, en Espagne : d'or à la chèvre sautante de sable, à la bordure de sept créneaux de même.

ÉLÉPHANT

Elphiston, en Angleterre : de gueules à l'éléphant passant d'or.

ÉCUREUIL

Fouquet de Belle-Isle, la victime de Seguier : d'argent à l'écureuil rampant de gueules, à la bordure semée de France, qui est d'azur semé de fleurs de lys d'or.

FOUINE

De Fay, marquis de Perault : de gueules à la bande d'or chargée d'une fouine d'azur.

HÉRISSON

Ariole, porte : de gueules à un hérisson en défense d'or. — Ce mot *en défense* signifie *roulé en peloton*, ainsi qu'il a coutume de le faire pour éviter d'être pris.

LOUP ET LOUVE

Nous avons donné la figure du loup aux armes de Fiquelmont.

D'Agoult, seigneur de Chanousse, 1681, alliance de Virieu : d'or au loup ravissant d'azur, armé, lampassé et viléné de gueules.

LAPINS

Aydée de Riberac : de gueules à quatre lapins ou conils d'argent mis l'un sur l'autre.

LICORNE ET SA TÊTE

Benard-Mombize : d'azur à la licorne passante d'argent.

Lambert de Torigny, 1685 : d'argent à la licorne naissante de la pointe et effarée d'argent ; au chef d'argent chargé de trois poulettes de sable.

LIÈVRE

Beynac : de gueules au lièvre rampant d'argent.

MARMOTTE

De Marmier, en Bourgogne : de gueules au marmot ou marmotte d'argent.

MOUTONS

O Verrigny : de gueules à trois moutons d'argent.

OURS

Berne, canton suisse, porte : de gueules à la bande d'or, chargée d'un ours de sable, passant.

Monseigneur de Salinis, archevêque d'Auch, porte : d'argent au hêtre de sinople senestré d'un ours au naturel contre-rampant et jetant avec sa patte du sel qui retombe entre l'arbre et l'animal, et pour devise : *Hic sale vivisco*.

PORC-ÉPIC

Meaupou d'Ablèges, d'argent au porc-épic hérissé de sable, miraillé d'argent.

RANCHERS

Les ranchers sont des moutons, ou pour mieux dire des béliers.

Arquien Maligny : d'azur à trois ranchers d'or.

RENARDS

La Goupilière : d'argent à trois renards d'azur.

VIII

DE L'AIGLE

L'*Aigle* étant le plus noble de tous les oiseaux est aussi le plus fréquent et le plus usité dans les armoiries des maisons nobles. Il a des différences de blason qu'il faut spécifier.

Lorsqu'il a les ailes étendues, il est dit *esployé*. Celui qui a les jambes et les pieds d'un émail différent est dit *membré de*. Pour l'émail de son bec, on dit *becqué de*; *couronné de* s'entend d'une couronne sur sa tête ou ses têtes, s'il en a deux. On dit encore *diadémé*, car les aigles à deux têtes portaient autrefois un cercle qu'on appelait diadème. Ce diadème a été remplacé par deux couronnes de forme moderne, et l'on ne dit plus que couronné.

Voici sa figure du temps de Charles-Quint :

Empire d'Allemagne, porte : d'or à l'aigle éployé de sable, à deux têtes, membré, becqué et diadémé de gueules, chargé en cœur d'un écusson de gueules à la fasce d'argent.

Ces armes ont été communes à tous les empereurs, et pour distinction chacun d'eux a posé, dans l'écusson en cœur, les armes particulières de sa maison.

L'aigle impérial d'Allemagne se retrouve dans les armoiries flamandes et italiennes. Les Gibelins avaient tous un aigle au chef de leurs armes par concession de l'Empereur, et ils avaient plusieurs manières de le porter.

Plusieurs familles, en Europe, titrées du Saint-Empire, ont aussi l'aigle dans leurs armes. Elles le portent sur le tout de leurs alliances, ce qui nous semble moins régulier que de le porter en chef.

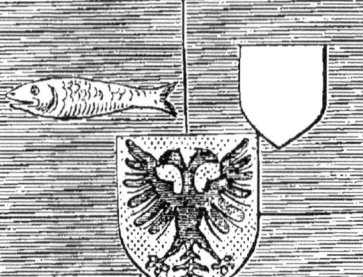

Le Bègue de Germiny, porte : écartelé aux 1 et 4 d'azur, à une ombre d'argent posée en pain, qui est de Le Bègue ; aux 2 et 3 à un écusson d'argent, qui est de Germiny : et sur le tout d'argent, à un aigle éployé de sable, comme comte du Saint-Empire.

Les armoristes disent tantôt un aigle, tantôt une aigle ; le sexe est indifférent sous leur plume héraldique.

L'aigle qui n'a qu'une tête est aussi *éployé* dans beaucoup d'armoiries. En voici un exemple :

De Calonne, en Artois, porte : d'argent à l'aigle éployée de sable.

Il y a d'autres aigles dont le dessin diffère selon les pays. Ainsi l'aigle de Pologne, — l'aigle de Prusse, — l'aigle de Russie.

L'Aigle signifie la monarchie ou la domination héréditaire transférée à un seul, les hauts desseins et entreprises et le mépris des choses basses.

Il y a des aigles partyes et coupées.

*

Les aigles ne sont pas toujours au vol éployé.

356

Les Napoléons portent de :

L'Empire français, qui est d'azur à l'aigle à la tête contournée d'or, tenant un foudre de même.

Napoléon Ier a pris cette aigle aux monuments italiens. Les Visconti à Milan, les princes de la Mirandole, Scaliger, en ont sur leurs tombeaux dont la posture est absolument la même, sculptés ; néanmoins dans les armoiries de ces princes, les peintres n'ont pas imité les sculpteurs.

Quand on ne voit que la partie supérieure de l'aigle dans un écu, on le dit *naissant*.

L'aigle *essorant* est celui qui prend son vol au naturel.

*

Quand les aigles sont plus petites, on les appelle *aiglettes*, et elles se mettent en nombre dans un écu.

357

La Trimouille, porte : d'or au chevron de gueules accompagné de trois aiglettes d'azur, becquées et membrées de gueules.

358

Bayon, en Lorraine, porte : d'argent à la bande de gueules munie de trois aigles d'or.

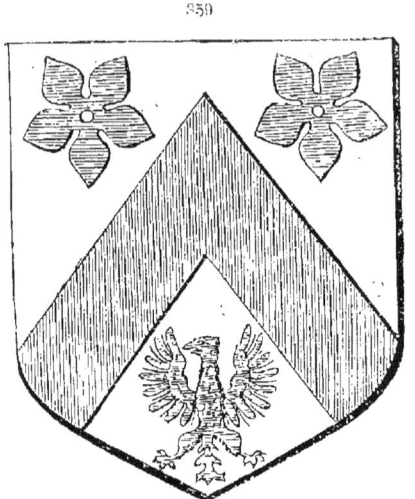

Berryer, en Ile-de-France, porte : d'argent au chevron de gueules, accompagné en chef de deux quintefeuilles d'azur, et en pointe d'une aiglette de même.

Les *Alerions*, ou *Alchyons*, sont des aiglettes qui n'ont ni bec ni jambes.

Les Alerions, — ainsi que les merlettes, que nous verrons plus loin, — qui sont des oiseaux dénués de bec et de pieds, représentent les ennemis désarmés et mis hors de combat.

360

Vaudemont-Lorraine, porte : d'or à la bande de gueules, chargée de trois alerions d'argent.

La maison de Montmorency et ses branches diverses,
Montmorency-Laval,
Montmorency-Néelle,
Montmorency-Bois-Dauphin,
Montmorency-Croisilles,

Portent avec des brisures, qui sont un lambel d'argent, — un losange d'argent au cœur de la croix, — un croissant, une étoile à six rangs ; — ceux de Laval chargent la croix de cinq coquilles d'argent.

356 NOUVEAU TRAITÉ DE BLASON.

Montmorency : d'or à la croix de gueules, cantonnée de seize alérions d'azur.

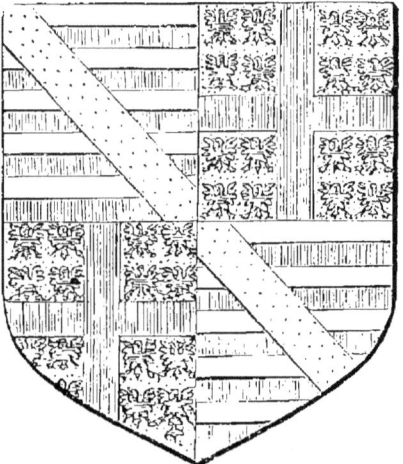

Frezeau, ou Frezel de la Frezelière, en Anjou et en

Écosse, porte : burelé d'argent et de gueules, à la cotice d'or brochant sur le tout ; écartelé d'or à une croix de gueules, cantonnée de seize alerions d'azur, quatre à chaque canton.

Enfin on rencontre quelquefois des têtes d'aigles que l'on dit arrachées quand elles sont mal tranchées, comme nous l'avons dit pour les têtes du lion.

On voit aussi des pattes d'aigle. Ainsi :

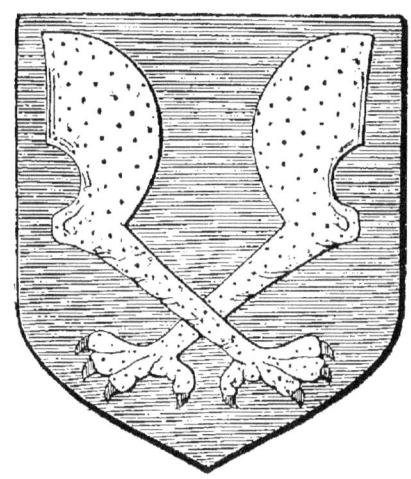

Le Roy de Gansendries, porte : d'azur à deux pattes d'aigle d'or mises en sautoir.

*

IX

DU GRIFFON

Après avoir exposé le blason du lion et de l'aigle, il est à propos de parler du griffon, qui est un animal monstrueux dont la partie de devant est d'un aigle et le derrière d'un lion. Il est toujours vu rampant, et ses différences se blasonnent comme celles de ces animaux. Ainsi il est becqué, lampassé ou langué, ailé, membré, armé de tel ou tel émail, comme nous l'avons dit du lion et de l'aigle. Voici sa figure :

Pérouse, en Italie, porte : d'azur au griffon d'or.

X

DES CANETTES ET DES MERLETTES

Les *Canettes*, en armoiries, n'ont ni bec ni pattes, et se voient de profil. Cependant Palliot et d'autres armoristes donnent aux canettes des becs et des pieds. Comme le dit leur nom, ce sont femelles de canards au col un peu allongé :

Poyane, porte : d'azur à trois canettes d'argent, 2, 1.

Les *Merlettes* sont plus petites, le col plus raccourci, et n'ont jamais ni bec ni pieds. Les canettes ne se voient pas souvent; les merlettes sont fort communes en armoiries :

Des Hayes de Cormenin, porte : de sinople à la fasce d'argent, chargée d'une merlette du champ.

Hugo, en Lorraine, porte : d'azur au chef d'argent, chargé de deux merlettes de sable.

368

De la Fresnoye, porte : d'or au chevron de sable, accompagné de trois merlettes de même.

XI

DES OISEAUX DE LEURRE ET DE POINTE

Les oiseaux de proie, comme faucons, éperviers, autours, laniers et autres oiseaux de fauconnerie, se reconnaissent par les longes, chaperons, grillets, perches et autres choses semblables qui ne se voient qu'à cette espèce d'oiseaux et qu'on exprime par les termes suivants :

Lié, ou *aux longes*, indique les attaches de ses pieds, si l'oiseau en a ;

Chaperonné, si sa tête est couverte d'un chaperon ou coiffe ;

Grilleté, si de petits grelots sont à ses pieds ;

Perché, s'il repose sur un bâton.

Membré et *becqué* sont des termes qui sont communs à ces oiseaux, comme aux autres que nous avons déjà vus et que nous verrons encore.

S'ils ont des ailes éployées, on les dit *à vol étendu*.

XII

CYGNES

Crosne Chaligaut : d'azur à trois cygnes d'argent.

Huguet de Semonville : écartelé au 1 et 4 d'azur au cygne d'argent ; aux 2 et 3 d'or à un arbre de sinople.

DU COQ

Le *Coq* peut être dit *membré et becqué*, comme tous les oiseaux ; mais il a deux termes qui lui sont particuliers : *crêté* et *barbelé*, qui s'expliquent assez par eux-mêmes :

369

L'Hospital, dont les marquis de Vitry, de Choisy et de Sainte-Mesme : de gueules au coq d'argent, membré, becqué, cresté et barbelé d'or.

370

CAULAINCOURT, duc de Vicence, porte : de sable, coupé d'or; le coupé d'or chargé d'un sauvage de gueules appuyé sur une massue de sable, et tenant sur le poing un coq de même; chef de duc de l'Empire français.

On peut blasonner les oiseaux ci-après d'après les règles que nous avons données pour ceux qui précèdent. Les autres différences qui se pourront rencontrer pour quelques-uns sont si rares qu'elles s'apprendront en les voyant.

GRUE

La pierre que la grue tient dans sa patte élevée s'appelle *vigilance*.

De Suin, porte : d'azur à une grue d'argent, tenant sa vigilance d'or, et deux étoiles de même posées en chef.

HIBOU

Hervart, porte : d'argent à un hibou de gueules.

CORNEILLES ET CORBINS

Lavedan, porte : d'argent à trois corbins de sable.

COLOMBES

Palomèque, en Espagne : d'azur à une colombe d'argent à une bordure de gueules, chargée de huit sautoirs d'or.

PIGEONS

De Rémusat, porte : party d'un filet d'argent adextré de gueules au chevron d'or, accompagné en chef de deux étoiles à six rays de même, et en pointe d'une hure de sanglier de sable, défendue d'argent ; le tout surmonté à dextre d'un franc-quartier d'azur à trois fusées d'or posées en fasce ; senestré aussi de gueules à trois pigeons essorés d'argent, les deux supérieurs affrontés.

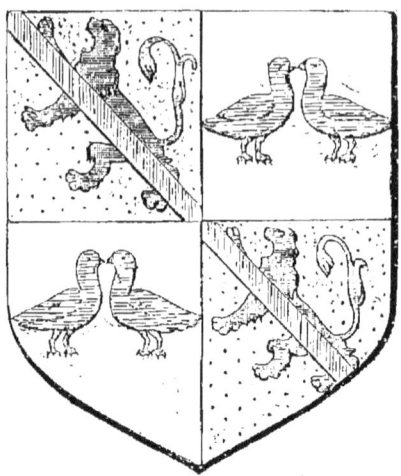

KERRET, en Bretagne, porte : écartelé aux 1 et 4 d'or au lion morné de sable et une cotice de gueules brochante, qui est de Kerret; aux 2 et 3 d'argent à deux pigeons affrontés d'azur, membrés et becqués de gueules, qui est du Val. Sa devise : *Tevel hag ober*, c'est-à-dire : *se taire et agir*.

PÉLICAN

Monseigneur GIGOUX, comte romain, évêque de Beauvais, porte : de gueules au pélican d'argent.

LE CAMUS, dont plusieurs conseillers au parlement de Paris : d'argent au pélican de gueules, au chef d'azur chargé d'une fleur de lys d'or.

OUTARDE

Trap, en Allemagne : écartelé aux 1 et 4 d'or, à une outarde au naturel ; aux 2 et 3 d'argent, à une fasce vivrée de gueules ; sur le tout d'argent à trois vols de gueules.

XIII

DU VOL DES OISEAUX

Deux ailes d'oiseau étant vues sans lui, sont nommées *vol*.

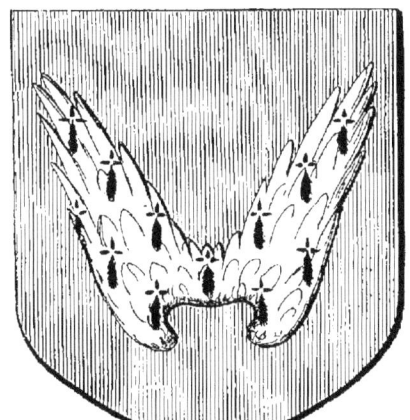
373

D'Osmond de Medavy, porte : de gueules au vol d'hermines.

Quand l'aile est seule, elle est appelée *demy-vol*.

374

Aleyrac, porte : d'azur au demi-vol d'or, écartelé de gueules à la tour d'argent, donjonnée de trois pièces, maçonnée de sable.

XIV

DES SERPENTS ET DRAGONS

Les serpents ou autres animaux ambiviés, ou amphibies, sont dits *lampassés* et *allumés* pour la différence de leurs langues et de leurs yeux, et se mettent en pal, fasce, bande, croix, etc.; adossés, affrontés, mordant leur queue, et autres différentes situations qui sont faciles à blasonner.

De Gusman, portait : d'azur à deux chaudières l'une sur l'autre, burelées de sept pièces courbées, les quatre échiquetées d'or et de gueules de deux traits et les trois autres d'argent ; les anses et les bordures des chaudières aussi échiquetées et cinq serpenteaux issants à chaque oreille des anses, deux en dedans, trois en dehors ; écartelé en sautoir d'hermines.

Le serpent qui se voit aux armes de Milan est appelé

guivre, *vuivre*, ou *bisse*, et l'enfant qui lui sort de la gueule est nommé *issant*, qui veut dire sortant, ce mot étant le participe du verbe *issir*, un vieux mot qui signifie *sortir*.

Les ducs de Milan, portaient : d'argent à la guivre d'azur mise en pal, torsée de sept tours, couronnée d'or, l'issant de gueules.

Ces armes se trouvent sur le tout des alliances de Rohan, Navarre, Évreux en France.

D'autres blasons portent des serpents ordinaires, qu'on appelle aussi guivres ou bisses.

*

Les *dragons* reçoivent les mêmes termes de blason.

Baillet, porte : d'azur à la bande de pourpre accostée de deux dragons ailés d'or, appelés aussi *amphistères*.

Le blason des autres dragons, serpents ou reptiles s'apprendra par l'usage.

XV

DES INSECTES

Les *Abeilles* et les *Mouches* n'ont rien de particulier, et sont faciles à connaître et à blasonner.

Barberini, à Rome : d'azur à trois abeilles d'or.

Les grands dignitaires de l'Empire français portent un chef chargé d'abeilles d'or.

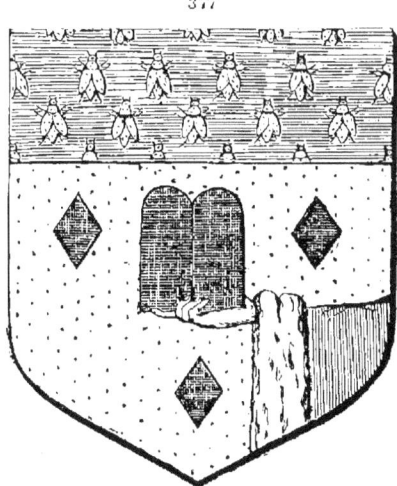
377

Le duc Cambacérès, prince-archichancelier de l'Empire : d'or au dextrochère au naturel, paré de gueules, rebrassé d'hermines, mouvant de senestre, chargé des tables de la loi de sable ; le tout accompagné de trois losanges de même ; chef de grand dignitaire, qui est d'azur semé d'abeilles d'or.

*

Les *Papillons* peuvent être vus *volants* ou *passants*. Si des marques rondes se voient sur leurs ailes et d'un émail différent du reste, on dit *miraillé de*.

*

Les *Doublets* sont des demoiselles ou moucherons vus de profil.

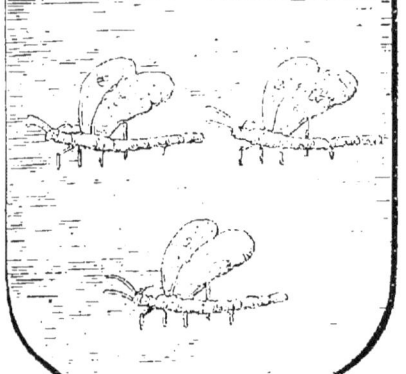

378

De Persan, porte : d'azur à trois doublets d'or volants ; quelques-uns ajoutent en bande ; un vieux manuscrit les porte en fasce comme nous les donnons.

XVI

DES POISSONS

Les poissons sont faciles à blasonner ; les seules différences qu'on rencontre sont relatives à leur disposition, qui peut être en pal, fasce, bande, barre, etc.

Pour l'émail de l'œil, quand il diffère de celui du corps, on dit *miraillé de* ou *allumé ; au naturel* veut dire la couleur naturelle.

*

Les dauphins et les bars ont quelques observations plus particulières.

Le *Dauphin* est ordinairement mis comme en la figure suivante ; s'il était tourné en sens contraire, on dirait *contourné*.

Le dauphin est *vif* ou *pâmé*. Il est vif quand on lui voit un œil et des dents, et les barbes, crêtes et oreilles d'un émail différent, comme est celui des armes de Dauphiné, dont les fils aînés de France écartelaient leurs armes, qui est :

Dauphiné, porte : d'or au dauphin vif d'azur, cresté, barbelé et oreillé de gueules.

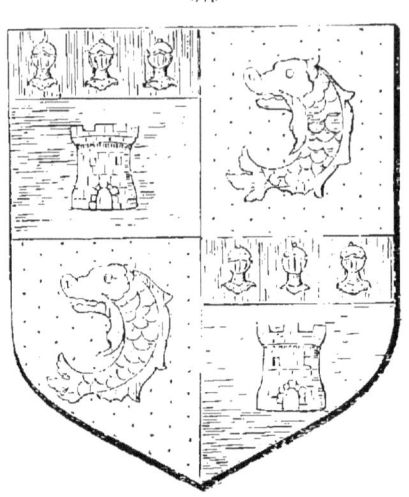

379

La famille de La Tour-du-Pin, qui prétend remonter aux Dauphins, porte : de la Tour du Pin écartelé de Dauphiné.

Le Dauphin, qui est d'un seul émail, sans œil ni dents, est dit *pamé*, ce qui fait la différence de celui des armes des dauphins d'Auvergne, qui portent : d'or au dauphin pamé d'azur.

Les dauphins du Forez, portent : de gueules au dauphin d'or, cresté, barbelé et oreillé de même.

La figure et disposition de ces dauphins est la même que celle du dauphin ci-dessus.

Les bars, qu'on appelle aussi barbeaux, se mettent ordinairement au nombre de deux adossés.

Dancourt, portait : d'hermines à deux bars de gueules.

Après les bars, les chabots du blason de Rohan-Chabot, et les écrevisses du blason de Thiard sont les exemples de poissons qui sont le plus connus.

Aux armes de Germiny nous avons donné une figure de poisson ordinaire.

En voici un autre exemple :

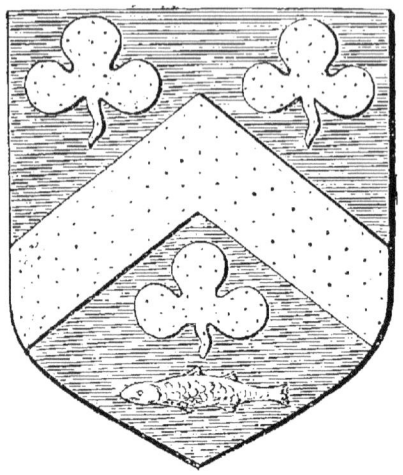

381

Veron-Bellecourt, porte : d'azur au chevron d'or, accompagné de trois trèfles de même, deux en chef, un en pointe, ce dernier surmontant un veron (poisson) d'argent.

XVII

DES ARBRES

Les arbres se distinguent par leur fruit; ceux qui n'en ont point sont dits simplement *arbres*.

Voici comment on figurait un arbre dans les vieux manuscrits :

Banencourt, porte : d'or à l'arbre de gueules.

De Boisgueret de la Vallière, porte : d'or à trois arbres de sinople sur une terrasse de même, accostés de deux croix pattées de gueules et d'un croissant d'azur montant en pointe.

Le pin se rencontre assez souvent en armoiries.

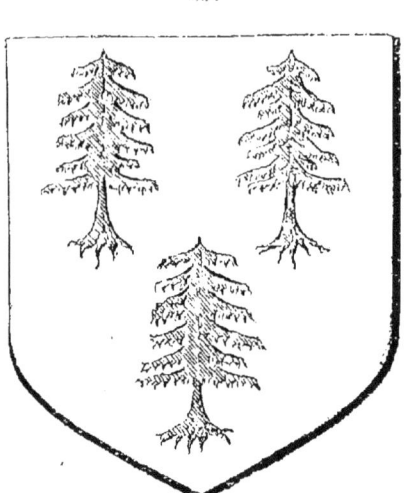

Du Bouexic, porte : d'argent à trois pins de sinople posés 2 et 1.

Quelquefois on use du mot *chargé* pour le pin.

Le chêne a le terme particulier *englanté* pour blasonner son fruit.

Aux raisins, on dit *pampré*.

385

Beaune, porte : d'argent à trois grappes de raisin de pourpre, pamprées de sinople.

La vigne est représentée avec son échalas ou sans lui.

Si les branches de l'arbre sont en nombre pair et certain, et qu'elles se voient croisées et entrelacées, on ajoute ces mots : à tant de rinceaux posés en sautoir.

On voit en armoiries des forêts qu'on dit *futées* pour blasonner l'émail différent du tronc des arbres qui les composent.

Le *Créquier* est un arbre qui se trouve aux armes de

CRÉQUY, d'une figure assez extraordinaire. Ce créquier est une espèce de prunier sauvage, dont le fruit, en langage picard, se nomme *creque* et dans le vrai patois *fourderaine*. Voici comment on le peint et comment il se blasonne.

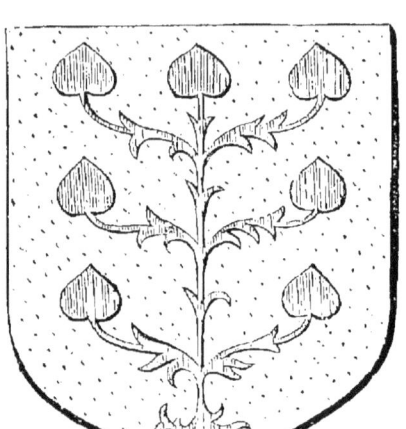

386

CRÉQUI, porte : d'or à un créquier de gueules, et crie : *Créqui! Créqui le grand baron, nul ne s'y frotte.*

*

On voit assez souvent des branches d'arbres et d'arbustes. Ainsi :

Zangiacomi, porte : d'hermines à la branche d'olivier de sinople, au franc quartier de gueules à l'épi en pal d'argent.

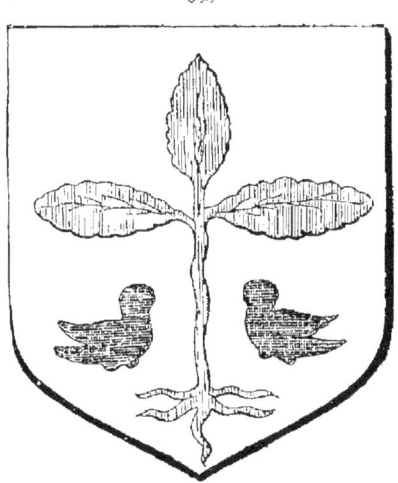

De Failly, en Lorraine, porte : d'argent à un rameau de trois feuilles de gueules, accompagné de deux merlettes affrontées de sable.

XVIII

DES FRUITS

Les *Fruits* de quelque arbre que ce soit ayant quelque feuille adhérente, sont dits *feuillés*. Ainsi le royaume de Grenade, que l'on voit figuré dans les armes de l'Espagne, porte : d'or à la grenade de gueules feuillée de sinople. Une grenade peut être sans feuilles.

Dodun : d'azur à la fasce d'or, chargée d'un lion naissant de gueules, accompagnée de trois grenades ouvertes d'or et grenées de gueules.

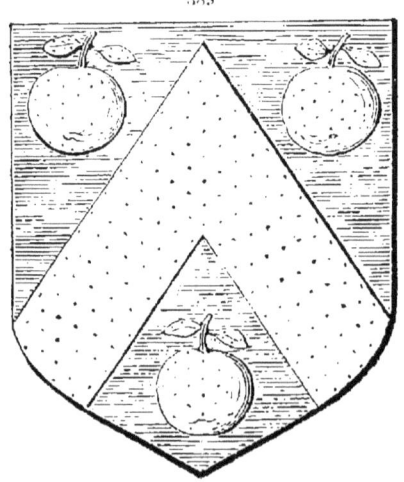

Pomereu, porte : d'azur au chevron d'or, accompagné de trois pommes d'or, feuillées de même.

XIX

DES FLEURS ET DES FEUILLES

Toutes les *fleurs* sont dites *soutenues*, pour spécifier la partie de branche ou de tige où elles sont attachées.

*

La *Rose* est dite pointée, pour la diversité d'émail des petites feuilles ou pointes qui paraissent dessous et joignent cette fleur.

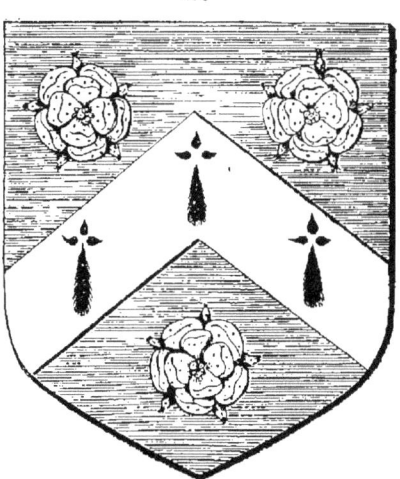
390

De Netz, dont un évêque d'Orléans : d'azur au chevron d'argent, chargé de trois mouchetures d'hermines et accompagné de trois roses d'or pointées de même.

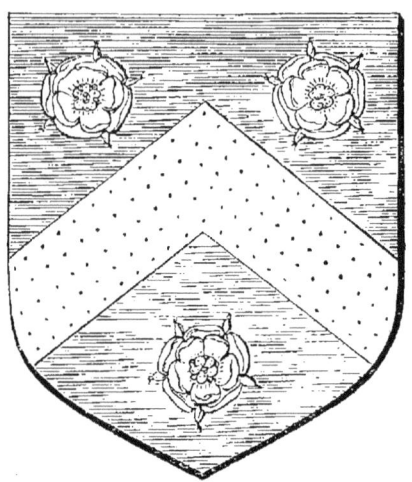
891

Gassot de Deffens, vicomte de Fussy, en Berri : d'azur au chevron d'or, accompagné de trois roses d'argent boutonnées d'or.

Ce mot *boutonné* s'entend des petites feuilles qui forment le cœur de la rose. — Quelques armoristes spécifient la double rangée de feuilles, et nomment rose double la rose ordinaire. — Cette fleur a une tige et des feuilles dont l'émail est quelquefois différent ; on l'énonce.

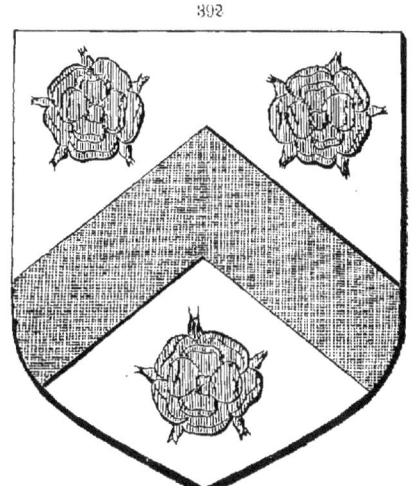

392

Bigot de Graverond, en Normandie, porte : d'argent au chevron de sable, accompagné de trois roses doubles de gueules, deux en chef, une en pointe.

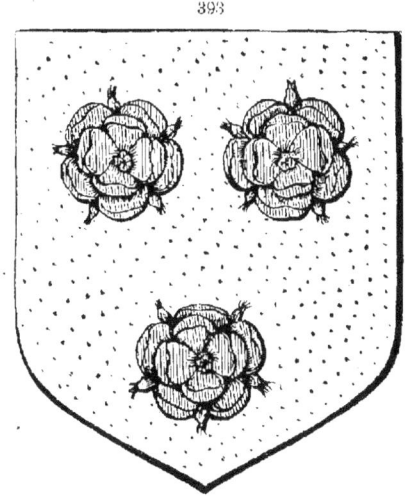

393

De Caqueray, en Normandie, porte : d'or à trois roses de gueules posées 2 et 1.

Godart, marquis de Belbeuf, porte : d'azur au chevron d'argent, accompagné en chef de deux molettes d'or, et en pointe d'une rose d'argent, feuillée et tigée de sinople.

*

Les feuilles tant des fleurs que des arbres et des arbrisseaux se mettent séparément; il suffit en les blasonnant d'observer leur nombre et leur situation.

Les *Trèfles* sont fort communs.

NOUVEAU TRAITÉ DE BLASON.   387

DE BROSSES, porte : d'azur à trois trèfles d'or.

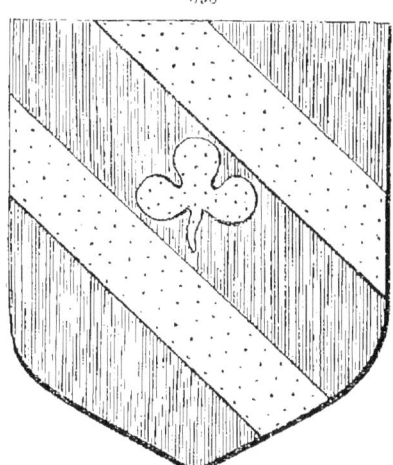

DE LA MARTINE, porte : de gueules à deux bandes d'or et un trèfle de même en abyme.

Les trèfles qui n'ont point de queue sont nommés *tiercefeuilles* ; ils sont assez rares. — On nomme *refente* l'espace compris entre les feuilles.

*

Les quartefeuilles sont, comme les tiercefeuilles, sans tige, à la réserve de ce qu'elles ont quatre feuilles et une façon de cœur au milieu.

Ces quartefeuilles sont appelées aussi bassinets et ranoncules.

*

Les quintefeuilles ressemblent assez à des fleurs de pervenche ; elles ont cinq feuilles. Elles sont très-communes en France et aux Pays-Bas.

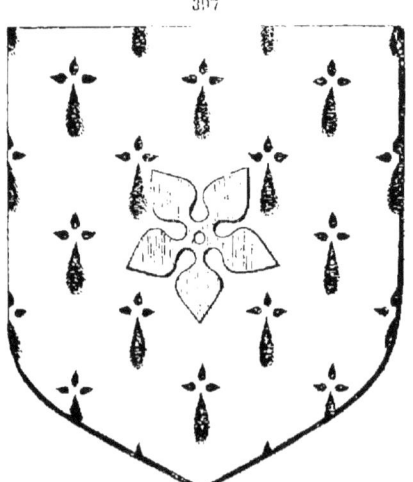

Le Veyer, en Bretagne, porte : d'hermines à une quintefeuille de gueules.

Le Mé : d'or à trois quintefeuilles de sinople, 2, 1.

Le Bailly, en Lorraine, porte : d'azur à trois quintefeuilles d'argent.

De Fretin, seigneur de Vueron, porte : de sable à la fasce d'argent accompagnée de trois quintefeuilles de même.

Il y a une fleur particulière qu'on appelle *angemme*, ou *angène*, ou *angenin*. C'est une fleur imaginaire de six feuilles, percées ou non, ce qu'il faut exprimer. Un vieux manuscrit, consulté par Palliot, les appelle des fleurs de merlier. La Colombière dit en avoir vu faites arrondies et non pointues. Néanmoins, pour la différence des quintefeuilles, les angemmes devraient avoir, comme celles de la quintefeuille, six feuilles, et Palliot propose une figure que ne porte aucune maison. Nous croyons, avec d'autres armoristes, que ce sont des roses d'ornement faites de rubans de broderies ou de perles. Ce mot vient de l'italien *ingemmare*, qui veut dire orner de pierreries.

Un manuscrit que nous avons consulté dans la Bibliothèque des ducs de Bourgogne, à Bruxelles, contient les armes de Tancarville ainsi peintes :

Le comte de Tancarville, porte : de gueules à l'écusson d'argent à l'orle d'angemmes d'or. — Ces angemmes n'ont que cinq feuilles et un cœur.

On les voit figurées de même, tome V du P. Anselme, aux armes mêmes de Tancarville, alliance de Melun, comme des étoiles d'or.

Les *fleurs de lys* sont les pièces les plus nobles de toutes celles qui se voient dans les armoiries françaises; elles sont assez connues.

Les Roys de France portaient : d'azur à trois fleurs de lys d'or, qu'en blasonnant on dit simplement *de France*, comme il a été dit en ce livre. D'où les armoristes disent *semé de France*, quand l'écu est *semé de fleurs de lys d'or sur azur*.

Il y a des fleurs de lys de tout émail.

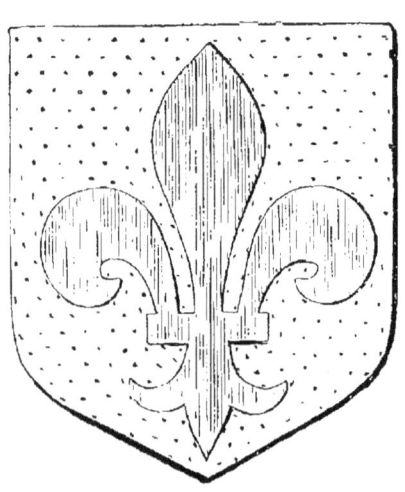

De Tilly, porte : d'or à une fleur de lys de gueules.

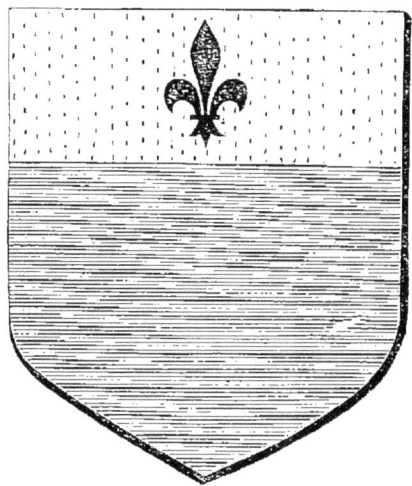

De Meun, porte : d'azur au chef d'or, chargé d'une fleur de lys de sable.

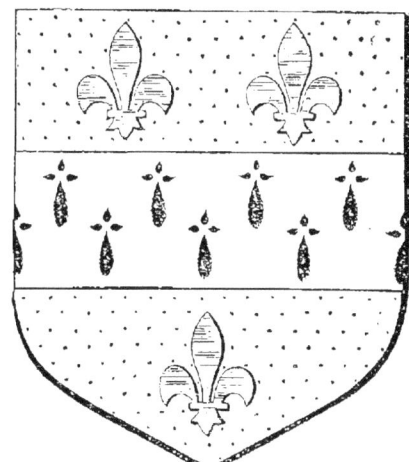

Parcon : d'or à une fasce d'hermines, accompagnée de

trois fleurs de lys d'azur, deux en chef et une en pointe.

Lévêque de la Ferrière, porte : de sable au chef d'argent, chargé de trois fleurs de lys de gueules.

Kenamberg, sur le Rhin, porte : d'argent à trois fleurs de lys de gueules.

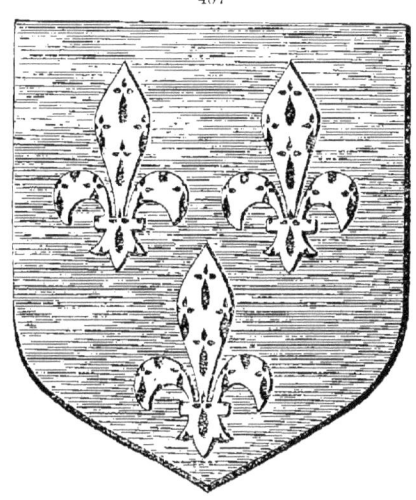

Burgly : d'azur à trois fleurs de lys d'hermines.

FOUCAULT, marquis DE SAINT-GERMAIN BEAUPRÉ, porte : d'azur, semé de fleurs de lys d'or, autrement dit : d'azur semé de France.

DU BOISPÉAN, sieur DE LA PILLARDIÈRE, porte : écartelé aux 1 et 4 d'argent semé de fleurs de lys d'azur, aux 2 et 3 aussi d'argent fretté de gueules.

La figure suivante de Patras de Campaigno n'est pas celle des armoiries que portent aujourd'hui les divers membres de cette famille. Nous donnons ici un dessin de d'Hozier, qui se trouve aux manuscrits de la Bibliothèque de la rue Richelieu.

Robert Patras de Campaigno, sieur de Saint-Paul, portait : de gueules à une croix d'argent, party de gueules à une fleur de lys d'or.

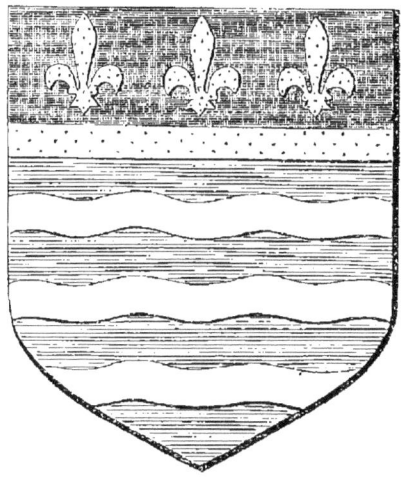

De Massas, porte : d'azur à trois fasces ondées d'argent ; au chef de sable chargé de trois fleurs de lys d'or, soutenu d'une trangle de même.

412

De Lessert, porte : d'azur à une fleur de lys d'or en chef, deux étoiles d'argent en fasce, et un croissant de même en pointe.

Il y a des lys d'une figure particulière qu'on rencontre dans les peintures flamandes, et qu'on nomme *lys au pied de...*

Les fleurs de lys ont d'autres différences ; ainsi lorsqu'elles semblent coupées, et que la partie du bas ne paraît pas, on ajoute *au pied nourri*.

413

Vignacourt, ou Vignancourt, en Picardie, porte : d'argent à trois fleurs de lys au pied nourri de gueules.

Les fleurs de lys peintes au naturel sont nommées *lys de jardin*.

En général, les fleurs représentent l'espérance, parce qu'en les voyant au printemps on espère voir ensuite des fruits. Par le lys surtout on montre l'attente du bien, l'espoir, comme on peut le voir dès l'antiquité par les médailles des empereurs où était une déesse tenant un lys avec ces mots : *spes publica*.

414

De Barthélemy, à Langres, porte : d'azur à un chevron d'argent, accompagné en chef de deux cailloux et en pointe d'un lys de jardin, le tout d'argent.

*

Les *Coquerelles* sont des oignons de fleurs, suivant quelques armoristes. Suivant le plus grand nombre, et plus justement, ce sont des *noisettes au fourreau* ; car c'est ainsi qu'on les voit et qu'on les peint dans leur verdeur, et non encore mûres.

*

L'*Aubifoin*, ou *aubifoing*, est un vieux mot qui désigne le *bluet*, dont les fleurs sont bleues et crénelées à l'entour; on l'appelle aussi *bluette*, parce qu'il croit dans les blés.

*

CARDONA, en Espagne : de gueules à trois cardons d'or, feuillés d'or.

La figure des cardons d'Espagne ne ressemble pas à celle que nous ont donnée les fabricants de blason d'aujourd'hui. Quant aux familles françaises qui portent le nom de CARDON, elles n'ont aucun rapport avec le nom et les armes des CARDON d'Espagne. CARDON, baron DE MONTIGNY, qui se trouve dans l'*Armorial* du premier Empire, porte : d'azur à la fasce d'or, accompagnée de six quintefeuilles d'argent, trois en chef, trois en pointe; franc-quartier de baron pris dans le conseil d'État.

*

DE CHAMPFLOUR, porte : d'azur à une étoile d'or, accompagnée en chef d'un vol abaissé d'argent, et en pointe d'une fleur nommée *champflour*, du second émail, tigée de sinople.

*

Les *Épis* ont une figure très-connue.

TALON, porte : d'azur au chevron d'argent, accompagné de trois épis montants d'or, soutenus chacun d'un croissant montant d'argent.

D'Orgemont, porte : d'azur à trois épis d'orge d'or.

Les gerbes sont quelquefois liées d'un autre émail, il faut l'exprimer.

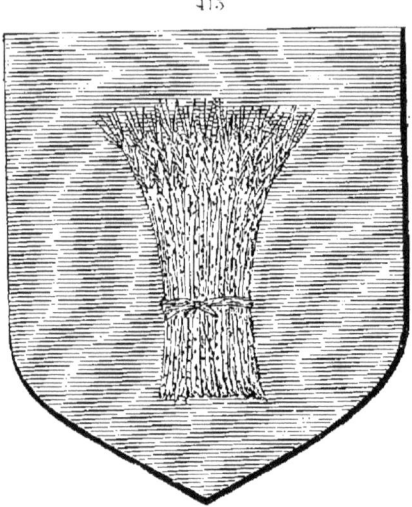

Sevin de Myramon et de Braque, fondateur de la Chapelle de Braque à Paris : d'azur à la gerbe d'or liée de même.

XX

DES ASTRES

Sous ce mot d'*Astres*, nous devons comprendre toutes les choses célestes et qui paraissent au-dessus de nous.

*

416

Monseigneur Pie, évêque de Poitiers, porte : d'azur à une Vierge d'argent.

*

Le soleil se connaît assez. Il a, pour l'ordinaire, en armoiries douze ou seize rayons dont les uns sont droits, les autres ondés.

Le soleil est le symbole de la divinité, de la magnificence et des autres qualités divines, comme la lune est celui d'une puissance dépendante et subalterne.

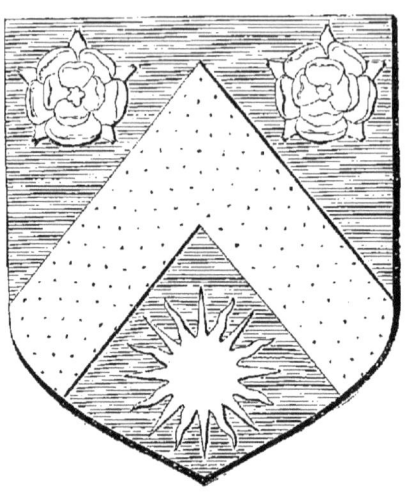

Dreux et Dreux-Brezé, porte : d'azur au chevron d'or accompagné de deux roses d'argent en chef, et en pointe d'un soleil d'argent. — *Alias* un soleil d'or sans face.

Ainsi l'émail du soleil est ordinairement d'or, quelquefois d'argent. Mais quand sa figure est de couleur, on dit *ombre* de soleil.

*

La *lune* se voit rarement en son plein.

Pour les *croissants*, ils se rencontrent souvent et sont même un des meubles les plus usités en armoiries.

Leurs principales différences sont en leur disposition : il y en a de *tournés*, c'est-à-dire ayant les pointes dirigées vers la gauche de l'écu; *contournés*, vers la droite; *montants*, vers le chef; *renversés*, vers la pointe; *adossés*, qui s'explique assez; *affrontés*, les pointes l'une vers l'autre.

On en voit de *vair*, de *vairés* et d'*hermines*; ils peuvent être *fascés*, *patlés*, *bandés*, *eschiquetés*, etc.

De Tarragon, porte : de gueules à un chevron d'argent accompagné de trois croissants montants d'argent, deux en chef et un en pointe, celui-ci surmonté d'une étoile d'or.

406 NOUVEAU TRAITÉ DE BLASON.

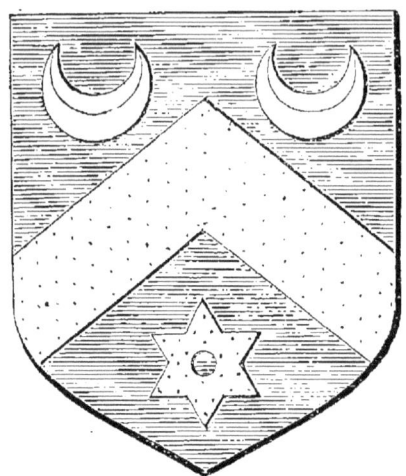

419

De Bizemont, porte : d'azur à un chevron d'or accompagné en chef de deux croissants d'argent, et en pointe d'une molette d'or.

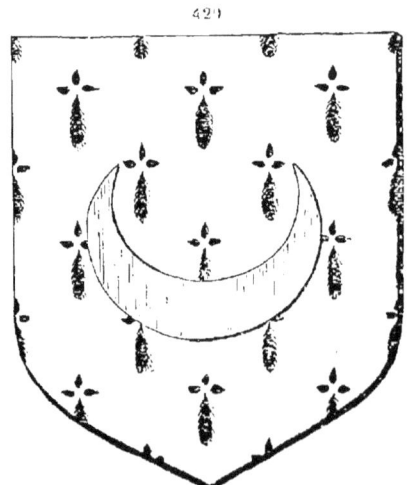

420

Bains, en Bretagne, porte : d'hermines à un croissant montant de gueules.

Maure, porte : de gueules au croissant de vair.

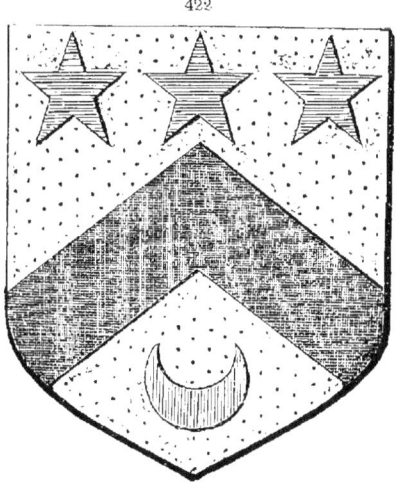

ALLARD, en Vivarais, porte : d'or au chevron de sable, accompagné de trois étoiles d'azur, rangées en chef, et d'un croissant de gueules en pointe.

*

L'étoile qui se voit ordinairement dans les armoiries n'a que cinq rayons ou pointes, jamais moins, et quelquefois plus, et alors il en faut exprimer le nombre. Nous venons déjà de voir quelques étoiles avec les croissants, en voici qui sont seules.

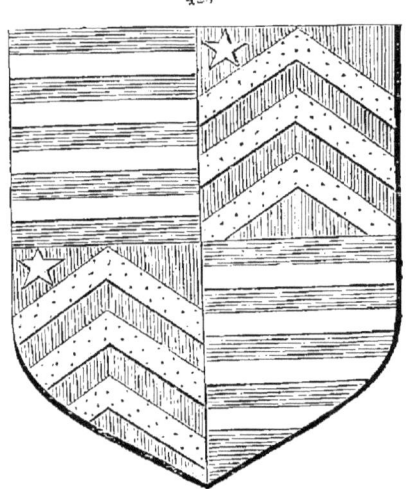

423

D'OLCE, porte : écartelé aux 1 et 4 d'azur à quatre fasces d'argent, qui est de la Lande ; aux 2 et 3 de gueules à trois chevrons d'or avec une étoile d'argent au premier canton, qui est de Olce en basse Navarre.

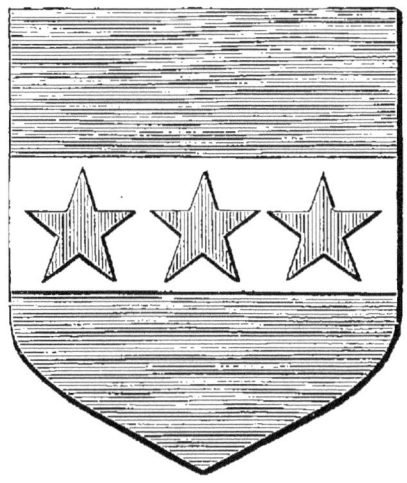

De Chergé, porte : d'azur à une fasce d'argent chargée de trois étoiles de gueules.

L'étoile peut être chargée de quelque autre meuble, comme par exemple de Sade, une des plus anciennes familles de Provence et du Comtat-Venaissin, dont la belle Laure, l'amante de Pétrarque, qui épousa Henri Chabaud, seigneur de Cabrières : de gueules à l'étoile à huit rays d'or, chargée d'une aigle éployée de sable, becquée, onglée et diadémée de gueules.

Une étoile qui ressemble à une comète se rencontre aux armes de Mesme.

*

A cause de la ressemblance des *molettes d'éperon* avec les étoiles, il est à propos d'en parler à la suite.

La molette a toujours été considérée en armoiries comme une marque de noblesse et de chevalerie, d'où est venu l'ancien proverbe : « Vilain ne sait ce que valent éperons. »

Elle ne diffère de l'étoile qu'en ce qu'elle est percée au milieu.

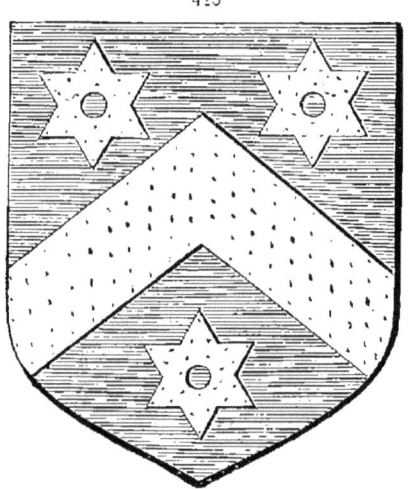

425

Garnier de Salins, porte : d'azur au chevron d'or accompagné de trois molettes de même.

La molette est ordinairement de six rays; cependant il y en a de cinq et même de huit, comme aux armes de Rovigo, figurées au commencement de cet ouvrage.

*

L'*arc-en-ciel* est assez rare, et quand on le rencontre, il se trouve de la façon et des couleurs qu'il a dans le ciel, c'est-à-dire *au naturel*.

*

Les *Nuées* et *Nuages* n'ont rien de particulier. Nous en voyons une figure aux armes de Montgrand, qui se trouvent à la page suivante.

Quant au *Monde*, il se figure comme une boule fascée, au sommet de laquelle est une croisette.

XXI

LES ÉLÉMENTS ET LEURS DÉPENDANCES

La *Terre* ne se voit jamais que sous la figure du monde ci-dessus, et jamais en couleur naturelle.

Les *Montagnes*, *Collines*, *Terrasses*, *Roches* ou *Rochers* et *Rochettes* se blasonnent facilement. On appelle *coupeaux* les pointes de chaque rocher ou montagne, comme aux armes de Valmy. Leur place est ordinairement en pointe, à moins qu'il n'y en ait plusieurs, alors ils se placent partout.

426

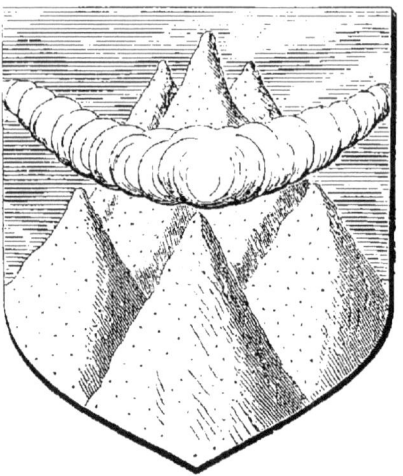

De Montgrand, porte : d'azur à une haute montagne d'or, mouvante de la pointe, à une nuée d'argent brochant sur le tout en fasce.

*

Lorsqu'on se sert du mot *roc*, il est entendu que ce sont des *rocs d'échiquier* pareils à ceux dont on joue aux échecs, et dont voici le vieux modèle tel qu'il se rencontre en armoiries :

127

D'Aumarle, porte : de gueules à trois rocs d'échiquier d'or.

*

L'*Eau*, les *Ondes* se voient ou d'azur, ou d'argent, ou au naturel, mélangé de sinople et d'azur.

*

Les *fusils* sont des espèces de briquets dont les rouliers se servent encore pour allumer leur amadou.

*

414 NOUVEAU TRAITÉ DE BLASON.

XXII

DES FIGURES HUMAINES ET DE LEURS PARTIES

Les saints, hommes, femmes, enfants, Mores, ou autres figures humaines qui se voient dans les Écus, sont de métal, couleur ou carnation, qui est la couleur de leur propre chair. Ils sont de front ou de profil, ce qu'on indique.

Les têtes de Mores sont de sable et de profil, et quand la bandelette ou *tortil* qui ceint leur tête est d'un autre émail, on dit : *tête de More tortillée de...*, etc.

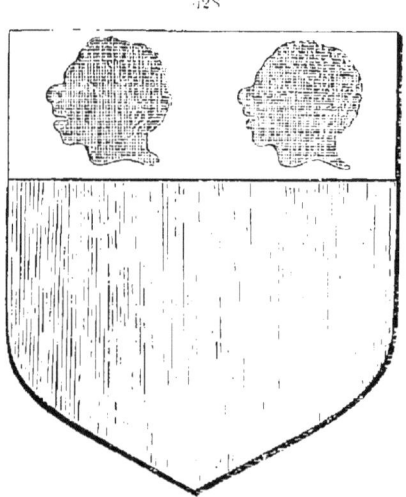

Barisy, ou Barisel en Lorraine, porte : de gueules au

chef d'argent chargé de deux têtes de Moriens de sable.

Le Noir, porte : d'argent à trois têtes de Mores de sable, tortillées d'or, 2, 1.

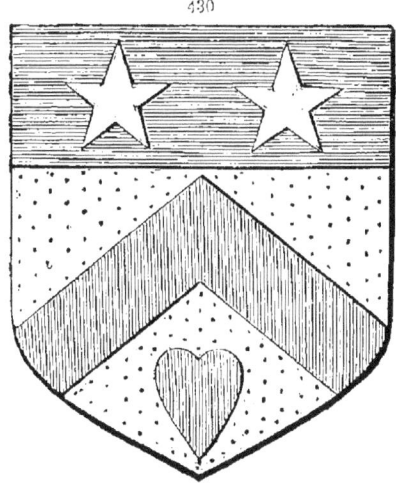

ALIROL, porte : d'or au chevron de gueules, accompagné en pointe d'un cœur de gueules ; au chef d'azur chargé de deux étoiles d'argent.

Le *Bus*, ou *Buste*, c'est la tête, le col et une partie de la poitrine jusqu'aux seins. Il y en a de femmes, de filles, de religieux, de reines. Un buste de femme à mi-corps est dit *demy-femme*.

Les mains se rencontrent assez souvent. La main droite s'appelle *dextre*, la gauche *senestre* ; la main avec le bras s'appelle *dextrochère*.

MARET, duc DE BASSANO, comte de l'Empire, porte :

tiercé en pal d'or, de gueules et d'argent; coupé de gueules à une main ailée d'or écrivant avec une épée d'argent; franc-quartier de comte ministre; chef de duc brochant sur le quartier; sur le tout d'argent à la colonne de granit sommée d'une couronne civique de chêne au naturel et accompagnée de deux lions, la queue fourchue, affrontés et contre-rampés de gueules.

*

Il y a des figures qui participent de la forme humaine, et qu'on appelle *monstrueuses*.

XXIII

DES ÉDIFICES

Les *Tours* sont *rondes* ou *carrées*, ce qu'il faut indiquer. Elles sont *couvertes*, lorsqu'elles ont quelque dôme ou chapiteau.

Quand les tours ou autres édifices sont *crénelés*, on indique souvent le nombre de créneaux. On les dit *maçonnés*, quand les liaisons des pierres sont d'un autre émail. Quand les ouvertures, portes ou fenêtres, ne sont pas du même métal ou de la même couleur, on les dit *ajourées de*.

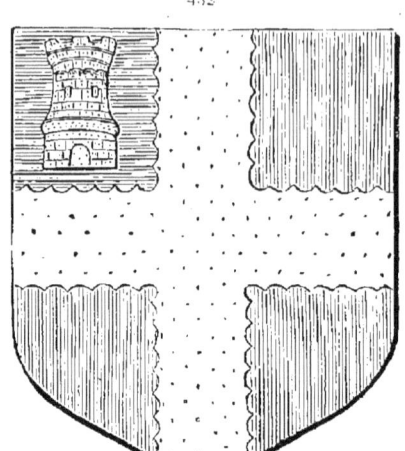

Feriet, en Lorraine, porte : de gueules à une croix engreslée d'or, et un franc-quartier d'azur chargé d'une tour d'or.

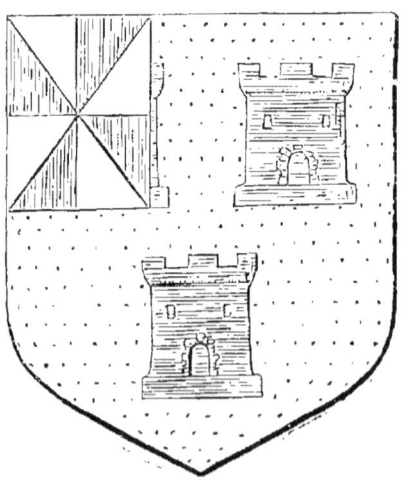

D'Aboncourt, porte : d'or à trois tours d'azur, maçonnées de sable ; au canton droit gironné d'argent et de gueules de huit pièces.

Les tours couvertes peuvent avoir quelque girouette ; on les dit alors *girouettées* de tant de *panonceaux*.

La tour sur laquelle on voit une autre tour est dite *sommée d'une autre tour*, et si, sur cette seconde, on en voit une troisième, on dit *réhaussée*. Cependant il est mieux de se servir du mot *donjonnée*.

Les châteaux sont des composés de tours et d'un mur ou logement ; souvent c'est un grand carré. Ils sont presque toujours surmontés d'une tour, et l'on se sert pour les blasonner des termes que nous avons expliqués pour les tours.

Froyaz, en Espagne : de gueules au château sommé de trois tours d'or, ajourés d'azur; à la bordure d'argent chargée de huit mouchetures d'hermines.

Les châteaux dont il ne paraît que la partie d'en haut et dont celle d'en bas semble coupée, sont dits *fondus*; quand ils sont dans l'eau, on les dit *plantés*; *soutenus*, quand ils ont quelque pièce sous eux.

On trouve diverses différences de figures, comme un *pan de mur*, un *demi-château*, une *chaîne de murs*, un *fort en ruines*. Ce sont des armoiries si rares que l'usage les fera connaître.

XXIV

DES ARMES DÉFENSIVES ET OFFENSIVES

Les habillements de tête qui se rencontrent comme meubles dans les armoiries, qui chargent ou accompagnent d'autres pièces, sont pris au vieux vocabulaire français, et cela se conçoit : c'était le langage du temps où les blasons étaient des signes de chevalerie.

Les *Casques, Morions à l'antique, Salades, Bourguignottes* et quelques autres se blasonnent facilement en énonçant leur émail, leur nombre et leur situation dans l'écu.

Ceux qui ont des crêtes de métal ou de couleur différente sont dits *crestés de*; si, au lieu de crête, on voit quelque animal, on dit *sommé de*.

Les *Cottes d'armes* et les *Gantelets* n'ont rien de particulier.

Les *Épées* sont *nues* ou *au fourreau*, *la pointe en haut* ou *en bas*; elles sont *garnies de*, si la poignée est d'un autre émail. On dit ausssi *embellies* ou *parées*, au lieu de garnies.

435

De La Filolie de La Raymondie, porte : d'azur à un lion d'or, armé et lampassé de gueules, senestré d'une épée d'argent.

En rétablissant la noblesse, Napoléon Ier a donné des épées en pal à ses ducs, à ses comtes et à ses barons.

436

Lannes, duc de Montebello, porte : de sinople à l'épée en pal d'or, la poignée en bas ; chef de duc de l'Empire, qui est de gueules semé d'étoiles d'argent.

437

Cousin-Montauban, comte de Palikao, porte : écartelé au 1 d'azur, à l'épée haute d'argent, montée d'or, qui est des comtes de l'Empire; au 2 d'argent à la fasce de gueules, accompagné en chef de deux merlettes de sable, et en pointe d'une molette d'éperon de même, qui est de Lannoy; au 3 d'argent au chevron de gueules accompagné en chef de deux merlettes de sable, et en pointe d'un croissant renversé de même, souvenir des campagnes d'Algérie; au 4 d'azur à la croix du Calvaire d'argent terrassée de sinople, pour rappeler l'établissement du culte catholique en Chine; sur le tout d'or au pont de sable, maçonné d'argent, sur lequel on voit des traces de boulets, qui est le pont de Palikao.

Les cimeterres, ou coutelas à l'antique, sont aussi nommés *badelaires*, et se blasonnent comme les épées. On les met en pal, fasce, croix, bande, etc. Leurs fourreaux sont dits virolés, anchés ou emmanchés, rivés pour exprimer la diversité d'émail de leur garniture.

Les bouts d'épée se nomment *boutcrolles*.

Les *Lances* ont quelquefois des guidons, ce qu'il faut indiquer. Au reste, on les blasonne, ainsi que les *piques*, *dards* et *javelots*, comme les épées. Elles se mettent aussi en frettes, quand elles sont enlacées comme le fretté dont nous avons parlé.

424 NOUVEAU TRAITÉ DE BLASON.

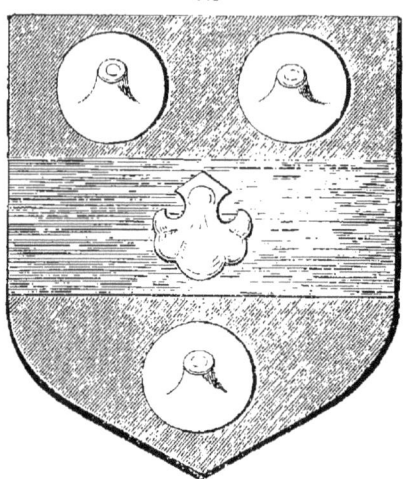

Esterno, en Bourgogne, porte : de pourpre à une fasce d'azur chargée d'une coquille d'argent et accompagnée de trois arrêts de lance de même.

Foustal, en Angleterre, porte : de sable à trois phéons ou fers de lance d'argent.

Le Phéon est un fer de lance antique. Le fer de lance ordinaire se trouve dans les armes suivantes :

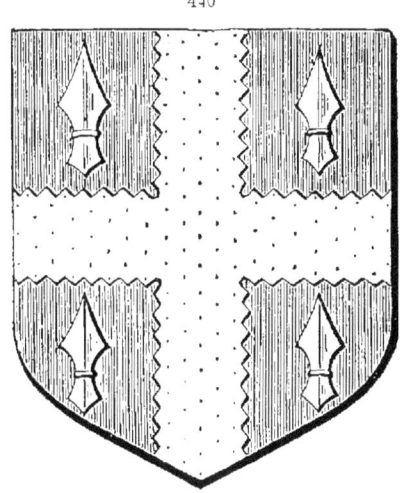
440

Saint-Seine, porte : de gueules à la croix dentelée d'or, accompagnée de quatre fers de lance de même.

Les *Haches*, *Hallebardes*, *Pertuisanes*, *Épieux* et autres armes semblables, ayant une hampe ou bâton d'émail différent, sont dits *emmanchés*.

Les haches sans manches se nomment *dolloirs* ou *dollouëres*, et celles dont le manche est courbé en rond sont des *haches danoises*.

441

Charles de Croy, premier prince de Chimay, portait : écartelé de Croy, qui est d'argent à trois fasces de gueules ; et de Renty, qui est d'argent à trois doloirs de gueules, deux en chef adossées et l'autre en pointe ; sur le tout aussi écartelé de Lalaing et de Flandres.

*

Les armes défensives et offensives et les vêtements portent leur signification en eux-mêmes, puisque ce sont les dépouilles des ennemis vaincus que les victorieux portent dans leurs écus pour témoignage et trophée de leur valeur.

Les écussons sont aussi des armes défensives.

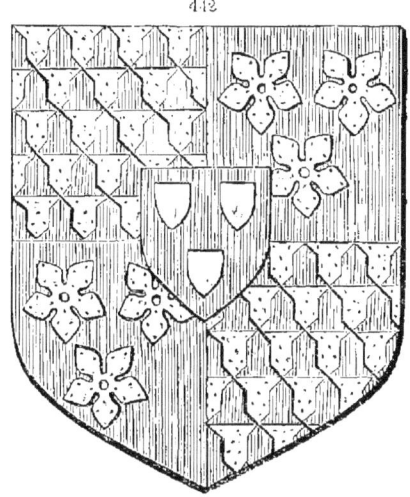

Un Beffroymont, portait : écartelé aux 1 et 4 vairé d'or et de gueules; aux 2 et 3 de gueules à trois quintefeuilles d'or; sur le tout de gueules à 3 écussons d'argent.

428   NOUVEAU TRAITÉ DE BLASON.

Le Maire de Montifault et de Charmoy : d'or au lion de sable, armé et lampassé de gueules, tenant de ses deux pattes un écusson d'azur.

Les *Fermeaux* sont des boucles avec un ardillon, telles qu'on les voit aux ceintures, baudriers et autres harnachements. Leur figure est ronde ; si elle est autrement, on le spécifie.

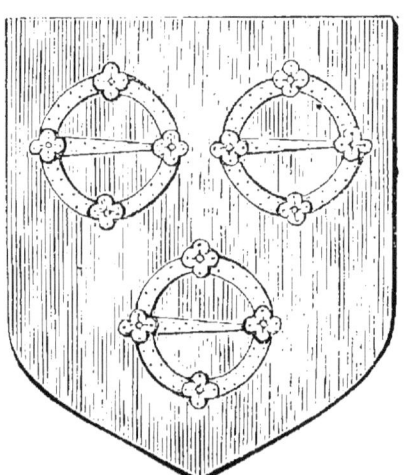

Graville, porte : de gueules à trois fermeaux d'or.

XXV

INSTRUMENTS DE CHASSE

Nous n'avons pas l'intention de donner un exemple de tous les instruments de chasse employés en armoiries, mais seulement des principaux et des plus usités dont le blason servira facilement à faire connaître les différences de chacun d'eux.

Les *cors de chasse, trompes et huchets* ne diffèrent que par leur figure et leur grandeur, ayant du reste communes toutes les différences suivantes.

Ils sont *virolés*, pour indiquer l'émail de la virole qui se voit à leurs extrémités; *liés*, pour la couleur du pendant; *enguichés*, pour l'embouchure.

445

Le prince d'Orange, portait : écartelé de Châlons et d'Orange, à l'écusson de Genève sur le tout : pour le premier, de gueules à la bande d'or; pour le second, d'or à un cor d'azur lié de même; sur le tout d'or à quatre points équipolés d'azur.

XXVI

INSTRUMENTS DE PÊCHE. — NAVIRES

Les *navires*, qu'on appelle aussi *nefs*, sont dits *habillés* ou *équipés*, pour noter qu'ils sont accompagnés de leur attirail, comme de mâts, cordages et voiles.

Lorsque les mâts sont sans voiles, on dit *aux mâts désarmés*.

Les *voiles* qui se rencontrent séparément et enflées, se disent *voiles en poupe ou enflées*.

Les *ancres* peuvent avoir le *trabs*, la *stangue* et les *gumènes* d'émail différent. On doit le dire.

Trabs, c'est le bois.

Stangue, c'est la tige ou pièce du milieu.

Les *gomènes* ou *gumènes* sont les *cordes* dont elles sont liées.

Les navires et l'attirail de la navigation sont l'emblème des expéditions et des victoires navales.

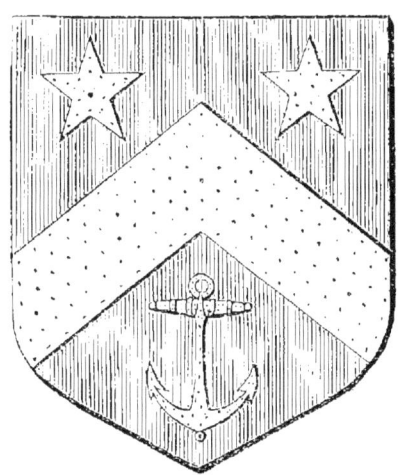

416

Perrée de la Villestreux, porte : de gueules au chevron d'or accompagné en chef de deux étoiles, et en pointe d'une ancre, le tout d'or.

417

Le chevalier Mac-Sheehy, en France et en Irlande, porte : écartelé au 1 d'azur à un léopard d'argent ; au 2 d'argent à trois lézards de sinople ; au 3 d'azur à trois hallebardes d'or mises en fasce ; au 4 d'argent au navire antique de sable ; sur le tout d'or à l'aigle à deux têtes de gueules, armé et lampassé d'azur, chargé d'un navire de sable à un mât, et un lambeau d'azur de trois pendants.

XXVII

DES USTENSILES

Sous ce mot d'*Ustensiles* sont compris tous outils et instruments d'arts et métiers, vêtements et autres menus meubles servant au travail ou à l'amusement de l'homme, et dont l'usage s'apprendra, en observant toujours le nombre, la couleur et la situation de chacun d'eux dans un écu. Voici les plus importants, les plus usités, et ceux dont il est le plus nécessaire de connaître la figure.

Les Coquilles, dont nous donnons plusieurs exemples, sont dans beaucoup d'armoiries le souvenir d'un pèlerinage ou d'un voyage en Terre sainte.

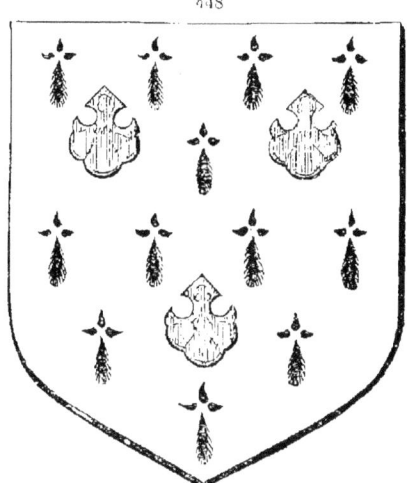

Du Pin : d'argent à trois coquilles de gueules, accompagnées de douze hermines posées 4. 1. 4. 2. 1.

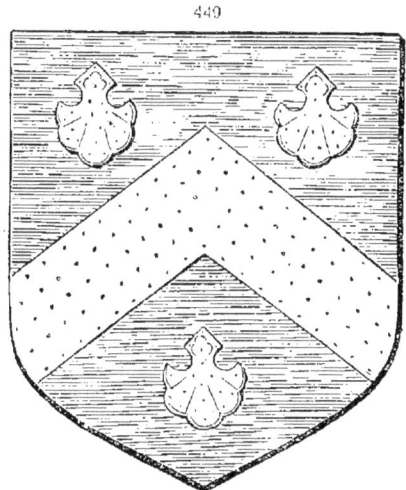

Feydeau, porte : d'azur au chevron d'or accompagné

de trois coquilles de même, deux en chef, une en pointe.

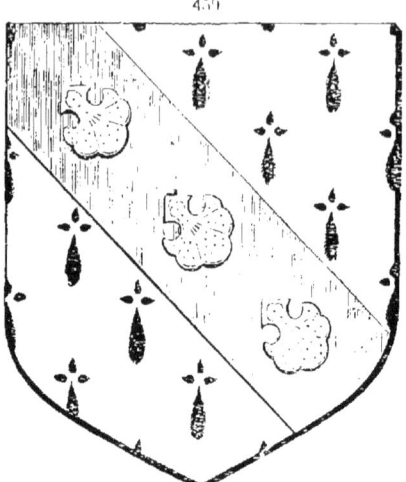

Honschott, au Pays-Bas : d'hermines à la bande de gueules chargée de trois coquilles d'or.

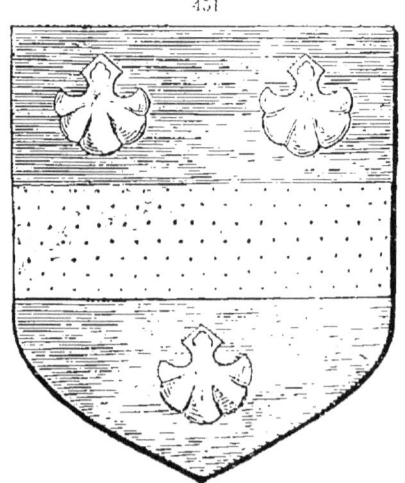

Juchault de La Moricière, en Bretagne : d'azur à la fasce d'or accompagnée de trois coquilles d'argent, deux en chef, une en pointe.

452

Du Vergier de La Rochejaquelein, porte : de sinople à la croix d'argent chargée en cœur d'une coquille de gueules et cantonnée de quatre coquilles d'argent.

Il y a des coquilles oreillées et des coquilles sans oreilles ; les premières sont dites de Saint-Jacques, et si l'émail en est différent on le spécifie, mais les exemples en sont rares.

Clefmont, porte : de gueules à la clef en pal d'argent.

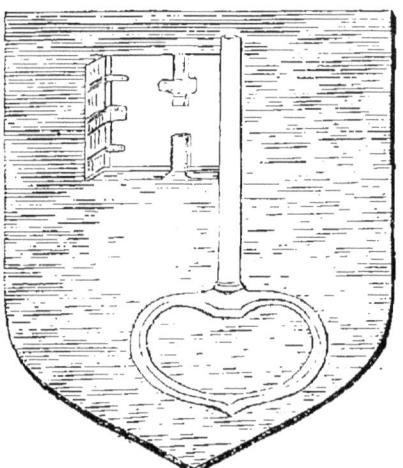

De Bazemont, porte : d'azur à une clef périe en pal d'argent.

455

De Bruxey, porte : fascé d'argent et d'azur de huit pièces, à un franc-quartier d'argent chargé d'une clef de gueules posée en pal.

456

CROMBERG, sur le Rhin, porte : écartelé au 1 de gueules à une couronne d'or ; aux 2 et 3 beffroy de deux tires ; au 4 de gueules.

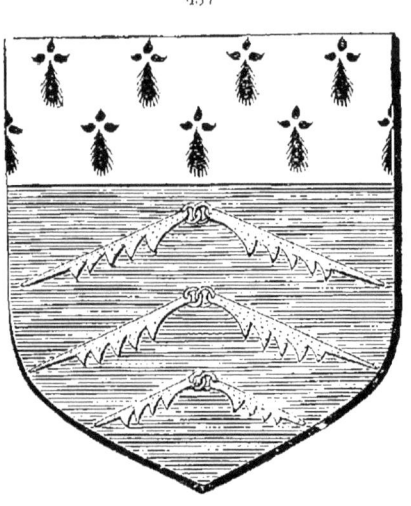

457

Le sieur DE GENVELLE OU DE JOINVILLE, en Bourgogne et en Champagne, porte : d'azur à trois broyes ou broches d'or liées de fil d'argent, au chef d'hermines.

La *Broye* est un instrument dont on se sert à la campagne pour rompre le chanvre. Il est passé dans le blason. Le Père Ménestrier dit que les Anglais l'appellent *barnacles*. La maison DE BROYE porte cet instrument par allusion à son nom ; celle DE JOINVILLE y ajouta un chef d'hermines, et sur le chef d'hermines d'autres placent un lion naissant.

De Baillivy, à Nancy, porte : de gueules au chevron d'or, accompagné en chef de deux étoiles de même, et en pointe d'un triangle plein d'or.

De Clermont-Tonnerre, porte : de gueules à deux clefs d'argent posées en sautoir.

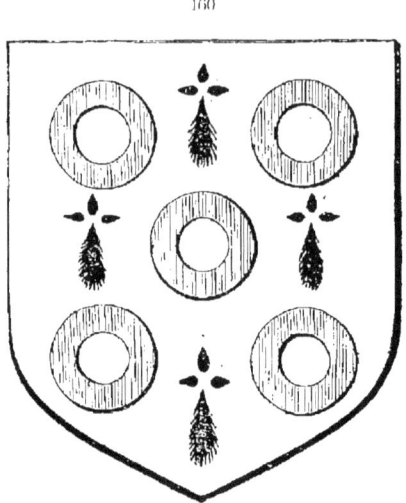

De Pimodan, en Argonne, porte : d'argent à cinq annelets de gueules posés en sautoir, accompagnés de quatre mouchetures d'hermines de sable.

La famille de Rarécourt de la Vallée, dont les marquis de Pimodan, ne blasonnait pas autrefois de quatre mouchetures d'hermines de sable, mais elle portait : d'hermines à cinq annelets de gueules posés en sautoir. C'est ce que nous avons remarqué dans d'anciens ouvrages sur l'ancienne chevalerie de Lorraine.

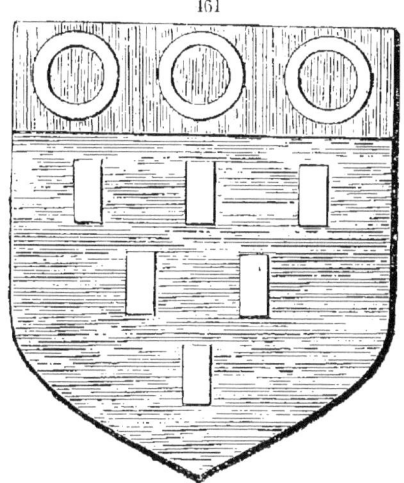

161

Ferron de La Ferronnays, en Bretagne, porte : d'azur à six billettes d'argent, 3, 2, 1 ; au chef de gueules chargé de trois annelets d'argent.

162

Virieu, en Bourgogne : de gueules à trois vires d'or.

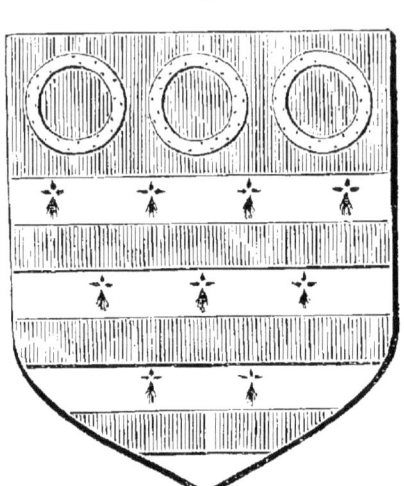

De Gourcy, porte : d'argent à trois fasces de gueules, accompagnées de neuf mouchetures d'hermines posées 4, 3, 2 ; au chef de gueules chargé de 3 annelets d'or.

Gourcy ou Gorcy ou Gorcey a porté aussi : d'hermines au chef de gueules chargé de trois annelets d'or. C'est ainsi qu'on le trouve dans l'ouvrage de Matthieu Husson l'Écossais sur l'ancienne chevalerie de Lorraine, en 1674. — D'Hozier a enregistré, en 1696, deux autres armoiries avec quelques brisures. Ainsi un Gorcy portait : d'argent à neuf mouchetures d'hermines, 4, 3, 2, et un chef cousu d'argent chargé de trois annelets de gueules.

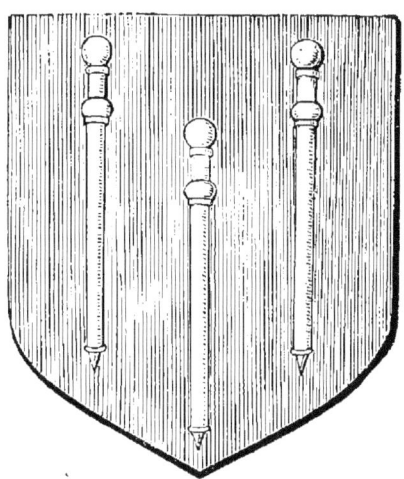

464

La Bourdonnaye, porte : de gueules à trois bourdons d'argent.

*

Nous pourrions continuer à l'infini les divers meubles du blason ; mais les familles ont souvent des pièces d'armoiries particulières, et vingt mille figures ne suffiraient pas.

Peut-être le lecteur nous saura gré d'avoir entrepris ce livre, et sa bienveillance nous permettra plus tard, nous l'espérons, de lui soumettre de plus nombreux exemples.

APPENDICE

Nous avons donné jusqu'ici « tout ce qui concerne le vray blason, » comme dit le Père Ménétrier ; « en voici les ornements et les pièces accidentelles. »

I

LES SUPPORTS

Les *supports* et les *tenants*, que l'on confond ordinairement, sont différents.

Les *tenants* sont les figures des anges et des hommes qui tiennent l'écu, l'action de tenir étant le propre des hommes seulement. Les dieux de la fable et les centaures sont aussi *tenants*, parce que les premiers sont représentés sous forme humaine, et les autres en ont la moitié, et principalement les mains dont ils tiennent.

Les *supports* sont toutes sortes d'animaux qui supportent l'écu.

Il y a encore les *soutiens*, comme sont les arbres et autres choses semblables auxquelles l'écu paraît quelquefois attaché.

Il y a ordinairement deux tenants ou deux supports aux armes, quelquefois un seul, et quelquefois un plus grand nombre que deux.

Ils sont ou de deux animaux semblables, ou de deux animaux différents, souvent des mêmes qui sont dans l'écu, et souvent d'autres.

Ils ont aussi leurs émaux particuliers.

L'usage des supports n'est pas ancien.

11

LE TIMBRE ET LE COURONNEMENT DE L'ÉCU

Le *timbre* est le casque ou heaume qu'on met sur l'écu. Il faut observer le nombre des grilles pour la différence des conditions.

On fait les timbres des rois, empereurs, princes ou ducs souverains, chefs d'États ou de républiques, ouverts ou la visière levée, et on les place de front. Ils sont d'or.

Ceux des princes et des ducs seulement ont la visière levée à demi. On les fait d'acier enrichi d'or.

On donne onze grilles au timbre des marquis, neuf à celui des comtes, vidames et vicomtes, sept à celui des barons; celui des chevaliers, un peu tourné, en a cinq; celui des gentilshommes de race, trois; celui des nouveaux anoblis, mis en profil et fermé, est sans grilles: enfin, celui des bâtards est contourné.

Les simples gentilshommes mettent sur le casque un tour de livrée des émaux de l'écu, qu'on nomme *bourrelet* ou *tortil*.

On était anciennement fort religieux et fort exact au comportement de ces timbres, et chacun le portait selon sa qualité. Il n'en est plus de même aujourd'hui; le dernier venu se pose un timbre de duc avec une couronne de marquis. Les graveurs qui se disent héraldiques sont trop complaisants: pour 25 fr. ils font un prince, et aucune loi ne les atteint.

Les empereurs mettent sur leur timbre une couronne impériale d'or, comblée d'un monde surmonté d'une croix.

Les rois ont aussi la couronne fermée; celle de France était fleuronnée de fleurs de lys, celles des autres rois le sont de feuilles d'ache comblées d'une croix. Celle des rois d'Angleterre est fleuronnée de croix et de fleurs de lys. Celle des ducs de Savoie, rois de Chypre, à présent rois de Piémont et d'Italie, était et doit être terminée par une croix tréflée de Saint-Maurice.

Celles de Napoléon Ier et de Napoléon III sont une couronne impériale particulière; celle des princes de la maison impériale ne doit pas être fermée, mais ouverte et aiglonnée.

Celle du grand-duc de Toscane est ouverte, à haute pointe, avec une fleur de lys épanouie de Florence.

Les princes de la maison de France, Bourbon, Berri, Condé, Artois, Joinville, Nemours, Aumale, Montpensier, la portent ouverte et fleurdelysée.

Les ducs la portent à feuilles d'ache.

Les marquis, de trois feuilles d'ache mêlées à des perles montées.

Les comtes ont la couronne de neuf perles.

Les barons, le bonnet greslé de perles.

III

LE CIMIER ET LES LAMBREQUINS

Le *cimier* est la pièce qui se met sur le casque et qui est la plus élevée des armoiries.

On le fait de toutes sortes de figures, comme animaux, plantes, membres d'animaux, choses artificielles, etc., et souvent de plumes de paon, de héron, d'autruche, etc.

Les Allemands y mettent souvent des bonnets plats, ou élevés et pointus, et des tuyaux de plumes.

Les animaux n'y sont, le plus souvent, qu'à mi-corps ou naissants. Ils y peuvent être entiers.

On met aussi des vols en cimier : ce sont des ailes des émaux de l'écu; quelquefois ce vol est fait de deux bannières, et pour lors on le nomme *vol banneret*.

*

Les *lambrequins* sont des volets pendants du casque, qui enveloppent l'écu; ils doivent être des émaux du blason, parce qu'ils sont la livrée du chevalier prise des émaux de ses armes.

Ils étaient autrefois simples, maintenant ils paraissent hachés et découpés artistement, d'où est venu le nom de *hachements* qu'on leur donne.

De ces lambrequins est venu l'usage des manteaux qui enveloppent les armes des princes et des ducs et pairs ou sénateurs, et des pavillons qui couvrent celles des rois.

IV

LA DEVISE ET LE CRI DE GUERRE

La *devise* n'est qu'un ornement accessoire des armoiries, introduit pour les tournois et demeuré depuis en blason.

Il y en a de cinq sortes : — de simples lettres, — des mots seuls, — des sentences entières, — des figures, — des mots et des figures. Chacun a sa devise.

Le *cri de guerre* est le mot dont les familles se sont autrefois servi pour rallier les troupes qu'elles avaient droit de lever et de conduire pour le service du prince.

Le nom même de ces familles était le cri le plus ordinaire; il y en a d'autres de défi, d'invocation, d'excitation, de joie, etc.

V

LES ORNEMENTS DES DIGNITÉS

Il y a divers ornements de dignités; je les réduis à cinq chefs, qui sont : les dignités ecclésiastiques, — les dignités politiques, — les offices de la maison souveraine, — les charges militaires — et les dignités de la robe.

Avant 89 ces ornements étaient fort en usage. Nous empruntons, du reste, au P. Ménétrier la plupart de ces règles.

Pour les dignités *ecclésiastiques*, le Pape porte la tiare, faite de trois couronnes dont est cerclé un bonnet blanc, rond, élevé, avec deux pendants comme ceux des mitres. Il met aussi deux clefs derrière l'écu, l'une d'or, l'autre d'argent ; il les mettait autrefois au-dessus de l'écu, comme on les voit sur quelques monnaies et en divers endroits d'Avignon.

Les cardinaux mettent sur leurs armes le chapeau rouge à quinze houppes de chaque côté.

Les archevêques le mettent vert, à dix houppes, et accolent l'écu d'une croix que les primats, patriarches et légats mettent à double traverse.

Les évêques le mettent aussi vert, à six houppes, la mitre de front et la crosse tournée en dehors.

Les abbés mitrés mettent la mitre un peu tournée et la crosse en dedans. Ils mettent aussi le chapeau noir de six houppes.

Les abbesses mettent la crosse derrière l'écu, le chapelet autour.

Les religieux de Saint-Denis mettent en chef les armes de l'abbaye et le chapelet autour de l'écu.

Pour les dignités *politiques* :

Les rois posent leurs armes sous un grand pavillon doublé d'hermines, comblé de la couronne souveraine ; celui de France était semé en dehors de fleurs de lys ; celui de l'empire est semé d'abeilles. Leur écu est entouré des colliers de leurs ordres et soutenu par leurs tenants ou supports.

Les ducs et pairs ou sénateurs enveloppent les leurs d'un manteau doublé d'hermines et les entourent de quelque ordre, s'ils en ont.

*

Pour les *offices de la maison royale*, il y avait des ornements qui sans doute renaîtront pour la plupart. Voici les principaux :

Le grand maître de la maison accoste son écu de deux bâtons de vermeil, dont les bouts se terminent en couronnes françaises, c'est-à-dire fermées et fleurdelysées, ou abeillées.

Le grand chambellan porte, pour marque de sa dignité, deux clefs d'or passées en sautoir, dont les anneaux se terminent en couronnes.

Le grand écuyer accoste son écu de deux épées au fourreau avec leurs ceintures semées de fleurs de lys ou d'abeilles.

Le grand aumônier met sous ses armes un livre marqué de l'écu du souverain.

Le grand veneur a pour marque de sa charge deux grands cors de chasse avec leurs attaches à côté de l'écu de ses armes.

Le grand fauconnier y met deux leurres.

Le grand louvetier, deux têtes de loup de front.

Le grand prévôt, deux faisceaux de verges d'or, liés de cordons d'azur avec la hache d'armes, passés en sautoir.

Le grand maréchal des logis, une masse et un marteau d'armes passés en sautoir au-dessous de l'écu.

*

Les charges *militaires* dont on peut parler sont :

Le connétable, qui accostait son écu de deux mains armées d'une épée nue levée.

Les maréchaux de France accolent leur écu de deux bâtons semés de fleurs de lys ou d'abeilles, et passés en sautoir.

L'amiral accole le sien d'une ancre d'or, ou de deux passées en sautoir, de même émail.

*

Les dignités de la *robe* sont celles du chancelier et des présidents.

Le chancelier a pour marque de sa dignité le mortier de toile d'or, rebrassé d'hermines, posé sur le timbre de ses armes, duquel sort pour cimier une figure de reine représentant la France, tenant à la main droite le sceptre et à la gauche les grands sceaux du royaume, et derrière l'écu de ses armes deux grandes masses d'or passées en sautoir avec le manteau d'écarlate orné de rayons d'or vers le haut et fourré d'hermines.

Les présidents mettent le mortier de velours noir bordé de deux galons d'or sur le timbre. Les premiers présidents placent l'écu de leurs armes sur un manteau d'écarlate fourré de petit-gris.

VI

ORIGINE DES LIVRÉES

L'usage de porter des armoiries sur les habits fit que les livrées devinrent elles-mêmes des armoiries. De même qu'on voit dans les armées modernes les couleurs diversifier les régiments, et les régiments d'élite ornés de quelques attributs, de même, autrefois, celui qui équipait tant d'hommes leur donnait les couleurs de son blason : les chevaux, les manteaux, les pennons, panaches et autres ornements représentaient les pièces de l'armoirie. Cet usage, dit un vieux blasonneur, introduisit dans le blason le party, l'échiqueté, l'écartelé, le losangé, les fasces, les bandes, les pals ou paux, les hermines et les vairs qui sont des fourrures; les chevrons, le fretté, les bordures, les trescheurs, le papelonné, le vivré, les engrelures, etc. Les livrées furent tantôt simples, comme la fasce, le chef, le pal, le fascé, le pallé, le bandé; tantôt composées de fasces et de chevrons, de fasces et de bandes, de fasces d'étoffes et de fasces de fourrures, de bandes d'étoffes d'or et d'argent, ou de diverses couleurs. C'est ce qui a fait cette agréable diversité que nous remarquons dans les armoiries et qui n'ont point d'autre origine que cet usage, dont a amplement traité dans ses *Origines des armoiries* le Père Ménétrier.

VII

RÈGLES GÉNÉRALES DU BLASON

Le blason a des règles générales auxquelles il faut souvent se reporter pour bien étudier cette science. Les règles particulières qui se rapportent à chaque pièce se trouvent dans le corps de cet ouvrage au fur et à mesure que nous avons parlé de ces pièces, animaux et autres meubles. Les lois générales ressortent mieux en les plaçant à la fin de ce traité.

Lorsqu'un écu est *party*, le métal, comme le plus noble, doit être mis le premier, c'est-à-dire à droite, et on entend par la droite le côté de la main droite de celui qu'on suppose porter l'écu en sa gauche.

Si l'écu est coupé, tranché ou taillé, le métal ou la fourrure doit être placé en haut et la couleur au-dessous. Le contraire se pratique rarement.

Il en est de même aux écus pallés, fascés, bandés, et aux échiquetés, losangés, fuselés, où le premier carré, losange ou fuseau doit être de métal.

Les animaux à quatre pieds, les oiseaux, poissons, reptiles, doivent avoir la tête du côté droit de l'écu. Il est rare d'en voir contournés. Les vieux blasonneurs, Barthole lui-même, célèbre jurisconsulte qui s'occupa de science héraldique, ont trouvé que la posture de regarder du côté gauche de l'écu répugnait à la bienséance et à l'ordre, puisque, en supposant que l'homme de guerre porte son écu en avant au combat, l'animal figuré, au lieu d'être tourné contre l'ennemi, semblerait fuir et tourner le dos. De là vient que ces animaux peuvent et doivent être figurés à gauche, par exemple, sur une enseigne ou cornette de guerre, car, dans la marche, ils doivent regarder la lance ou hampe de l'enseigne qui tire après soi le drapeau ou l'étoffe dont elle est faite.

Il en est de même quand ces animaux sont brodés sur des caparaçons ou couvertures de chevaux, parce que l'animal doit regarder la tête du cheval; de sorte que sur ces caparaçons il y en aura d'un côté figurés à droite, et de l'autre à gauche.

FIN

TABLE DES MAISONS ET PERSONNAGES NOBLES

DONT LES ARMOIRIES

SONT BLASONNÉES DANS CET OUVRAGE

	Pages.		Pages.
Ablèges--Meaupou	347	Amboise Aubijoux	107
Aboncourt, en Lorraine	419	Amboise (Saint-)	128
Aboval	157	Amiens, de La Boissière	51
Abrahan de Millancourt	252	Angers du Plessis	43
Acigné, en Bretagne	216	Angeville, en Bugey	177
Adhémar, en Velay	208	Anglure, en Champagne	283
Agoult, en Provence	346	Anthin, en Belgique	257
Aigremont, en Lorraine	308	Aquitaine (Duc d')	313
Ailly-Péquigny	175	Aralos, en Espagne	71
Aine, en Lorraine	71	Arc (Jeanne d')	219
Aldegonde (Sainte-)	30	Arel, en Bretagne	71
Alençon, fils de France	270	Argentré	201
Aleyrac, en Velay	368	Argrel ou Arckel	184
Alighiéri Dante, à Florence	151	Ariole	246
Alirol, en Vivarais	247	Arminot, en Bourgogne	34
Allard, en Velay	408	Arquien-Maligny	348
Aluze Le Grand	42	Arrigney	138
		Arthois, fils de France	295

Aspremont, en Lorraine. 16
Aubeterre, ancien.... 50
Aubigny-Saint-Severin. 124
Aubusson-la-Feuillade. 206
Auchat du Plessis... 345
Auli, en Belgique.... 124
Aumarle, en Normandie........... 413
Aurbach, en Suède... 64
Autel, en Lorraine.... 253
Autriche..... 119 et 349
Autricourt-Ligneville.. 242
Auvergne, ancien.... 279
Auvergne (Dauphins d'). 374
Avallon-Chastellux... 263
Avaugour, en Bretagne. 115
Aydée de Riberac.... 316
Aymeret de Gazeau... 218

Bade, duché...... 125
Baffert, en Anjou.... 18
Bagnesi, à Florence... 117
Baillet, à Paris..... 371
Bailly Kersemon (Le).. 72
Bains, en Bretagne... 407
Ballioni, à Péruse.... 118
Ballivy, à Nancy..... 439
Banencourt, en Bretagne 377
Barberini, à Rome.... 279

Barbey, en Lorraine... 234
Barexey......... 309
Barisi ou Barisei.... 414
Baroncelli, Comtat-Venaissin......... 157
Barthélemy, à Langres. 400
Batory, prince de Transylvanie........ 85
Bassano (Duc de).... 446
Baume-Montrevel (La). 189
Bavière, royaume.... 247
Bayeux......... 131
Bayon, en Lorraine... 354
Bazemont........ 436
Beaucaire-Péguillon... 319
Beaufin-Béranger.... 83
Beaufremont.... 42 et 427
Beaumanoir....... 25
Beaumont, dans Segoing 444
Beaumont, dans Pierre-Sainte.......... 245
Beaune......... 379
Beauregard-Arminot.. 34
Beauvau, en Lorraine. 328
Beauvoir-Chastellux... 283
Bègue de Germiny (Le). 350
Bel (Le), en Picardie.. 120
Belbeuf-Godart...... 386
Belgrauv, en Angleterre. 249
Belle-Isle-Fouquet.... 345
Belleville-Herpedunes.. 81

TABLE DES ARMOIRIES.

Belmont.	135	Bodin, en Bretagne.	137
Bemont, en Lorraine	253	Boineburg gen von Hoinstein.	70
Benard-Mombize	346		
Benavida, en Espagne.	326	Bois (Du), en Languedoc.	327
Béranger, en Dauphiné.	83		
Berminicourt.	48	Boiscervoise-Bussy.	334
Bern, sur le Rhin	126	Boisgueret de la Vallière	377
Bernamont, en Belgique.	104		
Bernard de Nolet.	183	Bois-Dauphin-Montmorency.	355
Berne, en Suisse.	347		
Berry (Duc de).	291	Bois-Pean (Du).	396
Berryer, en Ile-de-France.	353	Boissaint, en Normandie.	118
		Bongart-sur-le-Rhin	131
Berthelay-Quesquertin.	330	Boni, à Florence	63
Berthon de Crillon	154	Bonnières.	47
Bertrand	76	Bordeaux-Puy-Paulin.	12
Betfield, en Angleterre.	66	Bouexic.	378
Béthune.	121	Bouillon (Godefroy de).	56
Beynac.	347	Boulainvilliers	138 et 157
Bigot de Graverond.	385	Bouqueval.	207
Billy.	252	Bourbon-France.	293
Bioncourt, en Lorraine.	118	Bourbon-Condé.	294
Biron-Gontaut.	74	Bourbon-Vendôme	295
Bizemont, en Picardie.	406	Bourdonnaye (La)	443
Blanchi, en Insubrie.	121	Bourée, en Bourgogne.	344
Blaton, en Bourgogne.	301	Bourgogne.	102, 296 et 301
Blimond (Saint), Picardie	181	Bourlemont	160
Blois-Châtillon	249	Bourmont, en Lorraine.	330
Blot de Gilberte	117	Bouthillier (Le) de Senlis.	72
Bocart de Cugnac.	78		
Bodegat, en Bretagne.	258	Boves, en Angleterre.	142

Braque-Sevin de Myramon	402	Calonne (de), en Artois.	354
Braun, en Silésie	278	Cambacérès (Duc de)	372
Braunen de Reichenberg	222	Campaigno-Patras	397
Bretagne, duché	29	Camus (Le), à Paris	366
Brezé-Dreux	404	Canisy-Carbonel	259
Brezé-Maillé	180	Capocci, à Rome	118
Brienne	239	Capoue (Princes de), à Naples	136
Brimeu, en Belgique.	419 et 302	Caqueray, en Normandie	386
Briquemard ou Briquemault	286	Carbonel de Canisy	259
Broglie, en Piémont et en France	244	Cardon, en France	401
Brosses, en Bourgogne	387	Cardona, en Espagne	401
Broye, en Champagne	438	Cassinel	42
Bruxey	437	Castel (de), en Allemagne	73
Buchet (Des), du pays de Liége	254	Castelbajac, en Bigorre	204
Bulgneville	275	Castelperron	72
Bulleux, en Artois	113	Castille-Espagne	99
Burgi, en Angleterre	241	Castrocucci, en Italie	114
Burgli, en Angleterre	395	Caulaincourt, ancien	114
Busancy	160	Caulaincourt-Vicence	364
Bussel, en Normandie	287	Caumartin-Le Fèvre	153
Bussy Bois-Cervoise	334	Ceilles, en Flandres	455
Bussy-Brion	71	Chabanes, en Saintonge	314
		Chaligant-Crosne	362
		Chalonge, en Bretagne	308
		Châlons-Orange	430
		Chambellay	445
Cabrera, en Espagne	345	Chamaillard	170
Caïeu-Allegrin	290	Champagne, province	199

TABLE DES ARMOIRIES. 463

Champflour, en Languedoc.	401
Champgrand	315
Chandio, en Bourgogne.	28
Chanousse-d'Agoult.	346
Chapelle ou La Chappelle.	146
Charlot, en Picardie.	262
Charmoy	428
Charny	427
Charolais-Bourgogne.	296
Chastellux, en Bourgogne.	263
Chateaubriand.	294
Châteaugiron.	20
Châteaugontier.	145
Châteauneuf.	324
Châtenoy, en Lorraine.	331
Châtillon.	245, 299 et 300
Chaugy-Musigny.	72
Chaumont.	153
Chaunac-Teyssier.	343
Chergé	409
Chigny ou Chiny, en Barrois.	313
Chimay-Croy.	426
Chohan de Kocandy.	333
Choisy-l'Hospital	363
Cicon, en Bourgogne.	121
Cifuentes, en Espagne.	211
Clary, en Dauphiné.	117
Clavigny	124
Clefmont	436
Clerc	284
Clermont-Tonnerre.	439
Clermont de Lodève.	158
Cluseau (Du).	82
Coagne.	29
Coatevez, en Bretagne.	241
Coetlogon.	31
Colombe (Sainte-), en Beaujolais.	71
Combourdal.	73
Combourg.	123
Cominges.	234
Commercy.	204
Conflans, en Soissonnais.	274
Corday, en Normandie.	147
Cormenin, en Orléanais.	360
Cornari, à Venise.	64
Cornulier, en Bretagne.	335
Corneille, en Normandie.	217
Cossé-Brissac, en Anjou.	173
Couci.	41
Coudray (Du).	348
Courcelles, au pays Chartrain	71
Cousin-Montauban	422
Créqui	380

TABLE DES ARMOIRIES.

Crevant-d'Humières	70	Duffle	142
Crillon-Berthon	154	Durfort de Duras	312
Crisegnies, en Flandres	38		
Croisilles-Montmorency	355		
Croix, en Belgique	428		
Cromberg, sur le Rhin	438	Ebrard-Saint-Sulpice	63
Crosne-Chaligant	362	Eginhard	51
Croy-Chimay	426	Egmont, au Pays-Bas	170
Cugnac-Bocart	78	Empire d'Allemagne	349
Cystria (Prince de)	164	Empire français	352
Czerwiana, en Pologne	14	Engoulevent	417
		Ensenberg, en Tyrol	344
		Épinal	214 et 291
		Escars la Vauguyon	122
Dampierre	300	Eschweg, en Hesse	64
Dancourt, en Ponthieu	375	Espagne, royaume	99
Danencheu-Druays	33	Espineus, en Artois	109
Dante Alighiéri	151	Essey, en Lorraine	106
Dauphiné, province	374	Esterno, en Bourgogne	424
Deffens-Gassot	384	Estourmel	16
Desgabets-Dombasle	26	Estouteville, en Norman-	
Derval	74	die	320
Destourmel ou d'Estour-		Estrac	72
mel	16	Étampes, fils de France	175, 259
Devorré ou De Vorré	29	Évreux, fils de France	295
Dombasle-Desgabets	26		
Donati, à Florence	67		
Dreux	297 et 299		
Dreux-Brezé	404	Failly, en Lorraine	382
Druays	33	Farges-Teyssier l'es	343
Du Pouy de Bonnegarde	339	Faucigny, en Savoie	161

Faverges . . . . 106 et 146
Fay-Perault. 345
Fayette (Gilbert de La). 267
Fée-le-Chatel. 34
Fénelon. 446
Fenestrange. 117
Feriet, en Lorraine. . . 418
Ferrers, en Angleterre. 249
Ferretti-Mastaï 313
Ferrière-Levêque (La). 394
Ferron de la Ferronnays. 441
Fèvre de Caumartin (Le). 143
Feydeau. 433
Ficquemont, en Lorraine. 197
Fiennes. 312
Filolie de La Raymondie (La). 421
Flacken de Schwarzenberg 161
Flandres-Gueldres . . . 323
Flavi, en Vermandois. . 217
Flegny 42
Fontaine, en Bourgogne. 268
Forest-Mauvoisin (La). 316
Foresta, en Provence. . 287
Forez (Dauphins du). . 374
Fortibus, en Angleterre. 39
Fortiguierre. 62
Forstall, en Angleterre. 424
Fougères 245

Foucault de Saint-Germain-Beaupré. 396
Fouquet de Belle-Isle. . 345
France (le roi de). 293 et 392
Franchi, à Gênes. . . . 57
Franclieu. 33
Fresne 174
Fresnoye (La) 361
Fretin de Vueron. . . . 390
Frezeau ou Frezel de La Frezelière. 356
Frolaz, en Espagne. . . 421
Fumel, en Guyenne. . . 228
Furstenberg, au Rhin. . 269
Fussy-Gassot. 284

Gamaches, ancien. . . . 44
Gand-Vilain. 27
Gansendries le Roy. . . 357
Garde (La), en Dauphiné. 36
Garnier de Salins. . . . 410
Garot, en Normandie. . 240
Gassot de Deffens et de Fussy. 384
Gauville, en Gâtinois. . 47
Gazeau-Aymeret 218
Genest (Du), en Touraine. 260
Genève-Orange. 431

Genvelle ou Joinville, en Bourgogne	438	Guiche (La), en Bourgogne	129
Germain-Beaupré (St-)	396	Guiderhoven, au Pays-Bas	118
Germiny-le-Bègue	350	Guidicles, en Espagne	137
Georgi, à Venise	121	Guillerville	257
Ghisi, à Venise	80	Guines	44
Gigoux (Mgr)	366	Guiochi, à Florence	162
Gilberte-Blot	447	Guizot	151
Godart de Belbeuf	386	Gusman, en Andalousie	271 et 369
Gontaut-Biron	74		
Goupillière (La)	348		
Gourcy ou Gorcey	442		
Gournay, ancien	26		
Gouy-Saint-Blimond	481		
Goyon-Matignon	309	Hager, en Autriche	162
Gracht (Van der)	302	Halbourdin-Luxembourg	303
Granchier	46	Hameide, en Hainaut	281
Grand-d'Aluze (Le)	42	Haussman-sur-le-Rhin	280
Graville	428	Hayes (Des) de Cormenin	360
Grenade-Espagne	99		
Grente, en Normandie	205	Heilingen, en Thuringe	120
Gribel, Sotomaior	36	Hemricourt, au Pays-Bas	124
Grigni-Brimen	302	Heripont, au Pays-Bas	24
Grimaldi-Monaco	246		
Grimani, à Venise	141		
Grivenel	148	Herpedunes, en Languedoc	79
Grolée, en Beugey	303		
Groisseliers, d'Omesmont	200	Hervart, à Paris	365
		Hervault-Ysoré	136
Gudiel, en Espagne	143	Hesse, rhingrave	325
Guevarra, en Espagne	187	Hohenlohe	317

TABLE DES ARMOIRIES. 467

Hongrie, royaume	157
Honschott, au Pays-Bas.	434
Hospital-Vitry (L').	363
Huguet de Semonville.	362
Hugo, en Lorraine.	360
Humières-Crevant.	70

Infantadjo, en Espagne.	197
Inspruck, en Autriche.	119
Issoudun, ville	276

Jacquitelli, à Rome.	124
Jean IV (le pape).	71
Joinville, Jonvelle ou Genvelle.	438
Jones, en Angleterre.	311
Juchault de La Moricière.	435
Julien (St-).	255
Justiniani, à Venise.	117
Juvénal des Ursins.	192

Keeler, en Suède.	67
Kellerman-Valmy.	195
Kenanberg, sur le Rhin.	395
Kergorlay, en Bretagne.	42
Kerret, en Bretagne.	366

Kersemon le Bailly.	72
Kungenech, en Alsace.	124

Labbe de Champgrand.	315
Lacy, ou Lacie, en Angleterre.	25
Lalaing Croy.	426
Lamartine	387
Lambert de Torigny.	346
Lamoignon.	103
Landry La Tour.	182
Lanfranchi, à Pise.	67
Lannes de Montebello.	422
Lannoy, en Flandres.	302
Launay, à Gênes.	18
Lauwer, en Belgique.	48
Laval-Montmorency.	353
Lavedan	365
Lemé.	389
Léon-Espagne	99
Lerbach, en Hesse.	67
Les Chassiers, à Paris.	242
Leservy.	31
Lessert (de), en Suisse.	398
Lévêque de La Ferrière.	394
Lezay-Marnesia.	290
La Liègne-Rebé.	106
Lignéville.	212
Liobard.	318

Lislefresne.	17	Marsé.	158
Lodève-Clermont.	158	Marsi, à Naples.	121
Loheac, en Bretagne	37	Marsilic-Vetzel.	124
Longueval	168	Marthonie (La).	307
Loqueghien.	302	Martin (St-)	29
Lorges-Durfort.	312	Martine (La).	387
Lorraine-Vaudemont.	355	Marzen.	243
Lucinge-Faucigny.	164	Massas	398
Lully, à Paris.	135	Mastaï-Ferretti	343
Luxembourg	303 et 319	Matignon-Goyon.	309
		Maubeuge-Flégny.	42
		Maugiron, en Dauphiné.	80
		Mauléon, en Guyenne.	307
Mac-Mahon-Magenta	323	Maure.	407
Mac-Sheehy.	431	Mauris (Saint-), en Bourgogne	202
Maillé-Brezé.	180		
Maillebois-d'O	174	Meaupou d'Ablèges.	347
Maire (Le) de Montifault.	429	Mecklembourg	340
Maizières, en Saintonge.	117	Medula, en Bourgogne.	17
Majorga, en Italie.	42	Meldert, au Pays-Bas.	186
Maligny-Arquien.	318	Meliadus (Le Roy).	21
Mallemont, en Lyonnais.	157	Mérode.	269
Malor.	73	Mesme-l'Hospital (Saint-)	363
Malte, ou Rhodes.	46	Meun.	393
Malton, en Angleterre.	187	Midleton, en Angleterre.	131
Mans (Mgr du)	285	Milan (Ducs de).	370
Marchand.	185	Millecourt (Abraham).	252
Marcou (St-).	233	Mingoval, en Belgique	124
Maret de Bassano.	416	Mirabel.	150
Mareuil, en Bretagne.	237	Mombize-Benard.	346
Marmier, en Bourgogne.	347	Monaco-Grimaldi.	246

TABLE DES ARMOIRIES.

Montbaron 123
Montbazon 307
Montcornet, en Flandres. 140
Monteclair, en Anjou. . 307
Montebello - Lannes. . . 422
Montesquiou 13
Montfort 298
Montgascon. 46
Montgommery 329
Montgrand 412
Montifault, en Orléanais. 427
Montignac, au Pays-Bas. 124
Montmirail 307
Montmiral 225
Montmorency. 353
Montpensier 295
Montrevel la Baume. . . 189
Montrichard 34
Morgen ou Morgène. . . 49
Morges-Béranger. . . . 83
Moricière (La). 435
Mortemart-Rochechouart. 179
Mousac. 117
Murinets, en Dauphiné. 307
Mussy 307
Myramon-Sevin. 402

Nani, à Venise. 68
Nanton. 127
Napoléon. 352

Narbonne-Pelet et Lara. 16
Néelle-Montmorency. . 353
Netz, à Paris. 384
Neubourg, en Angleterre. 236
Nicolaï, en Vivarais . . 342
Noailles, en Limousin. . 13
Noir (Le). 415
Nolet, en Languedoc. . 183
Noorvod, en Angleterre. 181
Noyelle, en Flandres. . 72
Nugent. 134

O (D'), en Beauvoisis. . 174
O Verrigny. 347
Oddinet. 177
Oin-Fougères. 245
Okton, en Angleterre. . 104
Olce, en Navarre. . . . 408
Omesmont 206
Orange (Prince d'). . . 429
Orgemont, à Paris. . . . 402
Orléans (Princes d'). . . 294
Orléans, maison particulière. 137
Osmond de Medavy. . . 368

Palikao. 422
Palignai, à Naples. . . . 120

Paloméque, en Espagne.	365	Plessis-Auchat, en Bretagne.	315
Palu ou La Palu.	35	Plettenberg, sur le Rhin.	64
Palvert.	463	Ploree, en Bretagne.	233
Pamele-Loqueghien.	302	Plusquellec, en Bretagne	145
Panzoni, à Florence.	424	Poitiers (M^{al} de).	403
Parc (Du).	145	Pol-Luxembourg (St-).	315
Parcon, en Bretagne.	393	Policeni, à Venise.	72
Passavant.	224	Polignac, en Saintonge.	157
Passylerné ou Pasilerné.	448	Pollart, à Paris.	337
Patras de Campaigno.	397	Pomereu ou Pommereu.	382
Pazzi, à Florence.	220	Popon, en Bourgogne.	87
Peguillon-Beaucaire.	319	Poppel, en Bohême.	67
Pelet.	414	Portien-Chatillon.	299
Pelet-Narbonne.	16	Poyane ou Poyanne.	359
Penthièvre, en Bretagne.	297	Préfontaine.	44
Pequigny-Ailly.	175	Pressi, à Florence.	64
Peralte, en Espagne.	17	Pressigni, en Bourbonnais.	166
Perault-Fay.	343	Priesen, en Misnie.	277
Péruse, en Italie.	358	Puy-Paulin-Bordeaux.	12
Persan.	372		
Petit du Genest.	260		
Phal (St-) ou Simphale.	23		
Piedgrimault-Briquemault.	286		
Pillardière-Boispéan (La)	396		
Pimodan-Rarécourt.	440	Quarré de Verneuil.	238
Pin (Du), en Saintonge.	133	Quenville.	139
Planitz, en Misnie.	64	Quesada, en Espagne.	140
Plessis-Richelieu (Du).	445	Quesquerim-Berthelay.	330
Plessis-Angers Du.	53	Quinom ou Quignones.	102
Plessis-Paté.	147	Quinson.	29

TABLE DES ARMOIRIES. 471

Ramboux de Souches. .	317	Rochetesson	156
Ramsau et Rantzow. . .	64	Rohan	250
Rarécourt de La Vallée Pimodan	440	Rosenberg, en Franconie.	165
Ratibor, en Allemagne .	85	Rostaing, en Dauphiné.	307
Rebé, en Languedoc. . .	106	Rotier-Villefargeau. . .	226
Reifenberg, sur le Rhin.	167	Roux, en Languedoc. .	32
Rémusat	365	Rovigo (Duc de). . . .	193
Rennes, ville.	162	Roye, en Flandres. . .	124
Reitzenstein, en Franconie.	124	Rubei, en Toscane. . .	16
Renty Croy.	426	Ryberac-Aydée.	346
Retzchein, en Silésie. .	120	Sabran, en Provence. .	307
Restwold, en Angleterre.	76	Sacwille, en Angleterre.	125
Rhodes ou Malte. . . .	16	Sade (De), la belle Laure.	409
Richebourg. . . . 170 et	124	Saix (Du), en Bresse. .	72
Richelieu du Plessis . .	145	Salinis (Mgr de).	347
Richemont, en Bretagne.	266	Salins-Garnier	410
Rivalg, au Pays-Bas. . .	124	Sanclay.	129
Rivery, en Picardie. . .	141	Sanseille, en Belgique.	288
Rivière, en Guyenne. .	130	Santenoge	34
Robersat	22	San-Severino.	121
Rochechouart - Mortemart.	178	Sarcus, en Picardie. 16 et	219
Rochefort-Vaudragon. .	65	Sassembruch, au Pays-Bas.	28
Rochefort, en Angleterre	47	Savoie (Princes de). 16 et	268
		Saxe (Ducs de).	198
Rochejaquelein du Vergier (La).	435	Scepeaux, à Paris. 44 et	107
		Schotten, en Franconie.	73

TABLE DES ARMOIRIES.

Schwarzenberg-Flacken	161
Schweren, en la Marche.	88
Scotti, à Naples.	120
Seine (St-), en Bourgogne.	425
Semonville-Huguet.	362
Severin d'Aubigny (St-).	121
Sevin de Miramon	402
Shirley, en Angleterre.	163
Silly	260
Simphale ou St-Phal.	23
Soissons, ancien	307
Soldanieri, à Florence.	38
Sommerdick	301
Sosa, en Espagne.	159
Sotomaior-Gribel.	36
Souches-Ramboux.	317
Suin	364
Sulpice-Ebrard (St-)	63
Tale (Van), en Brunswick.	77
Talon, à Paris.	401
Tancarville.	391
Tarragon.	105
Tavekirchen, en Souabe.	45
Teyssier de Chaunac et des Farges.	343
Thibouville.	18
Thesan, Comtat-Venaissin.	72
Tilly, en Normandie.	392
Torigny-Lambert.	346
Tour-Landry (La)	182
Tour-du-Pin (La)	374
Touraine (Duc de).	295
Trainel.	38
Transylvanie.	84
Trasegnies	332
Trap, en Allemagne.	367
Trelevez, en Bretagne.	466
Trecesson, en Bretagne.	448
Tremouille ou Trimouille	353
Tresnel.	192
Tribeniapoli, à Venise.	224
Trousseau.	52
Turennes, en Limousin.	469
Ursins, en France et à Rome.	192
Wainflette, en Angleterre.	244
Val-Kerret (Du)	366
Vélasquez, en Espagne.	237
Valenciennes.	255

TABLE DES ARMOIRIES.

Valmy-Kellerman. . . . 195
Valentinois-Monaco. . . 246
Vallée-Pimodan (La). . 440
Van der Gracht. 302
Varenchen, en Savoie. . 37
Varèze 72
Varras ou Warroux. 91, 37 et 48
Wartemberg, dans l'Empire. 64
Vaudemont-Lorraine. . 355
Vauguyon d'Escars (La). 122
Vera, en Espagne. . . . 37
Verchère (La) 71
Vergy-Baufremont . . . 427
Vergier de La Rochejaquelein. 435
Verjon 117
Vermeilles 311
Verneuil-Quarré 238
Verrigny-d'O. 347
Verthamon, à Paris. . . 307
Veron-Bellecourt. . . . 376
Vestemberg, en Franconie. 120

Veyer (Le), en Bretagne. 388
Vignacourt, en Picardie. 399
Vilain de Gand. 27
Villefargeau-Rotier. . . 220
Villestreux - Perrée. . . 431
Villiers, en Flandres. . 118
Villiers-l'Isle-Adam. . . 279
Vicence-Caulaincourt. . 364
Virieu, en Bourgogne. . 441
Vissac 140
Vivonne, en Poitou. . . 113
Vorn, en Belgique. . . . 246
Vorré ou Devorré. . . . 29
Vueron-Fretin 390

Ysoré d'Hervault. . . . 436

Zandt, sur le Rhin . . . 227
Zangiacomi. 381
Zurich, en Suisse. . . . 69

TABLE DES MATIÈRES

                                              Pages

AVANT-PROPOS.   I

LIVRE PREMIER

CHAPITRE PREMIER

DES MÉTAUX, COULEURS ET FOURRURES DES ARMOIRIES

I. Des métaux, couleurs et fourrures.   2
    Leur démonstration par les couleurs naturelles :
        L'or et l'argent.   3
        Le gueules et l'azur.   6
        Le sinople et le sable.   7
        Le pourpre.   8
II. De la manière de connaître les métaux et les couleurs par
    les hachures, c'est-à-dire par la gravure et le relief . 11
        Les armes pleines. 12
        L'or. 13
        L'argent 14
        Le gueules. 16
        L'azur 18
        Le sinople 20
        Le pourpre, ses diverses teintes. 23
        Le sable 26

	Pages
III. Des fourrures	28
L'hermines, contre-hermines et autres différences	29
Le vair	37
Le vairé, le contre-vairé	41
Beffroi de vair	49
IV. Signification des métaux et couleurs	52
Leur rapport avec les vertus, les passions, les éléments, les planètes, les pierres précieuses	53
V. Remarques sur les métaux et les couleurs	55
Des armes à enquerre	56

CHAPITRE II

DE LA FIGURE ET DE LA DIVISION DE L'ÉCU

I. De la forme de l'écu	58
II. Des écus simples ou pleins	61
III. Des écus divisés, partys, coupés, tranchés, taillés	61
IV. De l'écartelé	69
L'écu en bannière	73
L'écartelé en sautoir	75
Le flanché, etc.	76
V. Du gironné	78
VI. Autres divisions de l'écu	83
L'adextré et le sinistré	84
Le chapé, mantelé et vêtu	86
La pointe, la champagne, le gousset	88
Le payrle et autres rabattements	90
VII. Ordre et manière de blasonner les divisions pour les alliances	90
Du franc-quartier et du franc-canton	102
De l'écu sur le tout	105
De l'écu en abîme	108

LIVRE DEUXIÈME

OU IL EST TRAITÉ DES GRANDES PIÈCES ORDINAIRES
ET DES AUTRES MOINDRES PIÈCES

CHAPITRE PREMIER

DES PIÈCES HONORABLES ORDINAIRES

	Pages
Du chef.	112
De la fasce ou face.	115
Du pal.	121
De la bande.	122
De la barre, autrement appelée contre-bande.	126
De la croix.	126
Du sautoir	128
Du chevron	130

CHAPITRE II

DE QUELQUES DIFFÉRENCES CONCERNANT LES PIÈCES HONORABLES ORDINAIRES

I.	133
Fasces multipliées	134
Pals multipliés.	140
Bandes multipliées.	143
Chevrons multipliés.	145
II. De la fasce en devise, des burelles ou trangles et des cotices et bâtons.	149
De la devise	149
Des burelles ou trangles.	152
Des cotices.	154

III. Du fascé, burelé, pallé, bandé, coticé, barré, chevronné	155
Du fascé	156
Du burelé	159
Du fascé contre-fascé	161
Du pallé	162
Du pallé contre-pallé	164
Du bandé	166
Du contre-bandé	168
Du coticé	169
Du chevronné	170
Du chevronné contre-chevronné	171

CHAPITRE III

DES AUTRES DIFFÉRENCES DES PIÈCES HONORABLES ORDINAIRES

I. Différences des grandes pièces	172
Le danché	172
Le dentelé ou endanté	173
L'eschiqué ou échiqueté	175
Le componé	175
L'ondé	176
L'enté	178
L'engreslé	180
Le crénelé	182
Le bretessé et le contre-bretessé	183
Le maçonné	184
II. Des grandes pièces bandées, pallées	185
III. Des grandes pièces partyes, coupées, écartelées, chargées	186
IV. De l'alaisé ou raccourci	188
Du vivré	188
V. Des grandes pièces irrégulières	190
Le chef, chef abaissé, chef-barre, chef-retrait, chef rompu, chef soutenu, chef cousu, etc.	190
La fasce, ses figures étranges	195
Le pal, ses bizarreries	196

TABLE DES MATIÈRES.

Pages

La bande, ses diversités, la bande engoulée, le crancelin,
la champagne. 197
La barre 199
VI. Des différences particulières à la croix et au chevron . . 200
Croix pattée, croix fleurettée, trèflée, fleurdelysée, resarcelée, potencée, bâtonnée, anillée, alisée, croisettée, abaissée, ancrée. 201
Croix de Lorraine, de Toulouse, de Saint-Antoine. . . 207
VII. Le sautoir, ses différences; les flanchés. 210
VIII. Le chevron, ses différences : abaissé, coupé, rompu, brisé, couché, écimé, vuidé, ployé, etc. 212
IX. Des pièces chargées ou accompagnées, accostées et cotoyées, cantonnées. 215

CHAPITRE IV

I. Des tiercés. 221
II. Autres figures irrégulières. 222
L'enclavé, l'enté, le nébulé, le nuagé. 223
L'emmanché 224
Les dents, les pointes, le pointé, l'embrasé. 227

CHAPITRE V

DES MOINDRES PIÈCES HONORABLES

Les jumelles. 231
Les tierces. 231
Les frettes, le fretté, le treillis, les ottelles. 232
Les échiquiers, l'échiqueté. 234
Les points équipollés. 238
Les lozanges, le lozangé. 239
Les fusées et le fuselé 245
Les macles et les rustres 248
Les billettes et le billeté 251
Les besans et les tourteaux 256
L'orle 261
Le trescheur. 263

TABLE DES MATIÈRES.

CHAPITRE VI

DE QUELQUES AUTRES PIÈCES

	Pages
I. De la bordure	265
II. Du filet, de la filière et de la traverse	272
III. Du bâton	273
IV. Du pairle	275
V. Du gonfanon	278
VI. De l'escarboucle	280
VII. Des hamades	281
VIII. Des potences, des pièces potencées, des équerres, des triangles	282
IX. Du papelonné et découpé	282
X. Du diapré	283
XI. Les lettres de l'alphabet	285
XII. Des pièces brochantes	286
XIII. De l'un en l'autre	289
XIV. Du semé	290
XV. Du brisé, des brisures	292
Des bâtards	303

LIVRE TROISIÈME

DANS LEQUEL IL EST PARLÉ DES MEUBLES DES ARMOIRIES ET DES ORNEMENTS EXTÉRIEURS DE L'ÉCU

Ce que c'est que meubles	305
I. Du lion et du léopard	305
Des différences du lion et du léopard; du lion léopardé et du léopard lionné	317
Du lion naissant ou issant	321
Autres différences du lion et du léopard	321
Des lionceaux	327
Des parties du lion	329
II. Du cerf, du daim, du massacre	332

TABLE DES MATIÈRES.

		Pages
III.	Du sanglier, du pourceau.	336
IV.	Des bœufs, vaches et taureaux, des rencontres	338
V.	Du cheval.	340
VI.	Des chiens	341
VII.	Des autres animaux à quatre pieds	343
	Agneaux	343
	Boucs, bouquetin	344
	Chat, chèvre, éléphant, écureuil, fouine.	345
	Hérisson, loup et louve, lapins, licorne et sa tête.	346
	Lièvre, marmotte, moutons, ours, porc-épic.	347
	Ranchers, renards.	348
VIII.	De l'aigle.	348
	Des aiglettes	352
	Des alerions	354
	Des parties de l'aigle	357
IX.	Du griffon	358
X.	Des canettes et des merlettes.	359
XI.	Des oiseaux de leurre et de pointe; faucons, éperviers, etc.	361
XII.	Cygnes.	362
	Du coq.	362
	Grue.	364
	Hibou, corneilles et corbins, colombes, pigeons	365
	Pélican.	366
	Outarde	367
XIII.	Du vol des oiseaux	367
XIV.	Des serpents et dragons; guivres et amphistères	368
XV.	Des insectes; abeilles, papillons, doublets	371
XVI.	Des poissons; les dauphins, les bars, etc.	373
XVII.	Des arbres; le pin, le chêne, la vigne, le raisin, le créquier, les branches d'arbres	376
XVIII.	Des fruits	382
XIX.	Des fleurs et des feuilles	383
	La rose.	383
	Les trèfles.	386
	Les tiercefeuilles, quartefeuilles, quintefeuilles, etc.	388
	Les angemmes	390
	Les fleurs de lys.	392

TABLE DES MATIÈRES.

Pages

Les lys de jardin.	400
Les coquerelles, cardons, champflour, épis, gerbes.	400
XX. Des astres, des choses célestes.	402
Le soleil, la lune, les croissants.	403
Les molettes.	410
Les nuées et nuages.	411
XXI. Les éléments et leurs dépendances.	411
Les montagnes	411
Les rochers et les rocs d'échiquier	412
XXII. Des figures humaines et de leurs parties, la dextre, la senestre, le dextrochère.	414
XXIII. Des édifices; les tours et châteaux.	417
XXIV. Des armes défensives et offensives; les casques, les épées, les écussons, les phéons, les fermeaux.	420
XXV. Instruments de chasse.	429
XXVI. Instruments de pêche. — Navires.	430
XXVII. Des ustensiles; coquilles, clefs, broyes, anneaux, bourdons, etc.	432

APPENDICE

I. Les supports	445
II. Le timbre et le couronnement.	446
III. Le cimier et les lambrequins.	448
IV. La devise et le cri de guerre	450
V. Ornements des dignités.	450
VI. Origine des livrées.	454
VII. Règles générales du blason.	455

Table des maisons et personnages nobles dont les armoiries sont blasonnées dans cet ouvrage. 459

PARIS. — IMPRIMERIE DE P. CLAYE, RUE SAINT-BENOIT, 7.

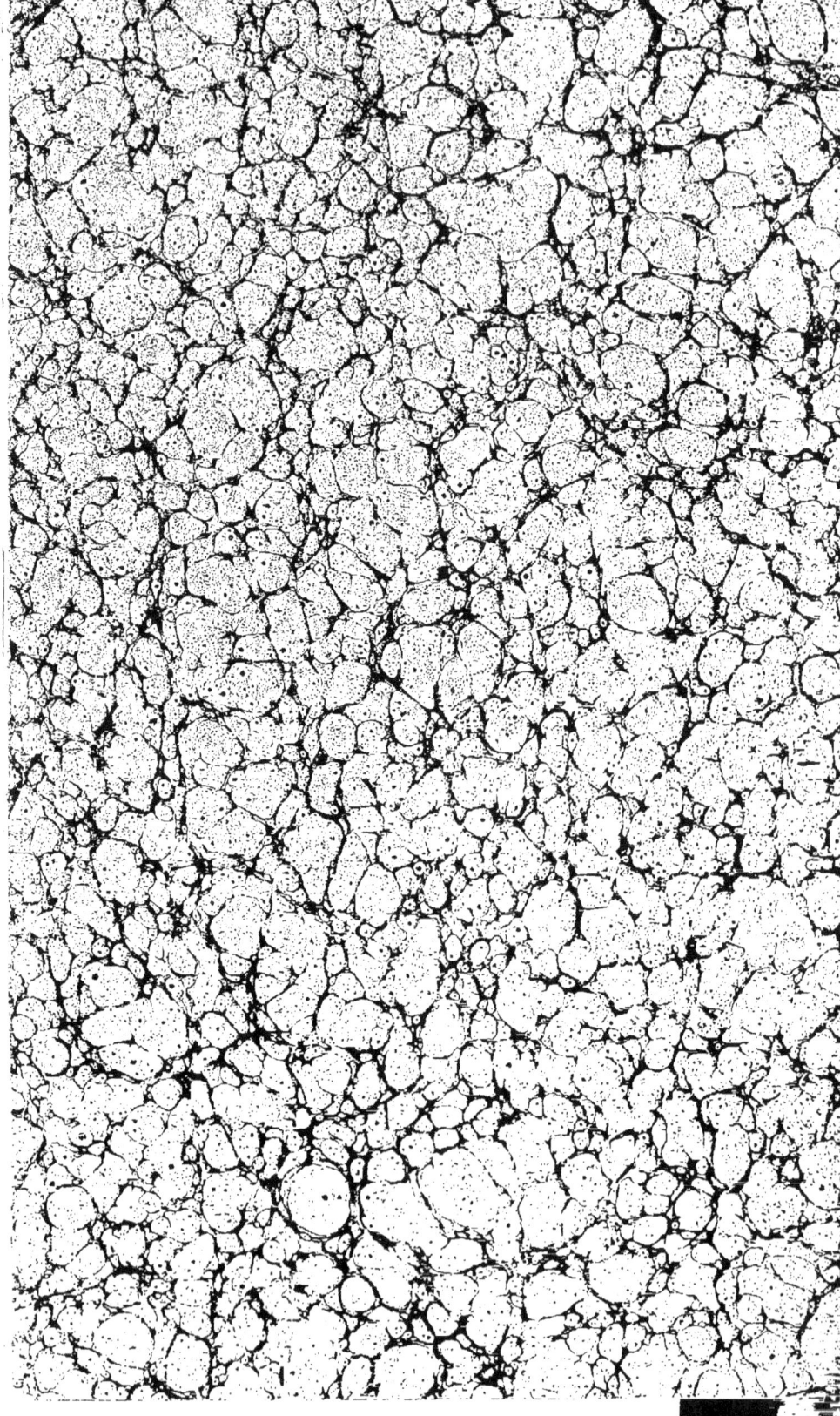

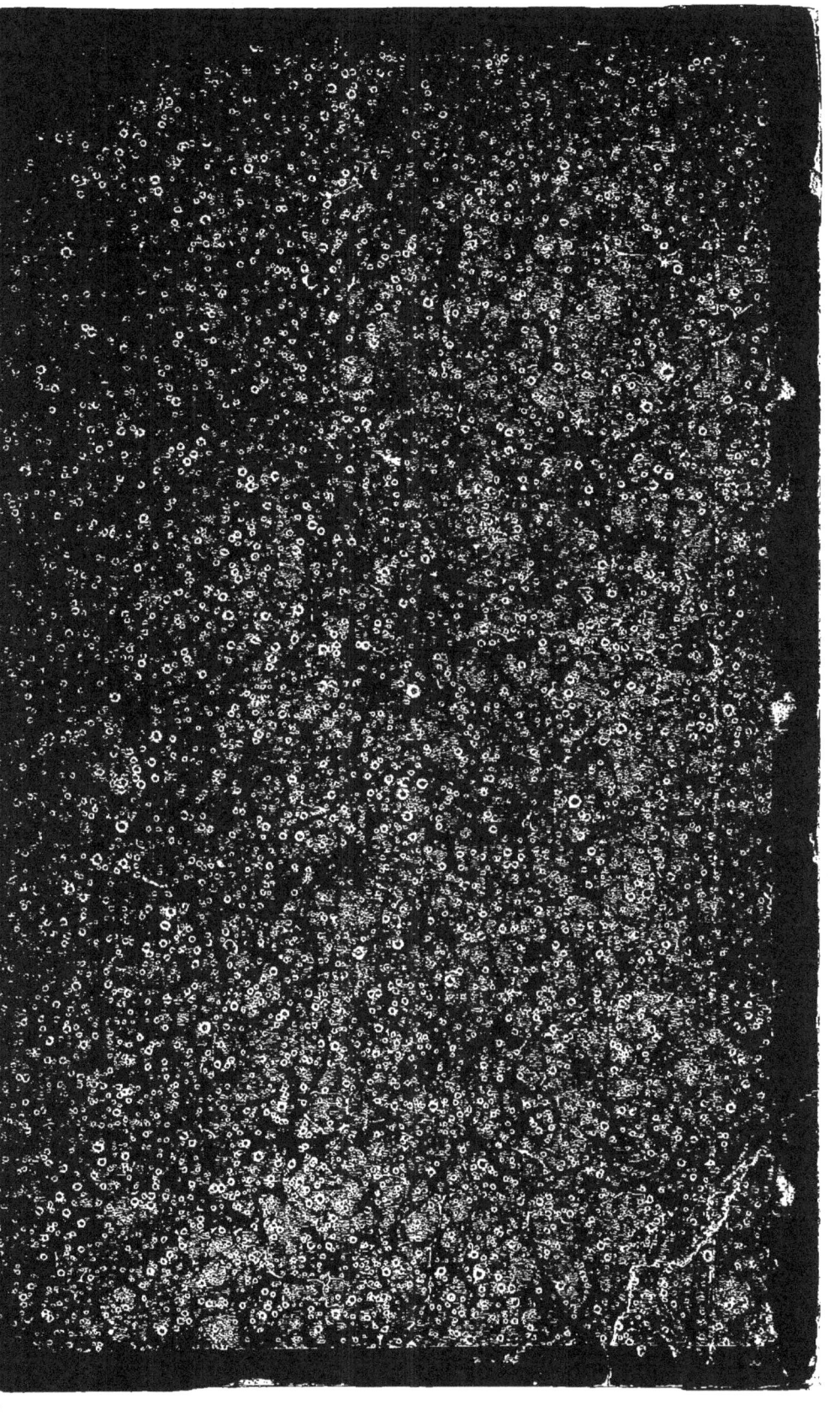

www.ingramcontent.com/pod-product-compliance
Lightning Source LLC
Chambersburg PA
CBHW072212240426
43670CB00038B/835